现代财务管理与审计

主　编　张书玲　肖顺松　冯燕梁
副主编　孟　磊　路小浩　刘一菲
　　　　马青牧　孙庆嵩
编　委　马淑勤　王晓娟　徐燕华

天津出版传媒集团
天津科学技术出版社

图书在版编目（CIP）数据

现代财务管理与审计 / 张书玲，肖顺松，冯燕梁主编. -- 天津：天津科学技术出版社，2020.4
 ISBN 978-7-5576-7620-9

Ⅰ．①现… Ⅱ．①张… ②肖… ③冯… Ⅲ．①财务管理②审计学 Ⅳ．①F275②F239.0

中国版本图书馆 CIP 数据核字(2020)第 053730 号

现代财务管理与审计
XIANDAI CAIWU GUANLU YU SHENJI
责任编辑：陶　雨

出版：<u>天津出版传媒集团</u>
　　　天津科学技术出版社
地　址：天津市西康路 35 号
邮　编：300051
电　话：(022) 23332400
网　址：www.tjkjcbs.com.cn
发　行：新华书店经销
印　刷：北京宝莲鸿图科技有限公司

开本 787×1092　1/16　印张 12.75 字数 330 000
2021 年 4 月第 1 版第 1 次印刷
定价：68.00 元

前　言

随着企业发展水平的不断提升，其越来越注重内部管理。为了确保财务管理工作的正常进行，必须保证财务信息的真实性和准确性。而审计作为企业管理的重要内容，与财务管理之间有着密切联系，审计不仅可以支持财务管理工作，同时还能提升财务管理的整体效率和水平。

鉴于此，笔者撰写了《财务管理与审计创新》一书。本书针对财务管理与审计创新方面面临的机遇和挑战，尝试总结出财务管理与审计创新的创新路径，这对于探索和引导财务管理与审计创新工作提供了正确的途径和方法，对进一步加强财务管理与审计创新价值理念的研究具有重要的理论意义和现实意义。

本书共有九章。第一章论述了财务管理的基础概念，第二章从多元化视角对财务管理的基础理论进行了研究，第三章阐述了财务管理的实践，第四章对企业财务管理的应用进行了多维度的探索，第五章论述了财务审计的基本概念，第六章对财务审计的创新进行了系统的研究，第七章论述了财务审计的基础模式，第八章从多维视角对财务审计的应用进行了论述，第九章诠释了财务管理与审计的关系。

本书有两大特点值得一提：

第一，本书结构严谨，逻辑性强，以我国财务管理与审计创新工作的研究为主线，对财务管理与审计创新工作所涉及的领域进行了探索。

第二，本书理论与实践紧密结合，对财务管理与审计创新工作提供了提升路径和方法，对相关平台的建设进行了分析和探索，以便学习者加深对基本理论的理解。

本书由河南省鹤壁市人民医院财务科的张书玲、南京顺程置业有限公司的肖顺松和广西壮族自治区通信产业服务有限公司的冯燕梁编写完成。具体分工如下：张书玲编写了第二章、第五章和第六章（共计10万字）；肖顺松编写了第三章和第四章（共计8万字）；冯燕梁编写了第八章（共计6万字）；孟磊编写了第一章（共计3万字）；路小浩编写了第七章（共计3万字）；刘一菲编写了第九章（共计3万字）。

笔者在撰写本书的过程中，借鉴了许多前人的研究成果，在此表示衷心的感谢！

由于财务管理与审计创新工作涉及的范畴比较广，需要探索的层面比较深，笔者在撰写的过程中难免会存在一定的不足，对一些相关问题的研究不透彻，提出的财务管理与审计创新工作的提升路径也有一定的局限性，恳请前辈、同行以及广大读者斧正。

目 录

第一章 财务管理概述 … 1
第一节 企业财务管理的问题 … 1
第二节 财务管理目标 … 3
第三节 财务管理的基本原则 … 6
第四节 财务管理的作用 … 9
第五节 财务管理的价值创造 … 11
第六节 财务管理的理论结构分析 … 14
第七节 财务管理环境变化对现代财务管理的影响 … 17

第二章 财务管理的新理念 … 20
第一节 绿色财务管理 … 20
第二节 财务管理与人工智能 … 22
第三节 财务管理的权变思考 … 25
第四节 基于企业税收筹划的财务管理 … 28
第五节 区块链技术与财务审计 … 32
第六节 财务管理信息化研究 … 36
第七节 网络环境下的财务管理 … 39

第三章 财务管理的实践研究 … 43
第一节 财务管理中的内控管理 … 43
第二节 PPP项目的财务管理 … 47
第三节 跨境电商的财务管理 … 49
第四节 精细化财务管理 … 53
第五节 资本运作中的财务管理 … 56

第六节　国有投资公司财务管理 …………………………………… 58

　　第七节　公共组织财务管理 ………………………………………… 63

第四章　企业财务管理的应用 …………………………………………… 67

　　第一节　ERP 在企业财务管理的应用 …………………………… 67

　　第二节　会计信息化对企业内部财务管理的应用 ………………… 70

　　第三节　项目管理中财务管理的应用 ……………………………… 73

　　第四节　互联网环境下物流企业财务管理应用 …………………… 76

　　第五节　财务实时稽核在电网企业财务管理的应用 ……………… 78

　　第六节　公立医院综合改革背景下财务管理应用 ………………… 81

　　第七节　高校财务会计与财务管理的应用 ………………………… 84

　　第八节　管理会计与财务会计在企业财务管理中的应用 ………… 87

第五章　财务审计概述 …………………………………………………… 90

　　第一节　财务审计难点 ……………………………………………… 90

　　第二节　财务审计的必要性及风险 ………………………………… 93

　　第三节　财务审计的独立性 ………………………………………… 95

　　第四节　财务审计中的会计核算 …………………………………… 99

　　第五节　企业财务审计信息管理 …………………………………… 102

　　第六节　企业财务审计的优化路径 ………………………………… 107

　　第七节　财务审计工作如何提高实效性 …………………………… 110

第六章　财务审计的创新研究 …………………………………………… 113

　　第一节　经济新常态下的基层财务审计创新 ……………………… 113

　　第二节　财务审计与审计业务创新的融合 ………………………… 118

　　第三节　财务管理、会计和审计关系模型的创新 ………………… 121

第七章　财务审计的基础模式 …………………………………………… 125

　　第一节　绩效审计与财务审计的比较 ……………………………… 125

第二节　财务审计与内部控制审计整合……128

第三节　社会监督与财务审计的客观性……133

第四节　财务审计中管理效益审计的延伸……136

第五节　企业财务审计与成本控制……138

第六节　区块链技术与财务审计……140

第八章　财务审计的应用……144

第一节　数字化审计在财务审计中的应用……144

第二节　管理会计在提高财务审计质量中的应用……146

第三节　现代网络技术在企业财务审计中的应用……149

第四节　企业财务审计信息化平台应用……152

第五节　财务审计在工程成本管理中的作用……155

第六节　经济责任审计与年度财务收支审计的结合应用……159

第七节　风险导向审计在财务决算审计领域的应用……161

第八节　资金平衡分析方法在财务审计中的应用……164

第九节　财务成本管理在公共工程绩效审计中的应用……168

第十节　企业财务数据分析在房地产贷款审计中的应用……169

第十一节　企业内部审计中计算机辅助审计的应用……172

第十二节　财务分析法在审计分析程序中的应用……175

第九章　财务管理与审计的关系……180

第一节　从审计视角谈科研创新能力与财务管理的提高方法……180

第二节　如何用审计结果促进企业财务管理及会计核算……182

第三节　会计审计对施工企业财务管理的促进作用……184

第四节　建筑企业会计风险管理中内部审计作用……186

结　束　语……190

参考文献……192

第一章 财务管理概述

第一节 企业财务管理的问题

在我国，企业是随着国内改革开放的步伐而逐步发展，在现今这个社会，中小型企业在国民经济的整体地位有所上升。但是我们同时也看到，部分企业由于经营不善而出现问题，最明显的一个原因在于企业内部的财务管理工作和企业发展规划不统一，严重的阻挡了企业的整体规划，导致企业举步艰难，甚至是以失败而终止。

一、企业财务管理困难问题

（一）企业资本来源问题

筹资方式多元化，是企业能够获得良好资金保障的重要前提，在多元化的资金筹集途径中，能够确保企业财务运行不会遭受突发状况的影响，但多元化企业筹资方式，也同时加重了企业财务管理问题。因为企业是能够将货币市场的筹资方法持续扩展至资本市场，但资本市场是以高风险以及高收益同时存在，在企业的财务中面临融资以及财务的严峻考验。

在企业财务管理与企业投资策略二者中选择最优化的冲突。同时为了保证企业投资策略选择最优化，对于企业投资项目的选择大多数倾向与企业发展最适合，盈利最高的项目，但是这类项目如果利润比企业的平均资金还要低的话，就会对企业的整体盈利能力削弱。所以，在企业投资策略与企业管理中选取最优化之间产生冲突。

企业财务管理和企业资金利用最大化之间的冲突。企业资金再利用时间价值，因此企业财务管理是需要尽量使企业资金流动起来，就会使得企业资金的机会成本扩大，企业财务问题也慢慢加大。

企业财务管理与企业受益分配的合理化之间的冲突。我国企业对于员工的福利分配，几乎都是以送股与配股方式，这种方式的问题是增加了个人投机行为，企业中的投资者投资理念受到部分影响，在企业中长久的发展缺乏一定程度的保障，企业受益分配合理化必定会伴随企业财务管理的冲突。

（二）企业资本结构化不合理，造成企业财务增高

我国企业资本结构不合理的现象较普通，企业财务管理过程当中企业价值最大化管理目标就会很难实现，企业股权融资过高以及低股利的政策，和企业财务管理中的报酬管理二者并不符合，企业成本过高，企业财务就会呈高趋势。另外在财务管理之中，高收入二者是成正比例的，但是如果企业资本的结构不合理，就会加大企业的负债率，如此的话债权人就会溢价，企业定期支付利息以及固定费用就会使得成本同时加大，由于我国的资本市场起步过晚，很多配套制度不够完善，让更多企业投资者主要看重了股票波动收益而非资本利得。企业的经营主要是通过送股以及配股完成，同时也隐藏了企业财务的内在。

二、企业管理对策

（一）企业加强财务管理控制，完善企业财务体系

财务是企业管理的一个完整体系，完善企业财务管理体系其实就是完善企业的识别以及评估，企业财务预防和预警等多方面，来形成一个缜密的管理体系。

企业财务识别是企业财务管理的第一阶段，而企业财务识别其实就是在财务的潜伏期就需要识别出其危害，企业财务识别所指的就是企业其经济业务进行的财务活动来进行简单的预测。企业财务具有不稳定性的行为，全面和综合考虑的观察视觉，更有助于企业对于财务识别提高其准确性。进行简单推测后的确定性，就一定要进行财务的评估，因为财务的评估是财务管理的重要核心。

企业财务评估坚持最主要的原则是全面客观，并且可以采用定性以及定量的方法，以及对财务发生的确定与不确定概率进行评估。企业财务评估对财务进行等级划分，才是最合理的评估。仔细分析财务的评估结论，对于存有的项目提前进行预防，即使在之前没有财务的项目也会在新的环境产生新的财务。因为财务的预防是全面的过程，加强企业评估、识别以及预防体系，更能够有效地提高企业财务管理水平。

（二）优化企业资本结构

企业资本结构的企业管理以及优化状况二者密切相关，企业资本结构的优化一定要将减少企业财务管理作为优先考虑的前提，在企业融资过程中需要考虑各种影响的因素，来选择最好的资本结构，由此保障筹集资金能够顺利进行。在我国企业资本结构不合理所带来的过大，尤其是我国的国有企业资本结构问题相当严重，改革的主要目标是实现资本结构的好转，降低企业财务的风险，从而促进企业能够持续稳固发展，使得资本结构倾向于合理化，以实现企业价值最大化为目的，通过资本以及负债的调整，企业综合资本成本最低化，来确定合理的资本负债比，防止财务发生更多问题。

综上所述，企业财务管理的问题对于其企业自身的经济效益会产生直接影响。财务管理水平的提高，会使我国企业的发展方向更加顺利，会有更加明确的目标，同时也对企业发展内涵起到决定性的作用。

第二节　财务管理目标

在计划经济体制下，企业要生产和销售产品，因为供给小于需求市场，所以企业管理主要是生产管理。随着社会主义市场经济的引进和竞争的加剧，企业的优势在于以最少的投资（资本）获得最大的产出（资金），简言之，企业生存和发展的经济效益取决于自身。低消费、高回报，使企业在竞争中立于不败之地。

任何商业活动都离不开"资金"，资本流动贯穿始终，一是以财务活动和财务管理为基础，财务管理是企业资本运动的决策、规划和控制管理活动的全过程。其实质就是以价值的形式对生产经营的全过程进行全面的管理。财务管理作为企业管理的核心，必须与企业的目标相一致。企业财务管理目标，二是指在一定环境条件下的企业财务管理，应达到预期的结果，是企业机制财务管理的方向，起点和终点。财务管理目标理论有三个观点：利润最大化、资本利润最大化、企业价值最大化，其中最具代表性的是企业价值最大化，如何实现企业价值最大化问题变得更加迫切。

一、财务管理理念的转变是实现财务管理目标的思想保证

（一）风险的概念

在市场经济条件下，市场信息瞬息万变，任何企业的利益都是不确定的，存在着经济损失的可能性。同时，市场经济中的企业应该对自己的利润和损失负责。因此，只有通过增加生产和降低成本，才能赢得市场的竞争。为了使企业在市场竞争中不被淘汰，企业领导和财务人员必须树立风险观念，合理投资，加强对收入、成本和利润的评估。

（二）人才价值的概念

目前我们在知识经济时代，专利权、商标权、专有技术、和知识，如商誉、信息资源和人力资源将成为经济发展的重要资源，科学技术是第一生产力，科学技术、知识和人才是决定企业在竞争中获胜的关键因素，这就要求企业必须建立人才价值观念。

（三）现金流的概念

现金流是衡量企业质量的重要指标。在许多情况下，现金流指数比利润指数更重要。即使企业经营业绩良好，由于缺乏现金流，也会使企业破产。

（四）利润最大化理念

企业生产经营的最终目标是追求利润最大化，财务管理必须建立利润最大化的理念。利润目标，我们必须加强单位收入、成本和费用，控制等资本措施，加强对各单位利润的考核，以确保各单位实现利润和利润最大化的目标。

（五）财务管理的概念

市场经济条件下，企业复杂多变的商业环境，风险越来越大，确保利润最大化，必须建立财务管理在企业管理的核心地位，财务预测、决策、规划、控制、评价等，这是由财务管理工作的性质和特点。

二、提高会计质量是实现财务管理目标的坚实基础

会计和审计是最重要的，是对业务的预测和决策，这要求会计数据准确、完整和快速。有必要确保所有工作人员都有良好的道德操守、严谨的工作态度以及对会计工作的真实性和科学性的追求；至于外部环境，我们正在改革税收制度、金融制度、投资系统等。这些政策产生了巨大影响企业财务管理，从而加剧财务状况并削弱账户的质量政策是否没有基于或者她们是否误解。如果控制有关的内容，会计师协会，只有会计审计结论的可信度的独立性、权威性、企业、建立强有力的监督，在内部审计和外部监督，才能保证审计的独立性、权威性，才能对企业发挥强有力的监督，企业才能在内部审计和外部监督的齐抓共管下，确保财务信息的真实性、完整性，营造有利的理财环境。

三、提高财务管理人员综合能力是实现财务管理目标的动力

（一）参与决策能力

决策是企业最重要的工作，投资决定是企业所有决定中最重要的，也是最重要的决策。投资决定失误是企业的最大失误，其中一个重要的投资决定失误，使一个企业陷入困境，甚至破产。因此，财务管理者为了调整收支情况，在掌握工作重点之后，转移预测、分析、检查、控制、参与决定，并修改各种经济责任制、规制，并为企业的参谋是否决定投资的决定。

（二）更新知识能力

会计工作是政策和科学性很强的专业，从事会计职业已经适应改革开放的变化，各种问题层出不穷，为了适应财务管理的需要，财务人员掌握会计知识的同时和学习，如本金和利息的分析，ABC分析法等管理会计和经济活动分析理论，还应该了解经济学、商业

管理、计算机等基础知识，熟悉生产管理知识和法律、金融、保险、证券、期货、预测、业务管理知识的决策方面，财务人员必须具备自我更新的知识，不断提高业务质量的能力。

（三）领会政策准则的能力

近年来，国家制定了一系列财经政策和会计制度，这些制度、法规有的刚性很强，有的则"弹性"很大，只规定一个上下限，也有其他规定，但仅在参考范围值之内。因此，这需要会计进行专业培训学习，领会精神，做好工作。现在的税法政策、税收筹划是在对政府制定的最优选择的税法进行比较后的法律税收条件下进行的，也就是说，纳税义务在一定程度上并没有在一定程度上降低或免除纳税义务。合理的规划可以使企业在不违反税法的情况下，通过调整经营活动来减轻税负，从而实现净利润最大化。实质重于形式原则的标准，它要求我们日常核算的，应注意其经济实质，不限制外部的法律形式，会计人员的专业判断和仔细审查，要充分地理解政策，充分利用的准则，又不违反纪律。

（四）财务公关能力

伴随会计行业进入国际化的进程以来，企业内外关系比较复杂化，企业需要和机关部门建立良好的合作关系，对内要协调与上级领导、相关部门、职工关系，对外协调与债务人、投资者的关系。从大方向来讲，对外还要从技术、信息等方面，全方位观察企业的外部环境，协调好与上级主管、财政、税务部门的关系，这要求会计财管人员具有公关知识、技巧，在不损失会计信息的前提下，提高对外应对能力和对内协调能力。

（五）提高资产的利用效率

企业应建立严格的投资决策审查制度、规范的投资行为和投资决策主体、内容、程序、原则、责任、监督等方面的约束，从而尽可能提高企业财务管理水平的目标。在确定项目的过程中，实施"统一规划、民主集中化、专家评审"的可行性论证方法。在资金使用方面，投资预算、总量控制和专用的封闭式跟踪方法。确定最佳的资本结构。资本结构是所有者权益与负债的比率关系。

如果资本结构不当会严重影响企业的利益，增加风险，甚至导致企业破产。企业的最大价值在于找到最优的资本结构，揭示资本成本、财务杠杆和企业价值间的关系。投资回报和风险。企业的总利润不反映股东的财富。在同样风险的前提下，股东财富的大小取决于投资回报。增加投资回报，我们必须学习"货币时间价值"来找到合适的筹资，投资，学习、使用和回收的数学模型和分析方法，如净现值法、现值指数法、内含报酬率法等，以提高财务管理决策的质量，实现企业财务管理目标。

（六）加强企业内部财务控制

内部财务控制是由董事会、监事会、管理层和工作人员进行的，目的是实现控制财务目标。因此，企业内部财务控制目标与财务管理目标一致。内部监督管理内部经济活动并监督企业，根据国家立法和遵守规定的情况，协调好在最高级别上降低费用、改进对工作人员、建立监督机制、风险报告机制和监督机制。没有严格的内部控制系统，企业的目标达不到，更不用说价值最大化了。为了实现财务管理的目标，企业必须加强内部控制。确保企业的管理，确保企业资产的安全，确保企业财务报告的真实性和相关信息，全面提高企业的效率和管理，促进企业未来的发展战略。

总之，企业利益最大化是企业财务管理目标的奋斗目标，必须解决企业领导和财务人员的职业操守，同时还要提高财务人员的综合素质和会计工作能力，才能使企业的价值最大化，使投资者及其利益相关者的利益得到有力保障。

第三节 财务管理的基本原则

财务管理的高效开展，有助于落实风险控制，维护企业的经济效益，对于企业股东财务目标的实现也具有重要意义。本节就财务管理的特殊性进行阐述，明确财务管理的本质特征，进一步从系统原则、弹性原则、收支平衡原则等方面入手，对财务管理的基本原则进行探讨，从而为企业财务管理的落实提供可靠支持，促进企业长足发展，仅供相关人员参考。

财务管理是企业经营与发展过程中的一项重要活动，在复杂的市场环境下，企业若想要实现的持续健康发展，就必须要高度重视财务管理，通过部门职能的发挥来探索出一条科学且可持续的企业发展道路。在全面把握财务管理特殊性的基础上，探讨财务管理基本原则，对于企业的综合发展具有重要意义。

一、财务管理的特殊性分析

（一）不可简单性的节约支出

财务管理的特殊性之一就在于，不能够简单地将财务管理看作是节约支出方式，受到传统财务管理理念的影响，一般将财务成本核算看作是财务管理，使得财务管理过程中相关管理人员普遍以节约支出作为采取管理的主要方式，试图通过此种方式来维护企业的经济效益。但在当前市场经济条件下，经济利润并不为唯一的采取管理目标，由于市场环境复杂并且具有动态化特征，无论是在产品价格方面还是在产品周转方面，都促进了节约支出向节支降耗转变，旨在维护企业的成本效益，从而改善采取管理成效。

（二）并非单一化的财务部门管理

当前财务管理中普遍存在重财务部门管理而轻部门协调联动的情况，实际上财务管理的特殊性就在于，并非单一化的财务部门管理，而是在企业经营发展过程中需要多个部门的协调配合，围绕战略目标出发，以信息技术为支持，落实采取管理，科学控制成本与风险，从而维护企业的收益。

（三）不可忽视其他管理工作

财务管理是一项重要的管理工作，但与此同时，也不可忽视其他管理工作的协调性，这直接关系着企业价值的体现以及战略目标的实现。对于企业来说，无论是生产、营销还是质量管理，都是企业发展过程中的重要内容，要全面把握企业发展的现实情况，在日常管理中实现采取管理与其他管理的协调配合，从整体上提升企业财务管理水平。

二、财务管理的本质特征

就企业经营发展的现实情况来看，财务管理实际上就是一种资金运动，也可以称为一种价值运动，财务管理是以资金为对象所开展的筹集、运用与分配等活动，通过资本运作来提升价值，维护企业的综合效益。财务管理致力于实现利润最大化，确保股东财富目标得以实现，促进企业价值实现不断增长，降低企业资金风险，并且为企业的持续健康发展提供有力支持。

三、财务管理的基本原则

（一）系统原则

财务管理的落实，要遵循系统原则，就是要立足企业发展现实需求来开展综合分析，注重系统优化，围绕财务管理目标出发开展财务管理，确保财务管理系统的整体性，通过系统价值的发挥来为财务管理而服务。

（二）弹性原则

在现代经济形势下，市场运行环境复杂，这就令财务管理也面临着复杂的形势。企业若想要逐步提升市场竞争能力，就必须要遵循弹性原则开展采取管理，从而更好地应对市场变化，推进财务管理工作的高效开展。

（三）货币时间价值原则

一般情况下，商品通过货币形式来展现价值，在现代市场经济条件下，商品的支配主要依靠货币来实现，而从货币价值与商品支配的关系来看，现在货币价值与未来货币价值相比要明显处于较高水平，对于企业来说，若想要持续创造价值并获得收益，就必须要落实采取管理，遵循货币时间价值原则，合理配置货币资金，在不同时间点下，为保证货币换算的准确性，必须要确保所换算的时间点是相对应的，从而确保财务管理工作能够得到规范开展。

（四）资金合理配置原则

资金是财务活动中的核心和关键，无论是资金筹集、利用还是分配，都必须要遵循合理配置的原则，这也是财务管理的基本原则，关系着企业的经营和发展。一旦资金配置的科学性不足，极易影响企业资金链的正常运转，严重情况下可能会导致企业无法购进材料与设备，无法偿还银行贷款等，这就会在一定程度上加剧企业财务风险，甚至会对企业的发展形成制约。对于企业财务管理来说，资金合理配置原则是一项基础性原则，能够实现资金的最大化利用，从而为企业经营发展提供可靠的资金支持。

（五）收支平衡原则

企业经营过程中的收支一般以财务指标和数据测算作为主要方式，在确定收支平衡点之后，面对复杂的市场环境，采取可行的财务管理方式，保证财务管理系统运行的稳定性与可靠性。在这一过程中，要注重收支平衡系统与风险预警系统的构建，在制定财务管理方案的基础上，要结合指标偏离情况建立修正方案，合理调整企业财务管理方式，促进企业经营战略的优化，为企业发展战略目标的实现奠定良好的基础。

（六）成本—效益—风险权衡原则

在现代市场经济环境下，成本、效益与风险都是企业财务管理过程中必须要重视的内容，关系着企业的经济效益与运营风险。就现实情况来看，大部分企业都试图通过低成本与低风险来获得高效益，但实际上成本、效益与风险之间存在着密切的联系，只有当三者之间达到一种平衡状态时，才有助于财务管理目标的实现。也就是说，财务管理工作的开展，要明确相对固定的某种条件，围绕这一条件出发来优化配置资源，从而采取可行的财务管理策略。一般情况下，当风险一定时，通过财务管理来优化配置成本以获得较高的收益，当收益一定时，通过成本控制或者风险控制来推进企业持续经营发展。

通过以上研究可知，企业可持续发展过程中，必须要落实财务管理，这就必须要对采取管理的特殊性形成正确的认知，在明确财务管理本质特征的基础上，遵循财务管理基本原则，有侧重点的落实企业财务管理，提升财务管理水平，切实提升企业市场竞争能力，促使企业更好地适应市场环境，逐步实现稳定有序发展。

第四节　财务管理的作用

随着市场经济的发展，企业之间的竞争越来越激烈，财务管理在企业中的地位也更加重要。在新的经济环境下，企业的财务管理的内涵、功能和地位等都发生了深刻的变化。在新的市场环境下，企业对于财务管理给出了新的定位。

一、现代市场经济条件下，财务管理的对象及内容

企业财务管理就是对企业的全部资金及其运动的管理，其中主要包括企业资金的筹集、使用和分配，市场经济环境中，企业是经营者和生产者，因此，企业的财务管理范围除了包含企业内部的资金运动以外，还包括整个社会生产过程。

（一）多种渠道筹措资金，提高企业资本运营收益

对于任何一个企业而言，融资都是企业获取资金的重要手段，企业一般都是通过融资租赁、发行股票和债券等方式来获取资金。一般筹资对象都是金融机构和非金融机构。在筹措债务和发行股票方面，两者存在很大的差别，筹措债务表示资金成本可在税前列支，但是所承担的财务风险较大。而发行股票是通过分散所有权的方式获得相应的资金支持，因此财务风险较小。不同的筹资方式就要求企业对财务管理工作作出相应的调整，以适应企业发展的需要。

（二）加强企业财务管理以实现现金流量最大化

目前，我国企业的财务管理目标是提高企业的经济效益，实现企业利润的最大化。随着市场经济的发展，企业的财务状况直接影响到企业的整体发展。因而必须采取科学的、合理的方法对企业的财务状况进行分析，尽可能地提高企业的资金利用效率，合理地运用资金，最大限度地提升企业的现金流动能力，合理控制资产负债率、存货周转率、流动比率、速动比率等，以实现企业现金流量最大化。

（三）建立有效的财务管理风险机制

企业在经营管理过程中难免存在各种风险，在市场经济环境下，很多企业由于财务风险预警机制的缺失导致其衰败。在企业竞争加剧的情况下，企业财务风险的加剧导致企业在获利中产生了风险。因此，企业要重视财务风险的管理，建立一套完整有效的财务管理风险机制。对企业财务管理过程中的重大投资、债务清偿等环节进行严格把控，对可能存在的财务风险进行及时预防、评估、控制和分散，尽量降低财务风险发生的可能性。

二、制约财务在企业管理中的地位和作用的因素

（一）日常操作不规范，工作落实不到位

目前，很多企业的财务工作都存在各种问题，比如科目滥用、信息失真、账目不清、手续简化等。并且更有存在私设小金库、虚假记载，不定期对库存现金进行盘点，会计凭证和账目核对不准，财务人员监管不力等，造成了账证不符、账实不符的现象普遍存在。

（二）财务管理职责混乱

由于企业自身的原因，很多企业的财务监管人员不能独立的行使自己的监督权，对企业财务工作中出现的种种问题，财务监管人员无法做到有效的监管，导致财务工作中很多漏洞无法被发现和更正，财务监管人员监管不到位，管理人员管理不当，企业的财务管理职责混乱导致企业的管理出现恶性循环。

（三）人员设置机构不合理

随着市场经济环境下，经济知识的不断更新换代，很多企业在企业内部的机构设置上出现问题。企业财务人员也缺乏相应的专业素养，并且理财观念滞后，缺乏一定的主动性和创新能力。

三、确立财务管理在企业管理中的中心地位

（一）盘活存量资产，处理沉淀资金，加快资金流动性

目前我国企业资金闲置现象比较普遍，一方面是由于企业存在很多不用材料和设备，另一方面企业贷款较重，在资金的运用方面有待改善。针对这一问题，企业应当每年集中进行盘查，列出积压清单，及时列出报废资产，并尽可能将报废资产转为货币资金。

（二）编制资金使用计划，加强资金平衡工作，充分发挥资金调度作用

一方面，企业为了维持正常的运作，要对资金进行合理分配。企业要采取适当的措施进行资金的统一安排，根据任务的轻重缓急合理安排工作顺序。另一方面，企业要安排财务部门将各部门的用款计划进行呈报，确保资金的合理使用。

（三）人才管理是确立财务管理中心地位和作用前提

无论是对于国家还是企业而言，人才都是十分重要的发展动力。对企业的财务管理而言，领导干部必须具备一定的财务管理素质。要加强对财务管理相关知识的学习，比如税

收、金融、财务等法律法规，同时领导要重视财务管理，积极参与财务管理活动。而财务干部也要及时参与企业的经营管理和重大决策，不断学习财务管理理论知识，树立终身学习的理念。

随着市场经济的发展，企业财务管理的作用越来越重要，我国企业的财务管理中存在诸多问题，比如日常操作不规范、工作落实不到位、财务管理职责混乱等问题，企业应当通过盘活存量资产，处理沉淀资金，编制资金使用计划，重视人才管理等方面来加强企业的财务管理，让财务管理发挥更重要的积极作用，促进企业的持久发展[1]。

第五节　财务管理的价值创造

随着价值管理理论的出现与发展，企业价值最大化成为诸多企业的经营目标。财务管理作为企业的一项重要管理职能，如何扮演好企业价值创造者的重要角色，充分发挥其在价值创造中的作用，显得尤为重要。

一、财务管理与价值创造

（一）财务管理

财务管理是在一定的整体目标下，关于资产的购置（投资），资本的融通（筹资）和经营中现金流量（营运资金），以及利润分配的管理。财务管理是企业管理的重要组成部分，对企业来说尤为重要，它是组织企业财务活动，处理财务关系的一项综合性管理工作。

（二）价值创造

1. 企业价值

企业价值是企业有形资产和无形资产价值的市场评价，是企业所能创造的预计未来现金流量的现值，也是使所有与企业利益相关者能获得满意回报的能力。它反映了企业潜在的或预期的获利能力和成长能力，体现了企业资金的时间价值、风险以及持续发展能力。

企业价值通常可以通过两种途径表现出来：一是通过买卖方式，以市场评价来确定企业的市场价值；二是通过其未来预期实现的现金流量的现在价值来表达。

2. 价值创造

价值创造，是指围绕企业价值最大化的目标，为企业创造价值。

企业的价值创造是通过一系列活动构成的，这些活动可分为进取性活动、支持型活动

---

[1] 荆新，王化成，刘俊彦. 财务管理学 [M]. 北京：中国人民大学出版社，2002.

和防守型活动三类。其中，进取性活动是直接为企业创造价值的活动；支持型活动是通过支持辅助的方式间接创造价值的活动；防守型活动是保护现有价值不受损害的活动。

二、财务管理与价值创造的关系

（一）财务管理目标与价值创造

作为企业重要管理职能的财务管理，其目标一直为企业经营目标服务，即当企业经营目标是企业价值最大化时，财务管理的最终目标同样是企业价值最大化。价值创造是围绕企业价值这个中心，通过一系列活动，以实现企业价值最大化。由此可见，价值创造是实现财务管理目标的手段。

（二）财务管理活动与价值创造

财务管理活动包括很多方面，如企业的筹资、投资、经营活动、利润及其分配等。围绕价值最大化目标，企业可以通过平衡好收支、合理使用资金等财务管理活动来为企业增值保值，也可以通过合理配置企业资源、参与战略性投资等财务管理活动为企业获得发展的可能，增加企业利益相关者对企业的收益和增长的预期，提升企业价值。由此可见，财务管理活动是一种价值创造活动。

三、如何通过财务管理创造企业价值

完善的财务管理能为企业创造更多的价值。财务管理可以通过降低成本费用、提高利润、增加企业现金流入等方式来实现价值创造；也可以通过辅助支持企业的各项价值创造活动来提升企业价值；还可以采取财务措施保障企业价值不受损失。

（一）直接创造企业价值

1. 投资理财

一是注重投资预期回报率的分析计量，充分考虑收益时间价值、各类风险因素，提高投资决策质量和效率，着力投资预期回报率高于资本成本的项目，以实现投资收益；二是通过理财规划和理财活动直接进行资金增值活动，获取现金流流入。

2. 资金管理

一是运用科学合理的方式进行筹资，促进企业追求最优的资本结构，降低资金使用成本，即以最低的资本成本筹集企业发展所需资金；二是优化长短期负债的比例结构，以此保障资金成本和资金占用最低化；三是通过集中管理资金，提高资金使用效率，降低资金流动性成本、资金使用成本。

3. 资产管理

一是全面掌握企业各项资产使用情况，统筹管理，充分发挥各项资产的潜在价值；二是对于一些暂时未充分使用的资产，根据实际情况合理使用，提高其使用效率；三是积极处置闲置资产，加速资金周转，避免资本沉淀。

4. 税收筹划

以企业综合纳税成本最低、经济效益最大为目标，在满足合法性的前提下，结合企业自身情况，根据税基计算、税率确定、纳税时限等不同税法规定，采用多种科学方法进行测算比较分析，采用最优的税收策划方案，提升企业价值。

5. 财务政策利用

一是按照《企业会计准则》要求，根据自身实际需要，利用会计政策和会计估计的选择，影响企业的报表利润，进而影响企业价值；二是用好各级政府优惠补贴政策，获得相应的补贴收入等。

（二）辅助企业提升价值

1. 评价激励

公正评价、有效激励，有助于理想效果的实现。财务管理围绕价值创造目标，参与相应的经济责任考核和薪酬激励以及各项奖惩制度的制定，并通过这些制度措施的执行，使企业的价值创造机能有效运行，促进企业的价值创造活动。

2. 财务分析

一是利用财务报表和其他资料，对企业各项能力进行分析，客观评价企业经营情况，发现经营中存在的问题，为优化企业经营管理提供参考；二是参与企业战略规划，充分运用财务规划与决策工具辅助战略规划，保障企业战略有效实施；三是参与企业其他经营活动，为各个经营环节的决策服务，如参与市场营销各阶段方案制定、进行效益评估、盈亏平衡点分析等，以协助各项价值活动的开展。

（三）保护企业价值

1. 内部控制

财务管理可以通过不相容职务分离控制、授权审批控制、会计系统控制、财产保护控制等内部控制手段，参与控制并防范企业潜在风险，确保企业价值保值，以此促进企业价值创造。

2. 财务审计

企业除了组织单纯的查错防弊财务审计工作外，还可以组织企业价值增值保值情况的财务审计工作，充分发挥财务审计在企业价值创造活动中的监督评价作用，使得财务管理更好地为价值创造服务。通过财务审计发现问题，深挖根源，采取措施，防止企业价值受到损害。

财务管理是一项价值创造活动，是企业实现价值最大化的重要手段。一方面，企业应重视财务管理在价值创造中的地位和作用；另一方面，财务管理除了积极开展价值创造相关的管理活动外，还应进一步挖掘更多更好的价值创造管理方式，完善并优化财务管理的价值创造体系，促进企业价值持续提高，更好地实现企业价值最大化的目标。

第六节 财务管理的理论结构分析

在对财务管理的内容进行理论研究时，研究学者会根据相关的制度条例的结构进行分析，一个企业是否能在激烈的市场竞争中占有一个具有优势的位置，不仅取决于企业的发展模式是否合理，还取决于企业在财务管理方面能否制定了科学与合理的运转体系。企业发展过程中的财务管理实务，已经具有较为悠久的历史，但是，实际体系建立，并没有运转多长时间。本节通过对财务管理理论结构上的要点内容，进行了探讨，可以给相关管理人员工作的开展带来参考性价值。

我国在财务管理上的体系构建，要晚于国际上的财务管理理论提出，这也是直接导致我国财务管理上的体系一直没有得到完善的主要原因。与此同时，相关研究学者也没有对财务管理的理论结构进行系统上的研究，这使得许多企业在财务管理工作开展过程中，所遇到的一些问题，往往找不到可以进行参考的理论规定。所以，开发制定出更多的财务管理内容，是当前研究学者的工作重点。

一、财务管理理论结构的概念

为弄清什么是财务管理理论，必须首先弄清什么是理论。世界著名的《韦氏国际词典》第三版对"理论"一词的解释是：理论是某一研究领域的一套前后一致的假设、概念和实用原则所构成的系统。我国《辞海》的解释是：理论是概念、原理的体系，是系统化了的理论认识。《现代汉语词典》的解释是：理论是人们由实践概括出来的关于自然界和社会的知识的有系统的结论。但不论怎样描述，理论与实践的关系总是非常密切并且是相辅相成的。它们互相为对方提供支持和帮助，每一方都有助于纠正对方的缺陷，使它变得更加完善。理论的职能是扩大经验的范围，并深化其含义。凡属科学的理论，必须能完整地、准确地解决两个问题：如何解释实践，即认识世界；如何进一步做好实际工作，即改造世界。

二、研究财务管理理论结构的意义

（一）弥补财务管理研究中的一项空白

根据国外在财务管理内容上的理论研究，虽然在体系构建上也有较多的经验可以进行参考，但是，关于财务管理上的结构意义，并没有太多的理论进行支持。与此同时，许多结论只是建立在理论探讨上，并没有真正的具体实例可以进行参考与借鉴。在开展财务管理内容上的研究时，要对财务管理上的理论构成，进行分析，也要让理论各个要素之间的联系，得到充分的挖掘。只有将这些理论内容进行深层次的探讨，才能对财务管理内容上的框架进行建立，具体的理论体系得以构建以后，才能让财务管理的实际工作开展，得到相应的理论内容可以进行参考与借鉴。所以，建立出科学合理的财务管理理论体系对于企业运行与发展，具有非常重要的影响意义，应该得到相关研究人员的重视。

（二）正确进行财务管理理论研究

财务管理结构想要在理论上可以有所成就，就必须找到相应的概念内容，作为框架，进行推理。财务管理体系上的构成要素也不例外，在研究过程中，需要找到适合的研究方向，这使得理论在推理过程中，可以得到参考。近年来，我国财务管理内容在实践上发展较快，许多企业在发展过程中，会设置独立的部门与机构，对管理经验进行总结与记录。但是，这只是开展在某个企业小范围内的内部结构调整过程中，我国研究学者在这方面的理论研究，并没有跟上企业发展的速度。因为，只有构建筑较为科学的研究体系，企业在运行发展中才能得到更为完善的管理模式。研究人员应该从我国现有的财务管理实践内容出发，借鉴国外的管理经验，在整合处理过程中，开发出一套较为适合我国国情的管理模式。只有这样，才能让企业在财务管理的运行过程中，积极的对理论进行实践，让理论在实践过程中得到检验，也在不断地实践过程中，开发出新的理论内容，为我国财务管理体系建设贡献出更多的力量。

（三）科学有效的指导财务管理实践

想让财务管理上的内容能够从感性认识上升到理性认识的层面，就必须在对管理内容进行扩展时，将将财务管理实践上的内容进行积累与记录。让这些实施实践经验变成可以进行参考的理论内容，企业的财务管理机构在运行过程中，必须将财务管理的理论内容进行相应的扩展，与此同时，也要在实践过程中反映出财务管理上的规律性，采用科学的方法，对管理理论进行实行。实践过程中，还要积极接受理论内容上的检验。一旦发现实践上的内容有所偏差，应立即进行纠正处理。第二点，理论指导实践，企业的运行管理过程中，只有让财务管理内容得到了相应的实效性发挥，才能让理论内容的功能作用得到真正意义上的普及。此时财务工管理上的工作效率，也能得到相应的提升。市场经济运行模式下，财务管理工作的完善以及条例制定，都必须符合此时经济运行的发展规律，才能在企业运行管理过程中得到相应的功能发挥。而这些财务管理上的理论的内容也才能具有其自身的存在意义。

三、财务管理理论结构的构建

（一）财务管理理论的起点、前提与导向

财务管理在发展过程中的基础环境，是理论研究的一个重要的支持指标，因为财务管理上的内容基本都是围绕环境来展开体系上的构建的。所以，研究人员在对财物管理内容进行扩展时，一定要将实际环境进行了信息上的掌握，根据特定环境的变化内容以及规范进行相应的调整。与此同时，还要根据环境的变化，总结出相应的规律。根据规律的变化，将管理上的理论知识进行总结，研究人员在对理论进行开发扩展时，可以根据市场环境的变化，对规律性提出假设。假设上的内容上也涉及多个方面，例如进行假设、有效市场假设等，这些基本上都可以作为通用的业务理论来进行使用，如果没有这些假设就无法将其的理念以及通用业务理念进行建立，这些内容无法得到理论上支持。

（三）财务管理的基本理论

财务管理在内容上的基本理论，主要包括管理体系中的内容、原则、方法等。这些概念却一不可，如果在体系构建过程中，将其中某一个内容进行忽略，就无法构建出完整的管理体系。不同的专家学者对于管理内容上的知识排列，一直存在很大的争议。在内容建立上，有些专家学者认为研究财务管理的内容需要从管理环境以及本质上入手，也就是说，管理内容上的基础支撑应该来自企业上的财务活动。而这些活动上的开展，在处理过程中会形成相应的理论经验，将这些经验进行概括总结以后，就可以作为财务管理上的基本内容来进行推广与普及。但是，这种管理方法并不具有广泛的参考性，主要的原因是企业在发展运作过程中，不同的时期有特定的管理模式，与此同时，不同的企业在管理方法上也会采用特定的管理内容。所以，理论的普遍性，应该在进行相应的归纳与总结以后，总结出最根本实际的理论原则，再对这些内容上的开展，进行大跨度的推广与普及。

企业在开展活动过程中，也应该遵循最基础的管理原则，在参考过程中，将实践性的活动进行规划。与此同时，这些活动在实践过程中，也可以对理论上的内容进行检验或是修改。世界经济正处于运行发展过程中，企业的运作模式也会根据经济的发展特点进行相应的调整与改变，但是，财务管理上的内容原则，基本上具有广泛的参考性，也会在变化过程中具有一定的理论根基进行支持，所以基本不会发生什么改变，只是应用到不同的企业，企业需要根据自身发展的实际特点进行相应的调整，在运行过程中还要制定相应的管

理目标，根据目标的方向与管理原则，进行实践上的验证。

通过以上的论述，可以总结出的是财务管理中的内容制定，不仅与市场经济的运作状态息息相关，也与企业的运行发展模式具有非常重要的关联性。企业在对财务管理上的理论进行实践时，一定要对市场运作形势，结合当前企业运行的状态进行结合性上的思考，再对财务管理运作机制做出判断。只有这样，企业才能在激烈的市场竞争中占据一个良好的战略发展位置。面对财务管理中的问题，也要依据当前的市场经济形势，制定出解决方案。万物都存在于变化的模式运作中，企业的管理层只有依据企业当前的形势，审时度势，才能让企业的财务管理系统永远保持活力。

第七节　财务管理环境变化对现代财务管理的影响

财务管理是企业发展中的重要内容，对企业平稳经营有着重要的意义和影响。在近几年的发展中，很多企业提高了对财务管理环境变化的分析与研究。一方面是由于财务管理水平与财务管理环境的变化有着密切的联系，需要相关管理团队能够对两者之间的关系进行深入的研究与探讨，从而为财务管理工作的开展提供可参考的依据；另一方面是由于传统老套的方式和理念已经不能满足现代企业财务管理的需要，如果不能及时的创新与完善财务管理制度、理念以及模式等，那么就会影响企业的正常发展。

一、财务管理环境变化的内容

（一）企业发展模式方面

财务管理环境在变化的过程中，会在很大程度上引发企业发展模式的变化，而发展模式的变化不仅对企业核心的构建有着重要的影响，还对企业财务管理的开展有着重要影响。由于企业财务管理中涉及很多方面的内容，如资金管理、预算控制以及风险规避等。但是，当企业发展模式受到财务管理环境变化而发生改变的时候，企业财务管理部门就需要对这些内容进行重新部署与安排。通过这样的方式才能进一步顺应企业发展模式变化需要，对财务管理工作的开展提供有利的条件。

（二）金融全球化方面

金融全球化对企业融投资的开展有着重要的意义和影响，不仅为企业融投资提供了更多的选择机会，还间接的丰富了融投资的形式和内容。在财务管理环境变化的过程中，企业财务管理部门会根据金融全球化的发展现状对融投资环境进行进一步的分析与研究。同时还会对融投资中涉及的风险问题进行进一步的控制和防范，从而确保融投资的安全，而财务管理工作的开展也会间接的发生改变。

（三）经济信息化方面

随着经济的不断发展、国与国之间的交流和联系更加密切。经济全球化的趋势已经愈演愈烈，俨然成为一种趋势。随着经济全球化的发展，以跨国服务和商品为主要经营对象的跨国公司也广泛兴起。跨国商品和服务的产品流通模式和形式，与传统经济有着很大的差别。经济技术也有着很多的变化，急需财务管理模式采取相应的方式。而经济信息化的发展，是财务管理环境的重要部分之一。其以互联网技术和电子计算机技术为基础，通过信息的共享和技术的沟通，已经对经济运行的模式产生了巨大的影响。

二、财务管理环境变化对现代财务管理的影响

（一）资产评估体系构建方面

资金的平稳运行对企业发展与财务管理工作的开展有着重要的意义，而资产评估体系的构建在很大程度上推进着财务管理水平的提升。很多企业在进行财务管理的过程中，会将重点内容放在知识资本的评估与管理方面。对于资产评估中存在的难点问题，相关管理团队也能根据实际情况，对相应的会计核算工作以及评估工作进行优化处理[1]。

但是在实际资产评估的过程中，很多管理团队没有按照规范的计量模式或核算方法进行相应的工作。而这种情况的出现对资产评估的价值分析与评价有着一定的影响。在财务管理环境变化的引导下，相关管理团队能够进一步提高对资产评估的重视与研究，并根据实际财务管理环境变化情况，对企业现金流量计量以及管理模式等进行优化，制定出有利于企业财务管理的计价方式，推进资产评估体系的构建。

（二）财务管理网络优化方面

由于互联网时代的发展以及电子计算机技术的推广，很多行业领域在发展的过程中都会将先进的网络技术以及电子技术等应用其中，在顺应时代发展需要的同时，促进行业的平稳发展。各企业的财务管理模式也会受到财务管理环境变化的影响而发生改变，而将网络技术以及电子计算机技术应用到财务管理网络系统建设中，逐渐成为企业发展中重点的内容。合理的应用网络及电子计算机技术，不仅能够有效的控制财务管理工作中存在的问题，还能进一步提高财务管理的质量与效率。

比如财务管理过程中会涉及很多的数据和信息计算及核对工作，但是相关工作人员在计算和核对的过程中，会受到某些因素的影响而出现问题。而合理的应用网络技术就能够在很大程度上降低这类情况出现的概率，同时还能间接的提高信息核对以及数据计算的准

---

[1] 李彦. 企业集团财务公司资金集中管理的效率研究 [D]. 太原理工大学，2014.

确性，为财务管理工作的开展提供有利条件。另外，对财务管理网络进行建设与优化，还能实现企业资源的合理配置，提高企业信息共享的效率和价值，对财务管理人员积极性的提升也有着重要的意义和影响，需要企业相关财务管理团队能够提高对网络建设的重视。

（三）财务管理内容变化方面

除了上述两点内容外，财务管理环境的变化还会对财务管理内容产生影响。由于各企业财务管理的效率和质量会随着国家经济环境的变化而变化，企业要想保证财务管理工作的顺利开展，那么财务管理相关管理团队就要根据经济环境实际变化情况，对相应的财务管理内容进行更新与优化。

财务管理环境的变化与经济全球化的发展有着密切的联系，近年来很多大型的跨国公司出现在了社会的发展中，相关的融投资行为成为普遍现象。而融投资模式的出现不仅间接地提高了国家企业经济水平以及筹资效率的提升，还带动了计算机技术的应用与推广。融投资方法也变得多样化，财务管理内容也变得充实起来。

另外，在财务管理内容发生变化的同时，一些跨国公司还会将新型的投资方式应用到实际的工作中，这不仅给企业发展提供了更多可参考的依据，还间接地促进了企业财务管理模式的创新与升级。虽然企业财务管理会受到一些因素的影响而出现风险问题，导致投资效率下降。但是，财务管理内容在改变的过程中，会间接的优化企业受益模式和管理内容，能够在一定程度上规避风险，提高财务管理质量，对企业经济水平的提升有着重要的意义和影响。

（四）财务管理理念革新方面

在经济全球化、金融全球化、信息化、知识资本化等经济环境的影响下，财务制度也应当从财务管理理念、财务管理内容、评估系统的构建、电子网络系统的构建等方面进行适当的调整和革新，以适应日益变化发展的经济形势，提高财务管理效率。财务管理环境主要包括经济全球化、电子商务化、企业核心重建等部分，而在面对这些环境的变化，财务管理也必然要做出一些调整，以适应大环境的发展。

受当前财务环境的变化影响，现代财务管理必须适时的进行变革和创新。首先，在财务理念和理论构建上，应当重视工业经济和知识经济的全面发展，使其在保证经济增长的基础上，还能从技术层面和资金管理层面实现对企业财务管理的优化。也就是在传统财务管理工作的基础上，优化资金使用效率和风险规避制度，确保企业管理者能够正确的决策和投资。

其次，企业应当积极的促进财务管理创新。因为企业的财务管理工作是发挥资金的最大效用，并且能够最大限度地降低企业的风险。而企业人员关系的协调和生产能力的激发又能够从根本上提高企业的效益，所以在财务管理上，应当将人员关系优化与财务创新相结合，在优化人员管理制度的基础上，实现财务关系的协调和创新。

第二章　财务管理的新理念

第一节　绿色财务管理

一、传统财务管理的弊端及引入绿色财务管理的必要性

当今社会是一个发展的社会，可持续发展理念已深入人心，因此，企业在进行自身的财务管理以及制定企业发展战略的时候，必须要考虑到多方面的因素，如包括了多种资源的自然环境，又如包含了许多危机的社会环境。如果出于恶性循环下，会使得整个国家，整个社会，整个世界为其短浅的目光付出严峻的代价。因而，我们必须走绿色财务管理之路，相对于绿色财务管理，传统的财务管理有以下缺点：

（1）传统模式下的企业财务管理，不能够准确地核算企业的经营成果，只能够单纯的计算企业中的货币计量的经济效益，而无法将会计核算体系纳入企业管理中，无法将货币计量的环境资源优势转化为企业中的管理优势。

（2）传统模式下的财务管理，不利于企业对环境造成的污染及财务风险进行分析，传统的企业财务管理，没有办法准确核算企业经营环境，没有办法避免自然资源的匮乏造成的后果，没有办法改善生态环境的恶化模式，没有办法减缓竞争的加剧，没有办法遏制环境污染的发展，从而会加快企业生存及经营的不确定性，使得企业自身的财务管理出现从体制上的差错。

（3）传统模式下的财务管理，不利于进行有效的财务决策，在这种模式下的财务管理，企业在进行经营的时候，大多是将资金投入到了高回报、重污染的重化工企业，不考虑对环境的污染，不顾环境破坏，因此这种模式下的企业管理，只会使得经济的宏观恶性循环，将严重破坏环保问题，而这也将会使企业遭到倒闭、被取缔等停产风险。

传统的财务管理在这几方面的弊端，充分说明了进行新的财务管理理念的重要新，也就是说，企业要改变，就有必要走绿色财务管理之路。

二、绿色财务管理的概念及主要内容

绿色财务管理，是指充分利用有限的资源来进行最大效益的社会效益化、环境保护化、

企业盈利化，而绿色财务管理的目的，是为了在保持和改善生态环境的同时实现企业的价值最大化，使得企业能够与社会和谐相处。绿色财务管理就是在传统财务管理的基础上考虑到环境保护这一层因素，主要有以下几个方面：

（一）绿色投资

由于企业的各种因素，所以需要引进绿色投资，而绿色投资，也需要我们在所需要投资的项目以及外在压力进行简单的调查研究，而这几点，则是研究的方向：第一，企业在对环境的保护上有没有切实按照国家制定的标准来进行，需要保证所投资的项目之中不能有与环境保护相违背的内容，这也正是绿色投资的前提。第二，提前考虑因环保措施而造成的费用支出。第三，提前考虑项目能否与国家政策响应而获得的优惠。第四，考虑能否投资相关联的项目机会成本。第五，考虑项目结束后是否拥有因环境问题而造成的环境影响的成本回收。第六，考虑因实施环保措施后对废弃物回收而省下的资金。

（二）绿色分配

绿色财务管理在股利上面继承了传统财务管理理论的内容，同时又有着它的独特性存在。在支付股利时，需要先按一定比例来支付绿色资金不足的绿色公益金以及绿色股股利。绿色公益金的提取，相当于从内部筹集绿色支出不足部分的资金，而这一过程与企业进行公益金提取的过程相似，但却区分不同企业规模，绿色公益金的提取，不仅需要企业是处于盈利状态，还需要确保有一定的余额，而且，不得随意挪用，绿色公益金只能做绿色资金不足部分的支出。绿色股股利的支付与普通股一致，但不同的是，如果企业无盈利且盈余公积金弥补亏损后仍无法支付股利，就可以用绿色公益金支付一定数量的绿色股股利，但却不能支付普通股股利，而这一方式，也是为了维护企业在资源环境方面的声望。

三、绿色财务管理理念的理论基础

（一）绿色管理理论起源与发展

发达国家于1950年左右提出绿色思想，生态农业由此兴起，而随着时代的推移，战争的干扰，经济的全球化，发达国家对环境的污染也日渐严重，而绿色思想也在人们的心里扎根，20世纪90年代，全球兴起了一股绿色思潮，绿色管理思想也由此出现。

（二）绿色会计理论

这几年来，自然社会的急剧变化，使得人们将目光逐渐聚焦于环境与可持续发展中。会计领域的人们也积极探索会计与环境相结合，提出了绿色会计理论。在这一领域的很多会计师也对绿色会计理论提出了许多新的观点，在各个方面都提出了大量有益的探索，从而使得绿色会计的研究越来越深，越来越具有操作性。对绿色会计活动中的确认、计量、披露，都是为了给信息使用者进行服务的，尤其是在为企业的决策者提供信息方面。有着大量会计领域的专业人员对绿色会计进行研究，也就导致了满足绿色会计这一理论的企业能够进行正确的筹资、投资以及决策，也就使得绿色财务管理出现。

四、绿色财务管理在应用中的注意事项

绿色财务管理理论是适应人类社会资源环保保护潮流的理论，是对传统财务管理理论的挑战与发展，而绿色财务管理理论要想在这个社会中应用到企业中，就需要做到以下几点：

（一）企业要兼顾资源环境与生态环境的平衡

当今社会随着绿色消费的出现，消费者的绿色消费观也在逐渐增强，而企业要想在这个社会中立足，就需要将资源环境问题代入企业管理中，以绿色财务管理理论作为指导依据，尽量开展绿色经营模式，以此提高企业的经济效益与社会效益。

（二）增强员工素质

企业员工的素质也是影响绿色财务管理能否正常实施的一大因素，因此，企业员工，特别是财务人员，应当利用社会生态资源，利用生态环境，通过资源整合来提高资源环保意识，加快传统模式下的财务管理理论向绿色财务管理理论的转变，通过提高员工素质以增强财务管理工作。

（三）使得会计领域与绿色财务管理理论相适应

想要做到这点，需要我们增设会计科目，如绿色成本、绿色公益金等绿色概念，从而使得绿色财务管理得到完美的应用；需要我们对会计报表进行改革，增设在企业对环境保护及改善等方面设定指标，从而使企业能够清楚自己在哪方面如何做可以提高对环境的优化，不会像无头苍蝇一样到处乱撞。

综上所述，我国的绿色财务管理理论还是处于一个新理论的萌芽阶段，但却可以随着世界环保呼声的增强而不断得以完善，不断得以进步，从而在指导企业经营、提升企业经济效益及社会效益中起的作用越来越强大。

第二节　财务管理与人工智能

与企业资本有关的管理活动——财务管理成为企业家最关心的问题。财务管理就是通过处理可靠的财务数据信息为企业制定发展战略提供依据，但是当今时代信息爆炸，财务数据规模庞大繁杂，为了简化流程、降低成本，20世纪中期兴起了人工智能技术，极大

地提高了管理效率。然而，人工智能技术在处理财务信息的过程中利用固定的模型与公式，处于多变环境中的企业经常遇到常规难以处理的数据信息，这种情况下人工智能的弊端逐渐地显露出来。如何处理财务管理与人工智能的关系成为管理界的一个新课题。本节就财务管理和人工智能的基本理论做了相关介绍，并探讨了财务管理与人工智能的关系，最后提出了处理财务管理与人工智能二者关系的相应措施。

一个企业经营的是否长久、赚取的利润是否丰厚，主要在于企业的战略制定和决策预测。制定出合适的战略，企业也就抓住了全局和方向，然后再通过战术或者经营决策进行当下的日常经营。根据战略制定的步骤，我们知道，要想制定出适合企业发展的战略，最关键的一步就是找出拟订方案的依据，所谓的拟订方案的依据具体通过企业的财务管理提供。财务管理的主要职能就是分析企业的财务报表和相关的数据，为企业的筹资、投资和资金营运提供决策的依据。在财务管理活动中，需要很多的公式进行运算，甚至某一个特定的常见情况也具备了固定的计算模型。企业的规模不断增大，来自企业营运活动和会计方面的信息越来越多，20世纪中叶，计算机技术正在蓬勃发展，企业的管理者为了减轻财务管理方面的负担，降低成本，提高财务信息处理的准确性，开始尝试着将人工智能技术引入企业的财务管理领域。这种创举在人工智能技术的引入初期的确给企业带来了极大的便利，增加了利润，提高了财务管理的效率。但随着社会的发展，尤其是我国在加入世界贸易组织后，国内企业面临的经济环境瞬息万变，不但需要处理的财务信息进一步增多，而且还出现了很多常规方法难以分析出合理结果的情况。

一、财务管理的理论基础

简单来说，财务管理就是企业运用相关的财务理论知识处理和分析财务报表以及其他的财务信息，最终得出企业经营状况的管理活动。关于企业资本的营运和投资正是财务管理的重要内容，企业在进行筹资决策、投资决策以及营运资本和股利分配决策时，所依据的重要信息就是通过财务管理人员的计算与分析得出的。财务管理的发展也一直在与时俱进，共经历了三个阶段，即企业利润最大化、每股收益最大化和股东财富最大化。每个财务管理的目标都符合时代的发展需要，也适应了企业经营者的经营目标。财务管理最早出现的时候，企业经营的目的就是赚取丰厚的利润，为了适应企业的发展需要，也为了发挥出财务管理的作用，就把企业的利润最大化作为目标。随着时代的发展，企业的规模越来越大，出现了上市公司，在上市公司内部，对于经营至关重要的是筹集足够的资金，即能够满足股东的需要。很多的小股民只关心自己在企业投资的收益，至于企业每年的利润以及经营情况则是无关紧要的。为了满足股民的心理需要和现实需要、筹集到资金，企业就想方设法地提高股民的收益，财务管理的目标也就变为每股收益最大化。大多数的企业满足不了短时间内股民的巨大收益，对此，企业的经营可能不惜牺牲经营时间来换取股民收益，但在实务中，一年赚取一定数额的收益和两年赚取相同数额的收益显然是不一样的。

因为货币包含时间价值，所以，企业财务管理的目标发展到目前的阶段，即股东的财富最大化。财务管理的最终目的就是通过分析数据得出恰当的决策，再通过合理的决策，最大化的增加企业价值。

二、人工智能相关介绍

人工智能技术的概念最早在20世纪中叶提出，20世纪末至今是人工智能技术应用的时期。人工智能技术指的是在计算机技术的基础之上，通过模拟人类某个领域专家进行解题的方式，使企业的经营决策智能化，实质就是模拟人类的思维活动。企业的财务管理是分析财务报表、得出有效信息、进行决策的过程，企业的财务人员在分析财务信息时，总会借助固定的财务公式，使用固定的财务模式解决日常经营的难题，基于这样的现实情况，具有计算机技术和财务管理专业知识的研究人员为了降低成本、提高效率，尝试着将财务管理的某些模式与公式存储在计算机的系统中，这样就可以把财务报表的信息输入计算机，通过之前存储在内部的计算模式进行报表信息的运算，从而得出相应的结果，这就是专家系统。与传统的财务管理相比，人工智能技术的引入解决了某些财务上的复杂运算以及数据分析的过程。人工智能技术在财务管理上的作用不仅仅是收集和整理数据，更重要的是通过学习新的专业知识，并将知识运用到实际运算中，得出合理的结果，做出客观的判断。人工智能技术包含了很多复杂的计算程序，凡是输入的数据，进入程序的运行之后就可以得出与实际手工运算一样准确的结果，所以，在人工智能技术下，财务人员的工作由原来的大量计算转变为数据的输入与结果的记录与汇报。过去的信息系统只能将数据输入，并运行非常简单的分类和加总程序生成财务报表，而当今的人工智能可以运行复杂程序并得出客观的结果，甚至可以分析数据之间的相关与回归关系。

三、财务管理与人工智能的关系

今天已经进入大数据时代，传统的手工计算分析已经跟不上时代的潮流，企业的财务管理不能闭门造车，需要应用人工智能技术提高工作效率，帮助企业提供决策依据，发现事物和现象之间的内在联系，人工智能技术同样需要与时俱进，根据企业的需要和管理的发展，不断补充新的程序，继续开发新的技术。总之，二者是相辅相成、互相完善的关系，财务管理使用人工智能是为了更加方便快捷，人工智能也需要通过服务财务管理找出不足，通过逐渐地完善达到节省成本的目的。

四、处理财务管理与人工智能关系的措施

上文提到了财务管理与人工智能的关系，企业的发展离不开人工智能，但是企业的财务管理又不能完全依赖人工智能技术。处理财务管理与人工智能关系的措施如下。

（一）提高财务管理人员的专业素养和水平

员工是财务管理工作的执行者，也是整个财务工作的推进者，财务管理人员的综合素质关系到整个财务管理工作的效率和质量。只有提高相关人员的专业素质，才有助于识别财务工作中的重点问题和复杂问题，有能力判断哪些问题需要慎重对待，哪些问题需要借助人工智能技术解决等。

（二）与时俱进的引入人工智能技术

人工智能是基于计算机技术发展而来的，人工智能技术的发展将会非常迅速，企业应该及时关注人工智能技术的更新换代，及时更新财务管理部门的相关技术，保证财务管理活动始终在最前沿的人工智能技术下进行，这样才有助于企业整个财务管理活动的与时俱进。企业通过人工智能技术的更新推动整个财务管理工作的进程。

（三）成立专门的人工智能与手工操作分工小组

财务管理工作复杂繁多，如前文所述，人工智能技术不能承担企业所有的财务管理活动，只能是有选择性地辅助财务人员进行决策与分析。对于复杂的财务工作，到底哪些工作需要由财务人员手工完成，哪些工作需要借助人工智能技术来解决，这需要一个合理的分配。对此，企业可以成立专门的分工小组对财务管理中的工作进行适当的识别与分配，保证财务管理有序进行。

人工智能技术是信息技术的重要方面，也是时代发展的标志，它的出现解决了财务管理很多烦琐的问题，企业的财务工作应该运用人工智能技术，通过人工智能技术，提高企业的管理效率，为企业的持续发展提供更加准确的策略，实现财务管理的目标。

第三节　财务管理的权变思考

权变是权宜机变，机变是因时、因地、因人、因势变通之法。"权变"一词最早出于《史记》，其中记载了古代纵横家、商家的权变思维。最早运用权变思想研究管理问题的是英国学者伯恩斯和斯托克。权变理论认为环境条件、管理对象和管理目标三者之任何一者发生变化，管理手段和方式都应随之发生变化。权变理论的特点是：开放系统的观念、实践研究导向、多变量的方法。

一、财务管理的权变分析

理财活动作为一种实践与人类生产活动同样有着悠久的历史，但现代意义上的财务管理作为一门独立学科只有近百年的历史。财务活动能否成功，在很大程度上取决于对环境的认识深度和广度。下面将从权变的角度分析各时期财务管理的特点。

（一）筹资管理理财时期

20世纪初，西方一些国家经济持续繁荣，股份公司迅速发展，许多公司都面临着如何为扩大企业生产经营规模和加速企业发展筹措所需资金的问题。在此阶段中财务环境、理财对象影响着财务管理活动，财务管理的主要是来预测公司资金的需要量和筹集公司所需要的资金。

（二）破产清偿理财时期

20世纪30年代，西方发生了经济危机，经济大萧条，许多企业纷纷破产倒闭，众多小公司被大公司兼并。这一阶段中，由于受外界环境影响，财务管理重点发生转移，主要问题企业破产、清偿和合并及对公司偿债能力的管理。

（三）资产管理理财时期

第二次世界大战以后，世界政治经济进入相对稳定时期，各国都致力于与发展本国经济。随着科学技术迅速发展、市场竞争日益激烈，企业要维持的生存和发展必须注重资金的日常周转和企业内部的控制管理。在这时期，计算机技术首次应用于财务分析和规划，计量模型也被逐渐应用于存货、应收账款等项目管理中，财务分析、财务计划、财务控制等也得到了广泛的应用。在这一阶段中，很显然财务管理的重点受经济发展的又一次发生改变，且财务研究方法、手段的改进加速财务理论的发展。

（四）资本结构、投资组合理财时期

到了20世纪60年代至70年代，随着经济的发展，公司规模的扩大，公司组织形式及运作方式也发生变化，资本结构和投资组合的优化成为这一时期财务管理的核心问题。此时，统计学和运筹学优化理论等数学方法引入到财务理论研究中，丰富了财务理论研究的方法。这一时期形成的"资产组合理论""资本资产定价模型"和"期权定价理论"等理论形成了近代财务管理学的主要理论框架。

综上所述，可以得出以下结论：①随着财务环境的变化，财务管理的重心都会有所变化；②研究方法的改进也会促进财务管理的发展，特别实际是信息技术、数学、运筹学、统计学等在财务上的应用，使财务管理研究从定性发展到定量化，更具操作性；③随着经济的发展，传统的财务管理对象不断补充着新的内容，从开始的股票、债券、到金融工具及其衍生品等并随着知识经济发展仍在变化着。

二、权变中的财务管理

随着时代的变迁，财务管理不断丰富发展。财务管理目标的实现是许多因素综合作用

并相互影响的结果，通过上面的分析，笔者用下面的函数式表达出财务环境、财务目标、财务对象及财务方法、手段间的关系。

财务管理目标 $=\Sigma f$（财务环境、财务对象、财务方法及手段）

通常情况下财务目标不会发生太大的变化，现在普遍接受的财务目标是企业价值最大化。一旦财务目标发生变化，则财务环境、财务对象，财务管理方式、手段三者至少有一个变量发生变化。财务目标一定的情况下，有公式可得出：

（1）当财务目标一定，财务管理对象不变的情况下，一旦财务环境发生变化，原来条件下的财务管理方式手段不能适应新的环境条件，因而财务管理的手段和方式应发生变化。从各时期发展财务管理的发展，可以看出随着历史发展、环境的改变，财务管理的重心也不断变化着。我们通过前面所描述通货膨胀时期的财务管理可以明显地看出，通货膨胀时，原来的方法是无法解决通货膨胀所带来的问题，所以必须改变管理方法及手段以适应管理需要，达到企业理财的目标。

（2）当财务目标一定，财务环境一定的情况下，当财务对象发生新的变化时管理方式和手段应随对象的变化而变化。如网上银行和"电子货币"的盛行，使资本流动更快捷，资本决策可以瞬间完成，企业势必改变传统的财务管理方法以适应经济的快速发展。

（3）当财务目标一定，财务环境不变的情况下，财务管理方法手段的变化会引起财务管理对象的变化。由于数学、计算机的应用使财务管理手段更加先进，才能出现众多的理论模型，比如资本资产定价模型、投资组合模型。

以上分析、推断可表明财务管理活动本身是权变的过程。

三、对策

权变理论认为：在企业管理中应依据不同的环境和管理对象而相应地选择不同的管理手段和方式，在管理中不存在适用于一切组织的管理模式。企业财务管理面临权变境地，应因权而变，要提高整个企业的财务管理水平，需从多方面综合分析入手。

（一）加强财务管理为中心

加强企业财务管理，提高财务管理水平，对增强企业核心竞争力具有十分重要的作用。企业必须以财务管理为中心，其他各项管理都要服从于财务管理目标，不能各自为政。企业在进行财务决策时要识别各种风险，采用一定的方法，权衡得失，选择最佳方案；必要时企业要聘请财务专家为企业量身定做财务预测、财务计划、财务预算等工作。只有知变、通变，掌握变化之道，才能使各个环节渠道畅通，提高财务管理效率，才能提高企业整体管理水平，才有可能在激烈的国际竞争中生存并发展下去。

（二）转变角色政府，改善理财环境

为适应经济发展，政府应转变角色，从领导者角色转向服务者，为企业的发展创造良好的政治、经济、政策、法律等宏观环境。

（三）大力发展财务管理教育与研究，提高企业财务管理水平

加快高校财务管理专业的改革及发展，培养大批高素质财务管理专业人才。同时加强对在职财务人员的继续教育，提高财务人员的整体素质。借鉴国际先进管理经验，结合实际加快财务管理理论研究，坚持理论与实践的结合，推进财务管理理论建设，为企业进行财务管理改革提供更多的科学的理论依据，从而提高我国企业财务管理整体水平。

第四节　基于企业税收筹划的财务管理

随着我国经济的不断深化发展，企业面临着越来越多来自国内外的挑战，企业必须不断地通过各种途径来提高自身竞争能力。企业进行税收筹划活动对提高财务管理水平、提高市场竞争力具有现实的意义。税收筹划是一种理财行为，属于纳税人的财务管理活动，又为财务管理赋予了新的内容；税收筹划是一种前期策划行为；税收筹划是一种合法行为。纳税人在实施税收筹划时，应注意以下几个问题：企业利益最优化；税收筹划的不确定性；税收筹划的联动性和经济性。

一、税收筹划的定义及特征

税收筹划是指纳税人在符合国家法律及税收法规的前提下，按照税收政策法规的导向，事前选择税收利益最大化的纳税方案处理自己的生产、经营和投资、理财活动的一种企业筹划行为。税收筹划具有以下特征：

（一）税收筹划是一种理财行为，为企业财务管理赋予了新的内容

传统的财务管理研究中，主要注重分析所得税对现金流量的影响。如纳税人进行项目投资时，投资收益要在税后的基础上衡量，在项目研究和开发时，考虑相关的税收减免，这将减少研究和开发项目上的税收支出，而这些增量现金流量可能会使原本不赢利的项目变得有利可图。在现实的经济生活中，企业的经营活动会涉及多个税种，所得税仅为其中的一个。税收筹划正是以企业的涉税活动为研究对象，研究范围涉及企业生产经营、财务管理和税收缴纳等各方面，与财务预测、财务决策、财务预算和财务分析环节密切相关。这就要求企业要充分考虑纳税的影响，根据自身的实际经营情况，对经营活动和财务活动统筹安排，以获得财务收益。

（二）税收筹划是一种前期策划行为

现实经济生活中，政府通过税种的设置、课税对象的选择、税目和税率的确定以及课税环节的规定来体现其宏观经济政策，同时通过税收优惠政策，引导投资者或消费者采取符合政策导向的行为，税收的政策导向使纳税人在不同行业，不同纳税期间和不同地区之间存在税负差别。由于企业投资、经营、核算活动是多方面的，纳税人和纳税对象性质的不同，其涉及的税收待遇也不同，这为纳税人对其经营、投资和理财活动等纳税事项进行前期策划提供了现实基础。税收筹划促使企业根据实际生产经营活动情况权衡选择，将税负控制在合理水平。若企业的涉税活动已经发生，纳税义务也就随之确定，企业必须依法纳税，即纳税具有相对的滞后性，这样税收筹划便无从谈起。从这个意义上讲，税收筹划是以经济预测为基础，对企业决策项目的不同涉税方案进行分析和决策，为企业的决策项目提供决策依据的经济行为。

（三）税收筹划是一种合法行为

合法性是进行税收筹划的前提，在此应注意避税和税收筹划的区别。单从经济结果看，两者都对企业有利，都是在不违反税收法规的前提下采取的目标明确的经济行为，都能为企业带来一定的财务利益。但它们策划的方式和侧重点却存在本质的差别；避税是纳税人根据自身行业特点利用税收制度和征管手段中的一些尚未完善的条款，有意识地从事此方面的经营活动达到少交税款的目的，侧重于采取针对性的经营活动；税收筹划是纳税人以税法为导向，对生产经营活动和财务活动进行筹划，侧重于挖掘企业自身的因素而对经营活动和财务活动进行的筹划活动。避税是一种短期行为，只能注重企业当期的经济利益，随着税收制度的完善和征管手段的提高，将会被限制在很小的范围；而税收筹划则是企业的一种中长期决策，兼顾当期利益和长期利益，符合企业发展的长期利益，具有更加积极的因素。从这方面看，税收筹划是一种积极的理财行为。

企业作为市场竞争的主体，具有独立的经济利益，在顺应国家产业政策引导和依法经营的前提下，应从维护自身整体经济利益出发，谋求长远发展。税收作为国家参与经济分配的重要形式，其实质是对纳税人经营成果的无偿占有。对企业而言，缴纳税金表现为企业资金的流出，抵减了企业的经济利益。税收筹划决定了企业纳税时可以采用合法方式通过挖掘自身的因素实现更高的经济效益。这样企业在竞争中进行税收筹划活动便显得极为必要。

二、企业财务管理活动中进行税收筹划得以实现的前提条件

（1）税收政策税收法律法规的许多优惠政策为企业进行税收筹划提供了可能，但是，税收政策的轻微变化肯定会影响税收筹划的成功与否。目前，在经济全球一体化的大背景

下，各国为了吸引资本和技术的流入，都在利用税收对经济的杠杆作用，不断调整税收政策，即税收筹划方案不是一成不变的，它会随着影响因素的变化而变化，所以在进行税收筹划时应不断地了解税收方面的最新动态，不断完善筹划方案，使筹划方案更适合企业的需要。目前，我国实施了《行政许可法》，使得税务部门对纳税人有关涉税事项由事前审批变为事后检查，为企业在会计政策的选择上给了更多的选择权，为税收筹划创造了更大的空间。

（2）企业的发展战略企业在制定发展战略时，必然会考虑宏观的环境和自身经营情况，宏观的环境包括各地区的税收政策，但税收政策并不总是有利于企业的经营战略。所以，企业在权衡利弊以后制定出的发展战略则更需要通过税收筹划来尽量减少各种不利的影响。

三、税收筹划在财务管理中的应用

税收筹划涉及企业与税收有关的全部经济活动，在财务管理中税收筹划分析的角度有很多，在此仅对税收筹划应用结果的表现形式进行简要的分析。

（一）通过延期纳税，实现财务利益

资金的时间价值是财务管理中必须考虑的重要因素，而延期纳税直接体现了资金的时间价值。假定不考虑通货膨胀的因素，企业的经营环境未发生较大变化，在某些环节中，在较长的一段经营时期内交纳的税款总额不变，只是由于适用会计政策的不同，各期交纳税款不同。根据会计准则和会计制度规定，企业采用的会计政策在前后各期保持一致，不得随意改变。如存货成本确定和提取折旧等对企业所得税的影响，从理论上讲，购置存货时所确定的成本应当随该项存货的耗用或销售而结转，由于会计核算中采用了存货流转的假设，在期末存货和发出存货之间分配成本，存货计价方法不同，对企业财务状况、盈亏情况会产生不同的影响，进而对当期的企业所得税有一定的影响。折旧提取与此类似，采用不同的折旧提取方法各期提取折旧的数额不同，对当期的企业所得税的数额有不同的影响。但从较长时期看来，企业多批存货全部耗用和固定资产在整个使用期限结束后，对企业这一期间的利润总额和所得税款总额并未有影响。税收筹划起到了延期纳税的作用，相当于得到了政府的一笔无息贷款，实现了相应的财务利益。另外，纳税人拥有延期纳税权，可直接利用延期纳税获得财务利益。企业在遇到一些未预见的事项或其他事件时如预见到可能出现财务困难局面时，可以依据税收征管法提前办理延期纳税的事项，甚至可以考虑在适当的期间内以交纳税收滞纳金为代价的税款延期交纳以解企业的燃眉之急，为企业赢得有利的局面和时间，来缓解当前财务困难的情况。

（二）优化企业税负，实现财务利益

一是对从事享有税收优惠的经营活动或对一些纳税"界点"进行控制，直接实现财务

利益。如税法规定企业对研究开发新产品、新技术、新工艺所发生开发费用比上年实际发生数增长达到10%（含10%）以上（此处10%即是一个界点），其当年发生的技术开发费除按规定可以据实列支外，年终经主管税务机关审核批准后，可再按其实际发生额的50%直接抵扣当年的应纳税所得额，增长额未达到10%以上的，不得抵扣。企业的相关费用如接近这一界点，应在财务能力许可的情况下，加大"三新费用"的投资，达到或超过10%这一界点，以获取财务利益。这方面的例子很多，不再一一列举。

二是对经营、投资和财务活动进行筹划，间接获得相应的财务利益。如企业的融资决策，其融资渠道包括借入资金和权益资金两种。无论从何种渠道获取的资金，企业都要付出一定的资金成本。两者资金成本率、面临的风险和享有的权益都不同，其资金成本的列支方法也不同，进而将直接影响企业当期的现金流量。

四、应注意的几个问题

税收筹划作为一种财务管理活动，对企业的经济行为加以规范的基础上，经过精心的策划，使整个企业的经营、投资行为合理合法，财务活动健康有序。由于经济活动的多样性和复杂性，企业应立足于企业内部和外部的现实情况，策划适合自己的筹划方案。

（一）企业的利益最优化

税收筹划是为了获得相关的财务利益，使企业的经济利益最优化。从结果看，一般表现为降低了企业的税负或减少了税款交纳额。因而很多人认为税收筹划就是为了少交税或降低税负。笔者认为这些都是对税收筹划认识的"误区"。应当注意的是，税负高低只是一项财务指标，是税收筹划中考虑的重要内容，税收筹划作为一项中长期的财务决策，制定时要做到兼顾当期利益和长期利益，在某一经营期间内，交税最少、税负最低的业务组合不一定对企业发展最有利。税收筹划必须充分考虑现实的财务环境和企业的发展目标及发展策略，运用各种财务模型对各种纳税事项进行选择和组合，有效配置企业的资金和资源，最终获取税负与财务收益的最优化配比。

（二）税收筹划的不确定性

企业的税收筹划是一项复杂的前期策划和财务测算活动。要求企业根据自身的实际情况，对经营、投资、理财活动进行事先安排和策划，进而对一些经济活动进行合理的控制，但这些活动有的还未实际发生，企业主要依靠以往的统计资料作为预测和策划的基础和依据，建立相关的财务模型，在建立模型时一般也只能考虑一些主要因素，而对其他因素采用简化的原则或是忽略不计，筹划结果往往是一个估算的范围。而经济环境和其他因素的变化，也使得税收筹划具有一些不确定因素。因此，企业在进行税收筹划时，应注重收集相关的信息，减少不确定因素的影响，据此编制可行的纳税方案，选择其中最合理的方案实施，并对实施过程中出现的各种情况进行相应的分析、使税收筹划的方案更加科学和完善。

（三）税收筹划的联动性和经济性

在财务管理中，企业的项目决策可能会与几个税种相关联，各税种对财务的影响彼此相关，不能只注重某一纳税环节中个别税种的税负高低，要着眼于整体税负的轻重，针对各税种和企业的现实情况综合考虑，对涉及的各税种进行相关的统筹，力争取得最佳的财务收益。但这并不意味着企业不考虑理财成本，对经营期间内涉及的所有税种不分主次，统统都详细的分析和筹划。一般而言，对企业财务活动有较大影响且可筹划性较高的税种如流转税类、所得税类和关税等；而对于其他税种，如房产税、车船使用税、契税等财产和行为税类，筹划效果可能并不明显。但从事不同行业的企业，所涉及的税种对财务的影响也不尽相同，企业进行税收筹划时，要根据实际的经营现实和项目决策的性质，对企业财务状况有较大影响的税种可考虑其关联性，进行精心筹划，其他税种只需正确计算缴纳即可，使税收筹划符合经济性原则。

随着市场经济体制的不断完善，企业必须提高竞争能力以迎接来自国内、国际市场两方面的挑战。财务管理活动作为现代企业制度重要构成部分，在企业的生存、发展和获利的方面将发挥越来越重要的作用。税收筹划树立了一种积极的理财意识，对于一个有发展前景和潜力的企业，这种积极的理财意识无疑更加符合企业的长期利益。

第五节　区块链技术与财务审计

传统会计的工作方式和会计概念体系由于区块链可以针对交易创建一个分布式数据库。在这一分布式账簿体系中，所有交易的参与者都能将交易数据存储一份相同的文件，可以对其进行实时访问和查看。对于资金支付业务来说，这种做法影响巨大，可以在确保安全性和时效性的基础上分享信息。区块链的概念对财务和审计有着深远影响。随着财务会计的产生和发展，企业财务关系日益复杂化，特别是工业革命兴起，手工作坊被工厂代替，日益需要核算成本并进行成本分析，财务管理目标从利润最大化发展到股东权益最大化。进入信息时代以来，互联网技术日益发展，企业交易日益网络化，产生大量共享数据，人们开发了企业资源计划的会计电算化软件和基于客户关系的会计软件，传统企业进行业务交易，为了保证客观可信，通过各种纸质会计凭证反映企业间经济关系真实性，在互联网时代，企业进行业务往来可以通过区块链系统实现两个节点数据共享，以云计算、大数据为代表的互联网前沿技术日益成熟，传统财务管理以成本、利润中心分析模式被基于区块链无中心财务分析替代。由此可见，区块链技术的应用对财务、审计发展的影响是极为深远的。

一、区块链的概念与特征

所谓区块链就是一个基于网络的分布处理数据库,企业交易数据是分散存储于全球各地,如何才能实现数据相互链接,这就需要相互访问的信任作为基础,区块链通过基于物理的数据链路将分散在不同地方的数据联合起来,各区块数据相互调用其他区块数据并不需要一个作为中心的数据处理系统,它们可通过链路实现数据互链,削减现有信任成本、提高数据访问速率。区块链是互联网时代的一种分布式记账方式,其主要特征有以下几点。

(一)没在数据管理中心

区块链能将储存在全球范围内各个节点的数据通过数据链路互联,每个节点交易数据能遵循链路规则实现访问,该规则基于密码算法而不是管理中心发放访问信用,每笔交易数据由网络内用户互相审批,所以不需要一个第三方中介机构进行信任背书。对任一节点攻击,不能使其他链路受影响。而在传统的中心化网络中,对一个中心节点实行有效攻击即可破坏整个系统。

(二)无须中心认证

区块链通过链路规则,运用哈希算法,不需要传统权威机构的认证。每笔交易数据由网络内用户相互给予信用,随着网络节点数增加,系统的受攻击可能性呈几何级数下降。在区块链网络中,参与人不需要对任何人信任,只需相互信任,随着节点增加,系统的安全性反而增加。

(三)无法确定重点攻击目标

由于区块链采取单向哈希算法,由于网络节点众多,又没中心,很难找到攻击把子,不能入侵篡改区块链内数据信息,一旦入侵篡改区块链内数据信息,该节点就被其他节点排斥,从而保证数据安全,由于攻击节点太多,无从确定攻击目标。

(四)无须第三方支付

区块链技术产生后,各交易对象之间交易后,进行货款支付更安全,无须第三方支付就实现交易。从而解决由第三方支付带来的双向支付成本,从而降低成本。

二、区块链对审计理论、实践产生的影响

（一）区块链技术对审计理论体系影响

1. 审计证据变化

区块链技术的出现，传统的审计证据发生改变。审计证据包括会计业务文档，如会计凭证。由于区块链技术出现，企业间交易在网上进行，相互间经济运行证据变成非纸质数据，审计对证据核对变成由两个区块间通过数据链路实现数据跟踪。

2. 审计程序发生变化

传统审计程序从确定审计目标开始通过制定计划、执行审计到发表审计意见结束。计算机互联网审计要求采用白箱法和黑箱法对计算机程序进行审计，以检验其运行可靠性，在执行审计阶段主要通过逆查法，从报表数据通过区块链技术跟踪到会计凭证，实现数据客观性、准确性审计。

（二）区块链技术对审计实践影响

1. 提高审计工作效率、降低审计成本

计算机审计比传统手工审计效率高，区块链技术产生后，对计算机审计客观性、完整性、永久性和不可更改性提供保证，保证审证具体目标实现，区块链技术产生后，人们利用互联网大数据实施审计工作，大大提高审计效率。解决了传统审计证据不能及时证实，不能满足公众对审计证据真实、准确的要求。也不能满足治理层了解真实可靠会计信息，实现对管理层有效监管的难点。在传统审计下，需要通过专门审计人员运用询问法对公司相关会计信息发询证函进行函证，从而需要很长时间才能证实，无论是审计时效性，还是审计耗费上都不节约，而计算机审计，尤其是区块链技术产生后，审计进入网络大数据时代，分布式数据技术能实现各区块间数据共享追踪，区块链技术保证这种共享的安全性，其安全维护成本低，由于区块链没有管理数据中心，具有不可逆性和时间邮戳功能，审计人员和治理层、政府、行业监管机构可以通过区块链及时追踪公司账套数据，从而保证审计结论正确性，计算机自动汇总计算，也保证审计工作底稿等汇总数据快速高效。

2. 改变审计重要性认定

审计重要性是审计学中重要概念，传统审计工作通过在审计计划中确定审计重要性指标作为评价依据，审计人员通过对财务据表数据进行计算，确定各项财务指标，计算重要性比率和金额，通过手工审计发现会计业务中的错报，评价错报金额是否超过重要性金额，从而决定是否进一步审计程序。而在计算机审计条件下，审计工作可实现以账项为基础详细审计，很少需要以重要性判断为基础的分析性审计技术。

3. 内部控制的内容与方法也不同

传统审计由于更多采用以制度基础审计，更多运用概率统计技术进行抽样审计，从而解决审计效率与效益相矛盾问题。区块链技术产生后，人们运用计算机审计，审计的效率与效果都提高。虽然区块链技术提高计算机审计安全性，但计算机审计风险仍存在，传统内部控制在计算机审计下仍然有必要，但其内容发生变化，人们更重视计算机及网络安全维护，重视计算机操作人员岗位职责及岗位分工管理与监督。内部控制评估方法也更多从事后调查评估内部控制环境，到过程中运用视频监控设备进行实时监控。

三、区块链技术对财务活动影响

（一）对财务管理中价格和利率影响

基于因特网的商品或劳务交易，其支付手段形式更多表现数字化、虚拟化，网上商品信息传播公开、透时、无边界与死角。传统商品经济条件下信息不对称没有了，高品价格更透明了。财务管理中运用的价格、利率等分析因素不同以前；边际贡献、成本习性也不同。

（二）财务关系发生变化

所谓财务关系就是企业资金运动过程中所表现的企业与企业经济关系，区块链运用现代分布数据库技术、现代密码学技术、将企业与企业以及企业内部各部门联系起来，通过大协作，从而形成比以往更复杂的财务关系。企业之间资金运动不再需要以货币为媒介，传统企业支付是以货币进行，而现代企业支付是电子货币，财务关系表现为大数据之间关系，也可以说是区块链关系。这种关系减少了不少地方关系。

（三）提高了财务工作的效率

1. 直接投资与融资更方便

传统财务中，筹资成本高，需中间人参与，如银行等。区块链技术产生后，互联网金融得到很大发展，在互联网初期，网上支付主要通过银行这个第三方进行，区块链能够实现新形式的点对点融资，人们可通过互联网，下载一个区块链网络的客户端，就能实现交易结算、投资理财、企业资金融通等服务，并且使交易结算、投资、融资的时间从几天、几周变为几分几秒，能及时反馈投资红利的记录与支付效率，使这些环节更加透明、安全。

2. 提高交易磋商的效率

传统商务磋商通过人员现场交流沟通，对商品交易价格、交易时间、交货方式等进行磋商，最后形成书面合同，而在互联网下，由于区块链技术保证网上沟通的真实、安全有效，通过网上实时视频磋商，通过网络传送合同，通过区块链技术验证合同有效性，大大提高了财务业务的执行效率。

（四）财务的成本影响

1. 减少交易环节，节省交易成本

由于区块链技术使用，电子商务交易能实现点对点交易结算，交易数据能同 ERP 财务软件协同工作，能实现电子商务交易数据和财务数据及时更新，资金转移支付不需通过银行等中介，解决双向付费问题，尤其在跨境等业务中，少付许多佣金和手续费用。

2. 降低了信息获取成本

互联出现后，人们运用网络从事商务活动，开创商业新模式，商家通过网络很容易获得商品信息，通过区块链技术，在大量网络数据中，运用区块链跟踪网络节点，可以监控一个个独立的微商业务活动，找到投资商，完成企业重组计划，也可通过区块链技术为企业资金找到出路，获得更多投资收益。可见，区块链降低财务信息获取成本。

3. 降低了信用维护成本

无数企业间财务数据在网络上运行，需要大量维护成本，如何减少协调成本和建立信任的成本，区块链技术建立不基于中心的信用追踪机制，人们能通过区块链网络检查企业交易记录、声誉得分以及其他社会经济因素可信性，交易方能够通过在线数据库查询企业的财务数据，来验证任意对手的身份，从而降低了信用维护成本。

4. 降低财务工作的工序作业成本

企业财务核算与监督有许多工序，每一工序都要花费一定成本。要做好企业财务工作，保证财务信息真实性，必须运用区块链技术，由于其无中心性，能减少财务作业的工序数量，节省每一工序时间，在安全、透明环境下保证各项财务工作优质高效完成，从而总体上节约工序成本。

第六节　财务管理信息化研究

当今时代是互联网的时代，也是信息技术高速发展并不断改变人类生活环境的时代。在这个时代下，人们之间的交流日益便利，信息的获取、资源的使用、业务的开展更加顺畅。同时，市场所面临的不确定性因素也越来越多。各类组织机构要想紧跟时代发展的脚步、焕发出新的生机和活力，仅依靠传统的人或机器进行经营管理活动很难做到。其中，财务管理作为组织管理中重要的一环，所要处理的数据复杂、烦琐，更需要便利化、快捷化、信息化的处理工具来辅助财务人员进行预算、内控、风险管理等业务。本节在简要分析信息化在财务管理中所发挥的重要作用的基础之上，提出各类组织在实现财务管理信息化进程中的注意点，希望对推进财务管理信息化进程有所启示。

一、财务管理信息化的重要性分析

（一）提高财务管理的效率和质量

传统的依靠人力进行财务核算、管理、监控的模式效率比较低，在人员信息收集、数据整理过程中难免会发生因人员操作失误而出现纰漏的状况。随着信息技术与专业会计处理软件的不断完善，组织内部的财务处理模式也经历了由人工核算转到依靠用友、金蝶会计处理软件开展财务管理工作再到现在使用可将组织经营各环节进行融合的 ERP 系统的过程。在这个转变过程中，各组织机构的财务管理效率得到了极大的提升，财务管理人员可从原有的烦琐数据收集、整理工作中解放出来，将财务管理的关注点放到与组织经营目标相匹配的关键环节中去，财务管理工作的质量有了显著的提高。信息化财务处理软件发挥作用的机制从以下几方面得以显现。首先，从信息收集方面来看，借助信息化技术如内部网可将原有零散化的各部门数据集合起来，各部门可通过内部沟通渠道将各自业务开展过程中所发生的财务信息传递给财务管理部门，使该部门人员快速获取其所需要的信息，减少信息收集的时间，提高财务管理工作的效率；其次，信息化技术可以实现财务管理各系统之间的对接，实现财务管理工作的整体化和一体化。专业化分工是现代劳动的特点，它可以最大化发挥员工的专业技能和水平、减少工作转换所造成的时间浪费。对于财务管理工作而言也是如此，那些财务管理完善、水平较高的大型企业，不同的财务管理工作由不同的人员负责，如有人负责全面预算管理，有人重点进行内控机制的建设，其所使用的系统软件和工具可能也会有所差别。而将这些系统、部分连接起来形成系统化的财务管理就需要信息技术，通过信息化的平台实现各系统和人员的对接。

（二）加强资金监管

对于财务管理工作而言，资金管理是中心环节。该项管理是一项贯穿组织机构全程的工作，不仅在各部门经营业务完成后对其资金使用明细进行核查，还包括资金使用前的规范和管理。从企业招标入手，配备专业人员负责该项活动，通过谈判的形式与投标公司达成共识，在保障质量的前提下将企业所需物资的价格降至最低；进行新产品开发之前，对新产品开发的可行性进行分析，在进行充分的市场调查的情况下开展产品研发活动，将后期新产品研发失败所带来的风险降至最低。那么，如何借助信息化技术实现资金管理环节的高效化、廉洁化是财务管理部门应该考虑的重点问题。首先，借助信息化的工具，组织可以对机构内部经营活动的流程进行优化，将不必要的环节去除，对存疑的环节进行调整，实现采购、生产等部门与财务管理部门的直接对接，将各部门资金的使用情况直接置于财务人员的监管之下，减少资金在中间过程中的浪费和贪污。其次，通过直接的信息对接，财务管理部门能够及时掌握各资金使用部门的需求和实际使用状况，为制定资金使用计划、审核资金账目提供充足的数据支持。

（三）精确财务预算

预算管理是企业财务管理的另一个重要方面。对于预算管理而言，信息化工具和手段的使用可以从改善预算编制、加强预算控制、便利预算反馈三个方面提升预算管理的质量，进而提高整个组织内部的财务管理水平。从预算编制来看，信息化财务管理工具的普及使得财务管理部门能在较短的时间内收集到组织内部的财务历史数据和实际部门需要，最大限度的实现组织资金、固定资产、原材料等预算编制的精确性，为后期具体工作的开展提供指导依据。从预算控制来看，通过信息化的沟通渠道，财务管理部门可对预算方案的执行情况进行监督，对因环境变动而出现的预算与实际需要不匹的状况及时修正，根据现实需要调整预算方案；对于因人员自身纰漏而出现的预算执行未到位的情况，根据纰漏程度对相关人员进行追责，保障预算方案的执行。从预算反馈来看，及时性的预算方案执行效果的反馈是高层进行战略规划与部署所需要的信息之一，在一定程度上影响着组织的长远经营走向。通过信息化手段，预算部门可以将预算执行效果及时反馈给上级主管，为上级部门把握组织经营状况、资金、物料使用状况提供数据。

二、推进财务管理信息化进程的注意点

（一）构建与信息化相匹配的人才队伍

组织活动最基本的元素是人，财务管理信息化过程的推进离不开人才队伍的配置。对于组织而言，要想实现信息化系统的落实和推进，构建起相匹配的人才队伍需要从以下几个方面入手。

首先，转变财务人员的财务管理意识。原有的财务管理工作仅仅局限在财务管理部门，不管是信息的收集、预算的制定还是报表的生成都是由财务管理人员一手包办，财务管理人员所关注的焦点集中在当前组织的财务行为上面，财务管理工作还未与组织战略进行连接。而信息化财务处理工具的使用使得各部门之间、各职员之间的沟通更加密切，财务管理工作不仅仅只由财务部门负责，其他部门和人员有义务为财务管理工作提供实时信息和自己的建议。因此，财务管理人员要转变自身的财务管理理念，重视信息化工具在财务管理中的使用，主动学习并使用该工具。同时，将资源的共享观念贯彻到财务管理的过程中去，做好财务管理与战略之间的对接，专注组织未来经营发展的需要。其次，加大培训力度和范围，提高财务人员的专业技能和基本技能。与传统的财务管理相比，信息化的财务管理模式对员工的要求更高，其不仅需要掌握专业的财务处理、核算技能和理论知识，还需要学习信息化系统的使用操作知识。这就需要企业在进行财务人员培训的过程中做好课程的设计与安排，针对现有的财务管理人员设计培训内容和项目，选择合适的培训方式对

内部员工进行培训。最后，构建与信息化相匹配的人才队伍除了对现有人员进行培训外，还可以通过招聘的形式重塑人员结构。在招聘的过程中，采取人力资源部门主导、财务部门辅助的形式对应聘人员的财务管理素养、计算机操作技能、会计处理软件使用情况进行考察，从源头上提高人才队伍的整体水平。

（二）配置相关的基础设施

信息化平台的建立不是财务管理信息化的终点。要想使新建立起来的工具发挥其内在的作用，必须保证该工具能够有效贯彻落实下去。也就是说，财务管理信息化的推进需要组织内部其他机制的配合。首先，结合国家的相关法律规定制定适合组织内部的财务管理信息化制度。该制度不仅要包含信息化流程中各部门应有的职责和权力，还应该明确财务评价的指标和要素，对于不按照制度办事的员工和部门给予一定的惩罚。其次，做好信息系统的安全保护工作。信息化的财务管理模式在给组织带来便利的同时也带来了一定的风险，其中之一便是网络安全问题。一旦组织网络受到非法攻击，组织内部的信息和资源很可能被不法分子利用，对组织的经营带来威胁。各机构在使用信息技术构建财务管理系统的同时要配置相应的安全机制与软件，将网络风险控制在自身可以掌控的范围之内。最后，便捷、快速的沟通渠道是信息化财务管理中不可缺少的基础配置。借助正式或非正式的沟通网络，组织各部门之间的无形壁垒荡然无存，各部门可以及时分享资源和信息，形成强大的监督合力，对财务管理工作进行监督。

第七节　网络环境下的财务管理

近年来，互联网平台的发展由快速走向成熟，各行各业的发展也越来越离不开网络的支撑，企业的财务管理在网络环境的推动下，也不得不改变传统的财务管理方式，并将财务软件、计算机技术等与财务相关的内容重新规划并纳入企业管理的范围，而电子商务也逐渐成为企业的核心经营板块。企业财务管理的变革不仅促进了企业管理的数字化、信息化进程，而且加快了企业电子商务的发展，更加规范了企业的管理流程。同时，网络平台的应用也给企业带来了巨大的影响和挑战。因此，在这种背景下，企业将如何创新和变革财务管理才能适应未来社会发展的需要，这正成为每个企业关注的重要问题。

一、网络环境下企业财务管理模式的特点

（一）数据实时传递，有利于加强内部控制

网络信息系统的应用改变了传统财务管理中财务数据不能及时传递的弊端，在网络环

境下，企业财务信息系统可以实现对数据的实时传递、资源共享以及监控反馈等功能，随时可以更新企业各个环节的数据，并将数据传递给信息使用者，这更能体现财务数据的真实性。同时，通过及时反馈得来的财务数据，也加强了对企业的内部控制，从而提高企业的财务管理水平。

（二）运行环境更加开放

在网络环境下，企业可以利用财务软件的兼容性特点，将财务数据在其中的计算机端口输入，那么其他链接的终端设备就可以进行查询、分享、下载这些数据，这不仅大大减少了重复输入数据的时间，提高了工作效率，而且为信息使用者提供了第一手资料，从而发挥了财务管理的指导作用。

（三）数据信息更加集中

传统的财务数据体现在报表上，数据分散且没有关联性，要想获得数据之间的联系，需要花费很长的时间。而系统的财务软件的应用，让企业的财务数据前后更能衔接起来，可以针对不同的要求将数据分组，数据之间即相互独立又相互关联，更加方便企业管理者利用、分析及使用数据。

二、网络环境对企业财务管理的影响

网络环境对企业财务管理的影响主要体现在以下三点：

（一）加大了财务系统的安全问题

网络信息系统的应用，在一定程度上给企业财务数据的使用带来了方便，但也使得数据信息更加不容易被控制，面临着严重的安全问题。一方面，由于网络具有全球性、开放性的特点，因此，网络本身存在着不安全性，网络环境并不稳定，一旦遭受不明病毒等因素的入侵，就会给企业数据造成严重的损失，从而影响企业财务管理工作，进而损害到企业的利益；另一方面，在使用财务管理软件时，要严格设置访问财务管理系统的权限，才能防止财务信息不被人为修改，保证财务信息的准确性、真实性和可靠性，这无疑提高了对网络财务系统的安全性要求。

（二）转变了财务管理的职能

网络财务管理在运行当中，能够实现财务信息与企业数据资源的实时共享和反馈，这直接体现了财务对企业的内部控制和管理，因此，财务管理的核心也逐渐由传统的财务核算向财务控制转变。财务人员的职能不再是单一核算，而是更多地参与到企业的管理当中。财务职能的这种转变更有利于发挥财务管理的核心作用，同时，这也提高了对财务管理人员的要求。

（三）财务报表要求更加规范

网络财务管理具有固有的流程和模式，它具有自动生成记账凭证、编制财务报表的功能，财务报表上的数据之间是可以进行相互比较的，这大大提高了财务数据的真实性和可比性，使财务管理更加规范化和标准化。因此，在使用财务报表时，这就要求财务工作人员要提高其专业能力和综合素质，才能适应企业规范化的管理要求。

三、网络环境下企业财务管理创新的思路

通过对企业财务管理特点以及影响的分析，可以看出，企业要想实现最终目标，获得利益最大化，就必须不断适应网络经济的新环境，积极探索财务管理的新模式，不断改变传统的财务管理方法，变革财务管理机制才能满足社会的发展要求。因此，在目前网络化发展的环境下，企业要想实现财务管理的网络化和信息化，必须要做好以下方面的工作：

（一）创新财务管理模式

在网络环境下，企业的财务管理模式由原有的分散的、局部的管理模式向更加集中的方式转变，企业要充分利用网络的特点和优势，对企业的财务数据进行远程报账、查账、监控库存、经营业绩等数据进行监控，充分调动和利用财务网络系统的实时数据资源，以便于及时掌握企业的财务状况，从而规避财务风险。这种管理模式的创新，使企业能够实现集中式管理，对企业的资源进行合理的整合和配置，最终才能提高企业的竞争力。

（二）创新企业财务核算内容

传统的企业主要依靠土地、设备以及厂房等资产的多少来决定企业的竞争力，这些也构成了企业财务核算的主要内容。但是，随着网络化的快速发展，企业已经将核算的重心转移到基于内外供应链管理的会计信息管理和决策分析方面。新的发展环境要求人人都是企业财务信息的处理者，企业的每个员工都要协助企业的管理者做好产品设计规划、产品种类、产品销量等方面的工作，才能为企业创造最大化的利润。

（三）健全财务管理系统的安全保障体系

由于财务数据直接反映了企业的资产状况、负债情况、利润收益以及现金流量等内部信息，更体现了企业的经营运行情况，因此，财务数据信息的真实性和安全性就变得十分重要。这种情况下，安全问题也是企业应该考虑的首要问题。所以，企业在使用网络财务管理系统时，要针对网络的漏洞和安全问题，创建以数字化技术为先导，以市场化需求为标准，综合运用互联网的多媒体技术、超文本等技术，建立起具有动态的、实时的、可监控的财务系统，从而形成具有多层次、立体化的财务安全保障体系。

（四）创新企业财务管理人员培训体系

创新企业的财务管理，首先要改变传统的财务管理理念，摈弃以前的以"资金"为中心的管理理念，因此，企业应该打破传统的收益分配格局，逐步创新并建立起责权利相结合的分配理论和财务运行机制，这样才能充分调动员工的积极性，实现企业的管理目标。企业的价值不再只是体现在企业拥有的债券、股票价值、企业规模以及经营收益上，而提倡"以人为本"的管理理念，并将人才作为企业经济发展的核心。因此，在以数字化、网络化和信息化技术为先导的新环境下，企业在转变财务管理理念后，要更加注重对财务人员进行网络技术以及业务操作等内容的培训，才能提高财务相关人员的思想觉悟和业务操作水平，有效提高财务人员的管理及创新能力，也才能真正实现企业"以人为本"的管理模式。主要做好以下培训工作：一是首先将员工根据工作经历、背景、学历、能力等条件进行分组，针对已经掌握财务管理和经济理论基础的管理人员可以通过进一步培训现代网络技术，将他们所学的经济学、会计学、网络技术等有机地结合起来，才能帮助他们全方位的、多角度的分析新经济环境发展的需要，从而给企业的领导者提供有价值的财务决策信息；二是针对没有网络基础的基层财务人员，制定适合他们学习的课程，通过技术培训，增加他们的网络基础知识，从而提高他们对企业经营状况的评估和分析能力。因此，只有不断加强对财务人员的网络技术培训，才能提高企业财务人员的整体水平。

在当前互联网技术、信息技术突飞猛进的现代社会，企业要想获得发展，就得及时了解社会经济发展的新趋势，变革传统财务管理的模式和方法，通过创新企业财务核算内容、加强企业财务管理安全保障体系、创新企业财务管理人员培训体系等方面，全面提高企业的核心竞争力，最终实现企业的可持续发展目标。

第三章 财务管理的实践研究

第一节 财务管理中的内控管理

早在2008年我国开始实行内部控制基本规范,成为我国企业内部规范管理体系当中的重要内容。各大企业都需要不断完善自身内部控制管理体系,这样才能更好地促进企业的发展。现阶段,我国大多数企业的内部控制体系已经得到全面发展,广泛覆盖在各个生产经营阶段,并且涉及中小型企业的所有层面。企业内部控制的主要内容在于控制环境,识别和评估风险,控制企业决策以及经济活动等,沟通与反馈信息,评价和监督。企业在发展期间建立内部控制制度的必要性主要是体现在国家层面和企业层面,首先国家对于内部控制实行了相关规定,企业发展期间也需要内部控制制度的规范,企业不断完善自身内部控制可以在较大程度上加强企业的效益和工作效率,能够有效避免企业在经营期间出现管理风险以及舞弊行为等。企业管理人员按照实际发展情况,全面建设企业内部环境,在此基础之上建设控制规范和约束机制,进一步加强企业内部控制的实效性,评价自身内部控制制度。

一、内部控制在财务管理当中的范围

财务管理内部控制主要是系统整合企业各个财务活动与生产经营活动,并且通过财务方式将企业各个部门有效联系起来,这样有助于企业管理人员进行科学的经营决策,有效监督和约束企业各个层次的财务活动。实行内部控制机制可以在较大程度上加强企业的经营管理效率,实现最大化的资产收益。企业内部控制的科学性和实效性可以帮助企业做好财务预判,降低运营风险。此外,内部控制机制也能够帮助企业控制和管理企业资金,全面发挥资金的价值,为提升企业的发展和经济效益提供了良好的发展动力和经济基础,进一步加强企业的市场竞争力。

(一)内部控制是控制机制的重要组成部分

在企业控制机制当中,内部控制机制属于重要组成部分,主要表现在以下方面:①结构控制体系,该体系是在"二权分立"基础上发展的,能够全面展现出代理与委托之间的关系,利用合法措施确保企业可以顺利开展企业内部控制,这样可以确保投资者的效益。

②管理控制体系，该体系存在较多的形式，主要包括定期换岗制度，员工道德素质培养，预算控制控制以及内部监督制度等，这将在较大程度上影响代理人的责任的成功性。③会计控制体系，该体系也可以称为核算控制，按照控制内容的差异性，控制实物，纪律以及基本控制等，基本控制可以从根本上确保会计控制。

（二）内部控制保障资金安全

建立企业内部控制能够全面保障企业的财产安全。①内部控制可以加强控制企业的流动资金，全面保障流动资金的安全运行。在部分企业发展期间存在较大的货物流动性，并且会涉及较多的环节，这就需要不断规范内部控制，避免出现安全问题。②企业内部控制能够保护固定资产和长期资产，按照企业的实际发展状况调整财产，并且传输安全的资产信息，这样使企业在外部投资期间可以正确认识自身情况。

（三）内部控制降低企业经营风险

企业建立内部控制，有助于企业领导层面获取企业发展的最新信息，之后按照信息做出正确的决策，全面降低企业的经营风险，促进企业实现发展目标，建立企业文化。内部控制制度能够为企业管理人员提供最新的财务信息和经营信息，之后按照企业的实际发展方向做出判断，以此适应市场的发展规律，这样可以降低外部环境对企业的影响程度。

（四）内部控制是企业发展的必然要求

随着不断发展的市场经济，企业需要全面进行改革创新，为了适应企业的发展需要借助于内部控制制度的作用。这样不仅可以改善企业的外部环境，还能够改进微观机制。在实行内部控制制度时，不仅需要全面学习企业内部控制理论和发展经验，还需要正确认知企业进步，企业发展以及企业管理之间的关系。企业在该发展背景之下，为了提升自身发展水平，需要全面建立内部控制机制。强化财政管理的水平，从根本上适应财政改革的发展。

（五）提升企业财政管理的水平，适应财政改革的发展

长期以来，我国不断践行财税体制的深化改革，提升财政管理水平。现阶段出现了较多的关于财政改革的政策措施以及管理制度，全面落实了财政改革与管理，但是这也相应带来了较多弊端。存在部分财政政策在建立实施过程中缺乏充足的时间，这样就导致较多的政策洗液没有经过论证就开始践行，往往会造成较多的问题，并且在一定程度上呈现碎片化的业务流程以及相关管理措施，没有进行全面系统的考虑，严重会造成财政政策与实际工作情况出现脱节或者自相矛盾的情况，降低了财政管理部门的工作效率。所以，在进行财政管理内部控制建设工作时，要细化各项工作流程，优化管理业务，这样才能从根本上提升财政管理的工作效率以及工作质量，早一步实现现代化的财政管理制度。此外，事业单位等重要企业也必须重视各自的财政部门，并积极进行内部控制建设工作，这是各级

财政部门所要面对的重要问题。

二、内部控制在企业财务管理当中存在的问题

(一) 缺乏全面建设内部控制制度

随着企业发展速度的不断提升,逐渐认识到内部控制的重要性,但是在实际建设期间却处于落后阶段。计划经济会影响企业的实际发展,并且将内部控制机制作为企业各个部门之间的约束机制,对企业的经济效益产生影响。所以缺乏全面建设内部控制机制。还有部分企业尽管建立了内部控制机制,但是却没有全面落实,缺乏执行力度。企业领导认为内部控制机制会影响企业经济效益,缺乏全面重视建设内部控制机制。其次,企业的审计委员会以及监事会没有发挥自身作用,导致各项制度处于书面形式,严重缺乏资源。企业在实际发展期间,没有落实监督管理机制,缺乏健全的内部控制制度。

(二) 缺乏全面了解内部控制管理

现阶段,我国大多数企业没有深刻理解内部控制管理的内涵,缺乏准确理解内部控制机制,将内部控制错误理解为内部会计控制,只注重财务控制和记录工作。内部控制在实际运行期间需要在考核标准和检测标准约束之下完成。大部分且没有全面联系企业经营决策和内部控制数据,只是将计算账目,上报账目以及记录账目作为内部控制的主要内容,导致企业无法形成自由的活动决策,降低企业产生效率。

(三) 缺乏监管力度

企业内部控制属于长时间践行的工作,并且贯穿于企业整个发展阶段,因为缺乏企业内部控制的稳定发展,需要有效融入各项管理机制。然而,现阶段我国对于企业的内部控制机制没有进行严格监管,在实际运行期间没有全面注重产生的各项问题,导致企业在实际内部控制管理当中出现较多轻实践,重形式情况,缺乏发现和解决问题的能力,这就导致企业在实际发展期间无法形成深刻的研究成果,并且出现较多违法违规行为,严重损害企业的资金。

三、内部控制在企业财务管理当中的具体措施

(一) 强化制度作用,提升内部控制效果

企业在发展期间需要按照自身实际情况,建立和完善财务内部控制制度,这样能够提升制度的执行力度和针对性,在企业开展日常活动时需要将各项制度作为其重要依据。其次,由于企业内部往往会出现较大的资金流动性,因此需要针对资金问题制定相应的制度。

为了加强企业员工的专业能力，需要全面建立的完善人员内部控制及制度，不断完善员工培训机制，积极表扬表现良好的员工，全面提升员工筛选和处理会计信息的能力，准确分析和判断信息数据，注重培养员工的道德素质，努力打造高素质人才。

（二）从监管角度强化内部控制

由于企业存在较大的资金流动量，常常会出现较多复杂的财务活动，为了确保安全进行财务流动，需要全面建立科学合理的内部审计部门，并且需要保障该部门的独立性，全面提升财务监督的实效性。例如，企业在采购设备，生产材料等都需要使用大量的资金，这就要求企业定期检测资金使用效果，并且需要做好准备工作。如果缺乏有效监督资金运行情况，将会浪费较多资金。在企业审计部分监督管理之下，能够确保经济活动的合理性。如果企业在发展期间资金出现问题，也能够按照相关数据进行查询，全面监督资金使用的全过程。

（三）从科技角度加强内部控制

按照内部控制的具体工作，积极建设信息化的内部控制，并研究和开发新式的信息化管理系统，使基础数据规范化，并积极建立财政专用的支撑平台，在财政管理电子信息系统当中嵌入规范化的内部控制以及准确的操作规程，这样可以从根本上提升财政管理的工作效率，实现约束硬化的内部控制。此外，还要积极指导信息化的内部控制，降级资金成本；上级领导部门应当对县级财政部门进行基础知识以及技术的指导，这样才能促使县级财政管理早日实现信息化，推动内部控制的实际工作。

（四）从考核评价体系强化内部控制

要全面落实内部控制制度，应当严格划分各个环节的工作职责，并通过解读内部控制制度的各项条文来分配相应的财政管理工作，实现真正意义上的财政管理。此外，还应当设置专业的监督小组，主要负责监督内部控制制度的落实和执行情况。在监督的过程中就能发现制度中所存在的弊端，以及与实际工作脱节的规定，这样就能及时对其进行预防控制，推动财政管理的实效性。

（五）从货币手段强化内部控制

企业需要全面管理预算和货币流动，全面确保货币的精细化，避免出现数据编造情况。准确控制货币流产过程，缺乏合理使用资金，全面降低企业的运行成本，加强企业在市场当中的竞争力。其次，企业需要合理分配流动资金和固有资金，减少不必要的固有资金，不断提升资金流动性，进一步加强企业运行实效性。

综上所述，在企业财务管理当中最重要的就是内部控制，可以在较大程度上提升企业的高效化管理和集约化管理。所以，企业在发展期间需要全面注重财务内部控制，完善内部控制机制，不断优化内部控制管理流程，在实行内部控制期间需要全面应用信息化手段，这样可以从根本上加强企业内部控制管理能力，并且实现高水平、现代化的管理。

第二节　PPP 项目的财务管理

近些年，随着我国城市化建设进程的逐步加快，PPP 模式的应用范围也在不断扩大，PPP 项目的社会地位也由此呈现不断提升的发展态势。同以往由政府部门单独管理的方式相比，PPP 管理模式能够节约 25% 左右的建设成本。尤其是在公共建设项目方面，同其他项目管理模式相比，PPP 项目在节约投资成本上更是具有明显优势。但由于 PPP 项目在我国的发展时间相对较短，其在财务管理方面还存在一些亟待解决的问题。

一、PPP 项目概念

PPP 项目主要应用于公共基础设施建设中，从而解决政府部门在组织建设社会公共基础设施中融资效率低的缺陷。从应用情况分析，PPP 项目就是通过一种公私合作关系，从而实现公私共赢。在我国，PPP 项目主要是公共部门与社会资本建立的公司合作关系，通过合理分配与承担项目运行中的风险与收益，从而推进公共服务与项目建设。虽然 PPP 模式在 20 世纪就已经出现，但近些年我国 PPP 项目才正式迎来了发展高峰期，在实际应用中也取得了巨大的收益。

二、PPP 项目财务管理问题

（一）不合理的项目资金管理

对 PPP 项目来讲，其资金来源主要为企业和政府两方面的资金投入。由于政府部门工作具有特定要求，所以，其资金投入的机动性相对较差，投资拨款周期相对较长，致使部分项目在开展过程中，经常会由于财政资金延迟支付、拨款不足等问题，导致项目建设进度受影响。如果在项目建设期间，遇到政府需要付费的项目较多的情况，则会因为资金管理难度增加，降低政府资金在项目建设中总体使用率。在管理项目资金的过程中，会因为资金管理措施不到位、管理程序和制度的不规范性，导致企业资金的使用账目不明确，影响财务核算工作的规范性，致使有关账务的财务票据管理出现问题，影响 PPP 项目的经营建设。

（二）财务预算管理执行效率低

对财务管理工作来讲，预算管理是一项重要内容，其工作职能是否能够实现，将直接影响项目资金管理的科学性、使用的有效性。从 PPP 项目的财务管理工作来讲，其财务预算管理普遍缺失，部分项目公司在进行财务管理期间仍旧沿袭传统预算管理模式，致使预算管理的作用无法被最大限度发挥出来。对 PPP 项目来讲，其建设期间涉及环节较多，每个环节都需要以预算资金为基础，如果缺少预算管理，会使得部分建设项目的财务支出，无法被准确记录，导致项目最终投资额同预期投资成本不相符。

（三）缺少内部控制管理

就目前来看，大部分公司有关 PPP 项目建设的财务管理制度，还处于不完善的状态，加之自身内部控制管理机制存在一些问题，致使其获利空间的大小无法确定，导致项目成本控制工作缺乏实效性。其次，部分项目公司日常经营期间采用的都是粗犷式的管理形式，未认识到内部控制对财务管理的重要性，导致其内部控制建设缺乏，无法为财务管理工作的开展提供良好的内部环境支持。此外，部分企业对内部控制的认识存在片面性，认为内部控制就是压缩生产成本，或者是将其同财务管理混为一谈，导致内部控制建设工作的顺利开展受到较大影响，不利于 PPP 项目的应用和作用的发挥。

三、解决财务管理问题的对策

（一）建立健全风险控制机制

PPP 项目往往都是由政府部门和社会资本合作开展的，其经营时间、资金回笼周期等相对都比较长，使得社会资本由此需要面临较大的投入、应用风险 [3]。就 PPP 项目的财务管理而言，做好财务风险共同承担工作，确保各个投资方都能够勇于承担起项目建设期间所涉及的各类政治、资金、管理等方面的风险，是非常必要的。对项目公司来讲，其在PPP 项目建设、运营、发展的过程中需要承担建设和运营的责任，所以也必然需要承担其中涉及的资金运行、经济行为等风险。而各个投资方则需要共同承担来自于市场经济环境中潜在的各项经济风险以及某些不可抗力引发的风险。无论投资方遇到哪一种风险都会对其带来较大的经济损失。PPP 项目也是财务风险载体，会对项目进展、投资方各项经济收益产生重要影响。为了保证 PPP 项目顺利展开，保证各方经济收益，项目的运营管理部门需要强化自身风险识别能力，针对各类风险制定具体的控制机制，明确各个投资方需要承担的责任和分担的风险，可以让各方通过协同合作的方式，有效化解各类风险，提高财务管理整体水平。

（二）提高对项目资金管理控制

作为PPP项目负责人和管理者需要强化预算管理意识。PPP项目的预算管理水平的高低，直接影响项目是否能顺利开展。项目投资方和管理者可以借助预算管理，对项目资金进行合理分配，并在资金使用期间通过有效监控，确保工程项目资金收益的最大化。首先，项目公司需要针对其所处行业的具体特点、自身发展现状等，对PPP项目各环节进行细致分析，以此为基础，建立健全预算管理机制，确保项目建设完成后，最终成本不会同成本预算出现较大差异。其次，项目公司需要根据自身发展水平、行业发展现状，在对预算成本使用情况进行监督管理时，在客观、全面考虑各项因素的基础上，尽可能地满足现场工作人员的工作需求，且避免出现不必要的资金支出。此外，项目公司在强化预算管理时，不应将预算管理同财务管理划为同一概念，而是对项目在准备、施工、竣工各个阶段，分别制定相应的预算管理规划，确保项目成本可以得到有效监管，避免出现盲目预算或随意开支的情况，提高财务管理效率。

（三）强化内部控制管理力度

PPP项目会涉及较多的经济行为，要想对这些行为进行有效的管理和控制，就必须借助内部控制的作用。为了保障内部控制作用在PPP项目的建设、运行过程中充分发挥出来，项目公司可以从以下几方面入手：一是建立完善的资金收入、支出、管理、使用等授权的批准制度，借助完善的制度，确保资金使用合理性，保证资金使用的安全性。二是做好资金筹措工作，强化对资金筹集规模、方式控制的合理性，以此来降低资金使用成本，预防可能会出现的各类财务风险。三是在确定项目投资时，项目公司需要制定完善的决策制度，强化对项目立项、调研、评估、施行全过程的控制管理，最大限度地控制投资风险。对PPP项目来讲，只有确保内部控制工作有效落实，才可以确保实现项目的经济利益。

PPP项目已经成为推动社会经济发展、城市化建设的重要的手段，所以，了解其财务管理工作存在的各类问题非常必要。交通运输、水利工程、环境保护等公共建设项目通过应用PPP模式，对于节约项目成本，降低项目投资等可以起到极大的帮助。要发挥PPP模式在此方面的作用，政府部门和相关机构在应用PPP项目的过程中，就必须要从财务管理切入，通过制定行之有效的财务管理方案，达到推动社会经济和城市化建设稳定、可持续发展的目标。

第三节　跨境电商的财务管理

伴随着互联网技术的飞速发展和经济发展的深度全球化，我国的跨境电商产业迅速崛起，截至2016年底，中国跨境电商产业规模已经超过6万亿元，年均复合增长率超过

30%。跨境电商产业在传统外贸整体不景气的经济环境下依然强势增长，本节在此背景下阐述了财务管理对于跨境电商运营的重要意义，并分析了跨境电商企业在财务管理方面面临的问题，如会计核算工作不规范、缺少成熟的跨境电商财务 ERP 系统，以及跨境电商税务问题等，针对跨境电商财务管理面临的问题提出相应的财务管理提升方案，从而促进跨境电商企业财务管理的不断完善。

一、财务管理对于跨境电商运营的重要意义

随着跨境电商爆发式的发展，跨境电商的财务管理也越来越备受关注，由于跨境电商行业的特殊性，其财务管理与传统的财务管理实践相比较，存在较大的差异，对跨境电商环境下的企业财务管理人员提出了新的要求。现行大部分的跨境电商都是小企业，对于财务管理人员的配备与资金支持都比较有限，因此跨境电商的财务管理实践还有待提升。财务管理是跨境电商运营的关键事项，重视跨境电商的财务管理实践，针对跨境电商环境下财务管理工作面临的具体问题进行分析，并制定相应的有效的解决措施，逐步优化提升跨境电商的财务管理工作，对于促进整个跨境电商行业的发展具有重要的意义。

二、跨境电商在财务管理上的问题

（一）会计核算工作缺乏规范性

会计核算是财务管理最基础的环节，只有会计核算能保证其准确性与及时性，后续的财务分析与财务管理各环节才能有效且有意义的进行。目前跨境电商会计核算主要存在以下的问题：一方面是账务处理不够规范。部分跨境电商企业没有建立严格的财务制度，或者有财务制度但是没有遵照执行，存在使用的原始单据不合要求或者缺少原始票据作为支持文件的现象，如报销手续未经过完整的审核流程或者用不符合规定的临时票据充当原始凭证等；另一方面是部分跨境电商企业的财务报表体系过于简单化，缺少报表附注、财务情况说明等，由于跨境电商行业的特殊性，传统的财务报表体系难以准确且完整的反映跨境电商企业的财务状况以及经营状况，很多非财务指标虽然不列入传统的财务报表披露体系，但往往更能反映企业的潜在实力，如转化率、客户平均停留时间、网页点击率等。因此，跨境电商企业应根据自身的行业特点，在传统财务报表体系的基础上增加反映跨境电商真实经营状况的各项财务管理信息数据。

跨度电商企业财务管理人才的缺乏也是造成跨境电商企业会计核算工作不规范的重要因素。跨境电商行业作为近年来迅速发展起来的新兴产业，其财务管理与一般传统行业相比具有特殊性，为满足跨境电商财务管理需求，财务人员不仅要有扎实的财务管理知识及实践经验，还需要掌握现代信息网络技术知识、了解国际会计准则与各国税务、熟悉相关法律法规等。但是目前这样的复合型人才比较缺乏，这必然会阻碍跨境电商企业在财务管

理方面的完善与提升。

（二）缺乏成熟的跨境电商财务 ERP 系统

由于跨境电商是从近几年才迅速发展起来的行业，因此市场上还没有比较成熟的针对跨境电商企业服务的财务 ERP 系统。一般行业的财务 ERP 系统难以满足跨境电商企业的特殊化及个性化需求，如跨境电商企业的多账号经营管理、成本多样性、物流方式的分配组合等事项，都存在不稳定因素，导致难以准确的通过普通的 ERP 系统去核算每个单品的成本利润，需要 ERP 相关行业的人员在现有的系统基础上去建立和完善针对跨境电商企业的功能个性化的财务 ERP 系统。

（三）跨境电商税务问题

跨境电商行业的贸易方式具有国际化、无纸化等特点，其交易主体、地点和时间比较隐蔽且容易更改，这使得在现行的税收制度下，对跨境电商行业的税收监管和征收存在一定的困难。对于出口跨境电商而言，出口退税则更加困难。根据我国税法规定，一般纳税人在符合税法规定的退税条件时可以申报出口退税，小规模纳税人自营和委托出口货物，免征增值税和消费税。但是很多跨境电商企业是中小企业甚至是个人商户，采购商品时直接使用现金，没有发票，不满足税法规定的出口退税条件。相关调查显示，93% 的跨境电商没有办理外贸经营权备案登记，也没有结汇水单，甚至没有发票。因此跨境电商行业的特殊性对现行的税法制度在监管和征收层面都受到一定程度的冲击，对于跨境电商自身享有的权益实现也存在困难。

三、跨境电商财务管理提升方案初探

（一）规范会计核算工作

规范跨境电商行业的会计核算工作，主要从以下 3 个方面执行：一是建立和完善跨境电商企业的财务规章制度，并严格遵照执行。首先我国的会计准则应与时俱进，面对跨境电商这种具有全球化和网络化的新经营模式，进行相应的调整与完善，如扩展会计主体的假设范围，对持续性经营等基本假设进行重新定义等。其次跨境电商企业应在国家会计准则的框架下制定适合本企业的会计规章制度，并严格执行。二是跨境电商企业在编制财务报告时，应在传统财务报表体系的基础上增加非财务指标的报表说明，比如转化率、页面点击率等，以便企业管理层准确及时地了解整体经营情况，为管理层的决策及发展趋势的预测提供数据支持。三是提升跨境电商财务人员的综合素质，培养有扎实的财务管理知识及实践经验，既懂信息网络技术，又了解国际会计准则与各国税务，熟悉相关法律法规的复合型人才。现代企业的竞争归根到底是人才的竞争。由于跨境电商行业属于新兴行业，现有的财务管理人才尚无法满足产业的迅猛发展，而且跨境电商行业的账务处理和财务管理存在很多新的知识点。因此，一方面财务人员应该在实际工作中主动的不断学习，理论联系实际，提升自己的财务专业技术水平；另一方面企业也应加大财务人员继续教育的投入，如加强财务管理人员在电子商务运营模式、现代科学信息技术、国际财务、税务、法规等方面的培训学习，拓展财务人员的视野与专业高度，加强对财务人员及财务管理工作的重视。财务管理工作是跨境电商企业做大做强、实现战略发展目标的重要支持。

（二）选择合适的跨境电商 ERP 软件

传统的会计核算与财务管理软件难以满足跨境电商行业的信息需求，相关部门应制定相应的规范与行业规则，针对我国市场上种类繁多但开发并不太成熟的跨境电商 ERP 软件给出指导性的意见和建议。尽快开发出适合跨境电商企业的 ERP 软件。首先，必须支持多平台、多账号的对接，不同平台的数据能够集中在一个系统内处理，平台数据交互完善，在一个 ERP 系统里完成跨境电商企业的全流程管理，而且支持系统的不断延展和扩容；其次，在内容设计上，物流管理是跨境电商 ERP 系统的重点，ERP 系统需要考虑到不同国家和地区的调拨发货、汇率差异等，实时准确地反映货物的状态。同时，跨境电商 ERP 系统不仅需要强大的销售管理、成本控制功能，还需要不断完善财务结算与预警、库存控制、数据分析等。另外，完善的数据安全机制和历史数据备份机制是跨境电商 ERP 系统必不可少的功能。跨境电商 ERP 企业应该乘着跨境电商快速发展的东风，夯实自身的技术基础，提高服务水平，为跨境电商企业提供完善的个性化的系统定制服务。

（三）跨境电商税务问题的解决途径

针对跨境电商企业，特别是大部分的小型跨境出口电商企业的退免税问题，我们应该鼓励发展扶持一批优质的跨境电商服务型企业，专门代理出口企业相关通关退税事宜，完善跨境电商的商业环境。国家税务总局《关于外贸综合服务企业出口货物退（免）税有关问题的公告》规定，从2016年4月1日起允许符合一定条件的第三方外贸综合服务企业代理出口货物退免税实物。因此大部分的小型跨境电商企业可以将出口退税及其他税务事项外包给专业的第三方公司，为企业节省时间以及人力资源成本，提高企业的运营效率。

另外，跨境电商作为新型的行业，相关的税收政策应在实践中做出适当的修改与完善，既要维护国家的税收利益，也要顾及广大跨境电商企业的处境，适当实施税收优惠政策，鼓励和支持跨境电商行业的健康可持续发展。

通过对跨境电商企业在财务管理方面面临的问题进行分析，并提出相应的解决建议，旨在促进跨境电商企业财务管理的不断提升与完善。跨境电商作为一种创新型的商业模式，在近几年的迅猛发展下取得了很好的成绩，随之而来也对发展的环境提出了新的要求。在跨境电商财务管理领域，不论是基础会计核算，还是财务分析、税务筹划等都发生了深刻的变化；再加上针对跨境电商的财务制度规范等还需进一步完善，这都给跨境电商行业的财务管理带来了一定的困难。企业财务人员应与时俱进,加强学习,提高专业技能,做好跨境电商企业的财务管理工作,为跨境电商企业实现持续稳定健康的发展提供战略支持[①]。

第四节 精细化财务管理

随着我国社会主义市场经济体系的不断完善以及全球经济一体化的趋势不断深化,企业的生存环境面临着很大的挑战,其内部环境也出现了一定的改变,企业在国民经济的发展历程中,具有十分重要的作用。企业若要取得更好的成绩,在市场竞争中立于不败之地,那么就应该积极地构建科学化的财务管理体系,这样才能够从根本上提升企业的综合竞争实力水平,更好地规避来自各个方面的风险。本节首先对当前时期下企业财务管理存在的问题进行分析,然后提出了企业精细化财务管理的具体对策。

随着社会经济的快速发展与进步,经济全球化的发展趋势变得更加显著,使得各个行业之间的竞争水平也出现了较大的改变,交流变得更为畅通。但同时,也使得我国各个行业之间的竞争压力变得空前之大,也出现了各种各样的问题。针对这些问题,我国从政府层面不断制定改革措施,从企业层面不断深化改革,从而为企业的快速和可持续发展提供强有力的保障措施。本节从精细化管理的角度,重点阐述了提高企业精细化财务管理的具体对策,旨在促使企业可持续发展。

一、企业精细化财务管理的基本内涵

所谓企业精细化财务管理,主要指的就是将企业财务管理工作细分,以促使企业财务管理水平显著提升,财务管理工作效率和质量显著提升,从而最终为提高企业经济效益水平服务。一般来说,企业采用精细化财务管理工作,不仅仅是将财务管理的相关内容和数据进行细分,而且还是为了提高企业的资金使用效率。通过开展精细化财务管理工作,不仅能够很好地促使企业财务管理水平显著提高,而且还能够促使企业良性发展和运营。该模式是目前很多企业首选的一个财务管理模式。

二、当前时期下企业精细化财务管理工作存在的问题分析

虽然目前很多企业均意识到财务管理对自身发展的重要价值,但是依然存在很多方面的问题。那么,具体包括哪些方面的问题呢?

---

① 张岚. 新医院财务管理 [M]. 北京:中国财政经济出版社,2014.

（一）精细化财务管理意识十分淡薄

在企业发展过程当中，若要实现财务管理，那么就应该强化企业自身的财务管理意识，强化企业内部的协作与沟通，从而有效提高财务管理水平。然而，在实际过程当中，企业的财务管理意识十分淡薄，并未构建一整套完善的财务管理制度与体系且财务管理体系的构建仅仅是一种表面化的工作，并未将其落到实处。

（二）精细化财务管理相关资料及数据真实度较差

企业在开展财务管理过程当中，财务预算是一项十分重要的环节和内容，若不能有效地开展财务预算管理工作或者财务预算信息不合理、不规范、不真实，那么就很难提高财务管理水平，也就很难达到理想的管理效果。当前时期下，有相当一部分企业仍然使用财务传统的人工预算方法，使得预算结果的真实性受到了非常大的影响，所得的数据也不够真实和科学，难以为企业管理层的决策提供有效的依据。

（三）未构建完善和健全的财务预算管理体系

企业若要更好、更高效地开展财务预算管理工作，离不开合理有效的监督机制，因为它是财务预算管理体制不断优化和走向发展的一个必然路径。当前时期下，某些企业经费在使用方面，存在随意性强以及规范性弱等方面的缺陷及问题，究其根源，主要是由于某些企业过于追求社会效益，而对经济效益完全忽略。此外，很多企业内部并未设置专业化的财务预算监督机构，并未构架一整套完整的财务预算监管体系。

（四）财务管理监督机制严重匮乏

当前时期下，我国很大一部分企业管理之中的财务核算监督职能不能达到显著的作用，那么很多企业财务管理工作受到很多方面的影响，然而当前时期下很大一部分的企业财务核算监督机构不能正常发挥应有的效果的原因主要包括如下两个方面的内容：①企业不能对自身的财务管理进行规范化的管理，从而使其自身的职能水平欠缺；②企业所设置的财务机构中的工作人员的素质水平普遍较低，职业道德素养也不高，更甚者，其在财务管理监督意识方面也十分缺乏。

（五）财务管理在企业各项管理中的平衡地位被完全打破

当前时期下，有很大一定数量的企业管理者对财务管理存在较大的误区，很多管理者均只是简单地认为财务工作就是记账、算账，只重视的是如何处理财务报表、应对银行等相关部门的各项财务业务等方面的工作。但是，根本没有从本质上深入地了解以及把握企业内部资源的优化配置。那么，财务管理真正的内涵以及具体的职能也就无法充分地发挥出来，那么企业财务管理方面的工作也受到极大的影响。

三、当前时期下提高企业财务管理的具体举措

（一）将精细化财务管理的具体措施落到实处

实际上而言，财务管理工作十分繁杂，综合性较强，这主要是由于它贯穿着企业生产、经营的每一个环节，涉及方方面面。且在企业实际生产经营过程当中，其财务管理工作的难度水平也逐渐提升。对此，要求企业内各个部门之间应强化沟通和交流，高效地处理好各个方面的关系。在管理统筹化的视阈下，应该更为深入地强化企业财务管理部门的相关工作，构建高效的监管机制，从而提高企业财务管理工作水平与质量。

（二）强化企业财务信息化建设

对于财务管理行业来说，"互联网+"时代的到来，对我国财务管理信息化工作发展带来了很多的机遇以及挑战，信息化逐渐发展成为企业财务管理的一个重要发展目标和趋势。针对当前企业所面临的严峻的社会竞争，企业应该抓住机遇，将财务管理工作与互联网技术之间进行密切地结合，将云会计、云财务以及云审计等服务手段引入其中，从而促进企业财务管理信息化建设。企业应该注意充分地应用"互联网+"这个重要的发展机遇，充分应用"互联网+"等技术，从而有效提高企业财务管理工作水平与效率。

（三）注重信息共享技术不断强化

在"互联网+"时代发展背景下，虽然已有某些企业在财务管理工作之中引进了"互联网+"技术，然而并未实现企业与企业之间的信息化共享，不同级别的企业之间，依然存在沟通不畅以及资源未能得到有效共享等方面的问题出现。所以说，为了不断强化企业财务管理工作质量与工作效率，应该注意将"互联网+"等相关技术全面、深入地应用于财务管理工作当中，从而促进企业内部各个部门之间以及企业与企业之间无缝化沟通，从而提高企业财务管理效率。

（四）提高财务人员业务素质

强化企业财务管理人员业务水平地显著提升及企业财务管理人员业务水平高低，会对精细化财务管理工作质量产生直接的影响，那么对于财务管理工作的直接实施者——财务管理人员，就需要强化自身财务管理水平以及专业素质地提升。具体对策如下：①应该注意强化对财务管理人员专业能力以及业务素质进行培训，使得企业财务管理人员能够保持稳重以及严谨的工作态度；②强化与员工进行有效沟通与交流，加强对企业员工相关情况地深入了解，确保精细化财务管理思想能够落到实处。

综上所述可以得知，当前时期下企业开展精细化财务管理具有较高的现实意义与价值。主要包括：能够促使企业各项工作秩序地良性循环、可以有效提高企业各项制度地执行水

平、对企业管理决策所产生的影响等方面的重要意义。对此，在实际过程中企业若要想取得快速的发展以及进步，那么就应该高度重视强化精细化财务管理，不断创新以及优化企业的财务管理工作，从而促进企业又好又快地发展，最终加快国民经济的快速发展与进步。

第五节　资本运作中的财务管理

随着我国市场经济不断发展，如今同行业之间的竞争愈加激烈，为了能够全面提高企业的核心竞争力，必须要提高企业的资本运作能力。从本质上来说，企业资本运作与财务管理相互衬托、相互依存，只有加强企业财务管理工作才能够提高企业的资本运作能力。通过将资本运作与财务管理相互结合，能够不断提高企业的经济效益，并且推动相关制度的完善。基于此，本节重点探究资本运作的财务管理，旨在通过加强财务管理提高企业资本运作能力。

随着我国市场经济不断发展，企业也面临着一系列的改革，特别是在营改增大背景下，这给企业的财务管理提出了新的要求。为了能够提高企业在市场中的竞争力，企业必须要不断加强自身的资本运作能力，这样才能够实现"钱生钱"。从当期企业结构分析，财务管理与资本运作相辅相成，也可以说财务管理服务于企业的资本运作，一个微观资金活动、一个是宏观资金活动。资本运作相比商品运作的概念是相互对应的，主要是指资本所有者对其自身所拥有的资金进行规划、组织、管理，从而实现资产升级。企业发展必须要有资金支持，而较大的资金投入会加大企业经营风险，这就需要企业能够不断优化自身的资本结构，从而获得更多的经济效益。

一、企业资本运营的特点分析

（一）价值性

企业资本运行的核心特点就是价值性，也就是任何资本运营活动都要推动企业相关产品升值或获取经济效益。企业资本运作的侧重点并不是资产自身，更是企业所有资产所彰显出的价值。在开展企业资本运作过程中，任何活动都必须要着重考虑成本，从而综合反映出成本占用情况，这样才能够分析出企业资产价值，通过对边际成本与机会成本相互比较衡量，从而为企业决定提供有力依据。

（二）市场性

市场性特点作为资本运作的基本特点，在市场经济大背景下，任何经济活动都要依托于资本市场，这样才能够跟上市场的发展步伐，满足企业的发展需求。因此，企业资本运作必须要能够通过市场检验，才能够了解资本价值大小与资本运作效率的高低。可以说，企业资本之间的竞争就是要依托市场活动才能得以完成，这也是当今资本市场和企业资本运作的一大特点。

（三）流动性

资本运作就是一个资本流动的过程，例如我们常说投资就是一种资本运作，通过前期大量投资，从而不断获取相应的回报，因此，流动性是资本运作的主要形式，这样才能够在不断地流动中实现产品增值。对于企业而言，企业中的资产不仅仅是实物，也不单是要求实物形态的完整性，而是对实物资产的利用率，是否能够在流动中获得更多的经济效益。

二、强化财务管理，优化资本运作

综上所述，企业资本运作是获取经济效益，实现资产增值的重要手段。企业财务管理作为企业管理的核心内容，对企业的发展有着重要影响。因此，我们必须要充分发挥财务管理的积极作用，推动企业资本运作的优化、升级，从而推动企业健康发展。

（一）强化会计核算工作，完善财务管理

从微宏观角度分析，企业财务管理是企业资本运作中的重要组成部分，因此实现资本运作会计核算，就是将企业资本投入到生产经营活动中，从而形成在生产经营中实现会计核算，加强生产的成本的控制。最终目的就是为了能够运用企业资本提高自身的生产经营能力，并从事多种生产经营活动，从而实现资产保值、增值，以及提高企业的经济效益。再者，通过产权交易或分散企业资本，从而让企业资本结构进一步优化，为企业发展带来更多的经济效益。产权交易主要有两大层次，一是经营者根据出资者所提供的经营产权资本，从而实现资本保值、增值的目的。二是根据财产权来经营，从而满足经营目标，获得更多的经济效益，因此，在产权资本运营核算中，必须要从这两大方面出发。

（二）完善企业财务管理

在市场经济下，企业财务管理面临着多方面的挑战，一是企业财务管理风险增加；二企业还处于营改增的过渡阶段；三是影响企业财务管理的因素增减。可见，财务管理不单单是针对企业生产经营活动领域，同时也要涉及国内外市场、政策影响等。如今，多种经营方式与投资机遇呈现在了企业面前，任何经济活动都成为"双刃剑"，这就要看企业资本运作中的财务管理是否得当，根据投资组合方式，制定资本运作的盈利目标，并提高自身的抗风险能力、融资能力，从而丰富资本运作活动。因此，在资本运作过程中，加强财务管理至关重要。

（三）完善资本运作中财务管理制度

想要充分发挥财务管理的积极作用，必须要提供相应的制度支持，这样才能够保障财务管理有效性与完善性，降低企业财务风险。因此，企业需要设置独立的财务机构，并构建高素质专业人员，配备相应的核算人员、总会计师、资金分配人员等，为制度确定奠定坚实的基础。对于资本运作中的相关材料，必须要能够将会计原始资料作为企业资本运作与生产经营的核心资料，并统一资料的形式与内容，实现有序挂历、规范存档，明确财务管理工作人员的相关责任，避免出现财务工作操作失误等问题。结合《企业财务通则》《会计法》、市场环境、企业内部环境，从而制定更加完善的财务管理制度，明确不同岗位的工作要求，为资本运作提供制度基础。

综上所述，随着我国市场经济不断发展，企业之间的竞争愈演愈烈。因此，企业必须要加强资本运作来提高自身的市场竞争力，提高企业的经济效益，实现资产保值，充分发挥财务管理的积极作用，为资本运作奠定坚实的基础。

第六节　国有投资公司财务管理

国有投资公司内部的财务管理，是决定财务水平以及公司发展的重要环节，只有提高重视财务管理工作，才能避免财务风险，提高财务管理水平。本节以国有投资公司为背景，从加大管理力度、完善管理体系建设、加大财务分析力度、建立风险预警制度四个方面，分析了财务管理的几点措施，希望能够为有关人员提供工作上的参考。

国有投资公司作为国有产权的代表，是我国经济体制特别是投资体制改革的产物。自20世纪80年代我国组建了一批中央和地方性国有投资公司，经过30年的实践探索，国有投资公司以国有资本为营运对象，通过对生产经营企业的参股、控股及债权投资和适时退出等，发挥着引导和杠杆作用，放大了政府投资主体投入资金的示范带动效应，在国民经济发展中发挥重要作用。今后，国有投资公司如何更好地履行出资人职责，保证国有资产保值和增值，完善资产的配置，最终实现政府全面的宏观调控仍是国有投资公司发展的目标和首要任务。而财务管理是国有投资公司内部管理的重要环节，面对新的机遇和挑战，财务管理应以财务监管为突破口，加强对所出资企业的管理，将财务管理的重心下移，不断提升财务监督管理水平。

一、国有投资公司财务管理模式现状及问题分析

（一）财务管理方面的问题

国有投资企业在财务管理方面存在诸如以下方面的问题：

1. 国有投资公司的财务管理体系有待完善

对被投资企业财务管理粗放，针对性不强，管理效率低。全面预算管理有待加强，提高预算执行刚性。对控股（子）公司的财务监管度不得当，存在"一管就死""一放就乱"问题，集权管理与分权管理有机结合不够。

2. 对参股公司缺乏有效的财务管理手段

由于出资人对参股公司没有控制权，不能更多地参与参股公司的经营管理，财务风险控制所依据的信息不完整、不及时、不准确或缺乏相关性，必然产生决策信息风险，造成对风险反应滞后和应对不力，存在国有资产亏损和流失的风险。

3. 财务管理观念滞后、知识更新慢

重会计核算轻财务管理，对管理会计重视与应用程度不够。现代财务会计、财务管理、管理会计呈现出日趋融合之态势，目光已从过去转向现在和未来。企业的决策者对管理会计的重要性认识不足，对管理会计工作缺乏应有的重视。财务会计人员观念陈旧、知识层次和结构不合理，日常主要精力放在事后记账，分析能力差，很难将有效信息运用到企业的管理决策中去。

（二）财务监督方面的问题

财务监管工作是企业财务管理的重要组成部分，是企业实现其经济效益和社会效益的重要保障。近年来，国有投资企业改革深入推进，财务管理制度不断规范，在财务监管方面取得了很大的成绩，然而也存在不少问题，具体体现在以下几方面：

1. 企业内部监督机制不完善

从目前看，我国国有企业体制机制改革不断深入，但企业法人治理结构不规范，尚未形成明确而有力的出资人财务监督主体，股东监督职能缺失，监事会的监督作用不强。

2. 内部审计缺乏独立性

内部审计是一个单位内部对各种经营活动与控制系统所进行的独立评价，它由独立于被审计部门的内部审计机构或内部审计人员来完成。只有内部审计独立的完成审计业务，才能发挥内部审计所具有的职能作用，发现企业管理上的漏洞，及时准确判断本企业高风险领域和重要事项决策的正确与否。而目前很多因素制约了内部审计的独立性。一是内部审计人员管理问题。由于内部审计人员切身利益与所在单位有直接的关联，客观上造成内

部审计人员在执法过程中不同程度受本人和单位领导的人情影响，降低内部审计的质量。二是内部审计机构不规范。有的企业的内部审计附属于其他部门，受到各方利益的牵制，难以开展独立的经济监督活动。三是企业经营管理者对内部审计的认识不足。受传统思想的影响，部分高层管理人员片面认为内部审计是找问题，检查工作，而忽视了内部审计更重要的是改善企业内部管理，及时发现风险点，确保公司的经营政策方针的精准和贯彻执行，是提高企业参与市场的竞争能力的重要保障。

3. 内部审计人员素质有待提高

随着社会主义市场经济的逐步完善，内部审计已从单纯的差错防弊向促进和提高企业管理水平转变，工作范围也不仅局限于会计领域的审计，正逐渐渗透到内部控制、战略管理等众多领域的财务行为之中，仅有审计或财务知识背景，难以适应内部审计职能的需要。

二、国有投资公司财务管理新模式的构建

当前新形势下，股权结构多元化，国有股权适度减持，用少量国有资本引导和带领大量社会资本进入国家需要和鼓励发展的产业和重点领域，有效发挥国有资本的放大和带动引领作用，不断优化资源配置，提高资金使用效率和投资回报率。而作为国有投资公司管理的核心部门，只有尽快建立新的财务管理模式，才能适应新形势发展的需要。因此应尽快完善法人治理结构，健全内部控制，为财务信息的真实完整提供有力保障。

（一）完善法人治理结构，确保股东知情权

国有投资公司作为国有资本的代表者，与控股（子）公司、参股公司建立资本纽带关系，从自身的业务特点出发，结合公司实际，制定、修改、完善被投资企业的章程和《董事会议事规则》《"三重一大"事项实施办法》等重要规章制度，确定股东、董事会、监事会、经理层各自职责权限；建立健全各个层次的议事规则和议事程序；完善董事会决策机制，加强董事会功能建设。确保董事会、监事会有效运转和职责发挥，维护出资人权益。

此外，提高董事会和监事会的质量，增加独立董事，使其占董事会成员的三分之一，这样得以提高董事行使权力的效力，杜绝暗箱操作，保证出资人的基本权益。引入独立监事制度，聘请独立监事，确保监事会充分行使监督权。

（二）充分发挥外派董事、监事的作用，切实维护母公司合法权益

外派董事、监事是规范控股（子）公司、参股公司法人治理结构的有效途径，其履责能力直接影响派驻企业董事会的决策水平、决策质量和监事会的监督能力、监督效果。国有投资公司要全力支持派出董事、监事履行职责，督促派驻企业按章程有关规定召开董事会、股东会。通过召集权、表决权的有效行使，促进被投资企业内部经营机制的规范运行。建立相应的制度安排，加强对派出董事、监事履行职责情况的监督与管理。建立日常的工

作管理机制，主动深入了解、分析被投资企业经营情况，为出资人提供监管信息纳入日常工作范围，定期述职与不定期汇报相结合，切实履行各自职责。建立考核等相关奖惩激励机制，将董事、监事的履责情况进行专项考核，通过对派出人员的激励、考核和奖惩，激发其主观能动性。特别对于责任心差、怠于行使职责的，要及时通过相应程序予以撤换。

（三）建立健全财务管理体系，针对被投资企业建立不同的管控模式

按照母子公司体制建立健全相应的财务体制，母子公司内部财务管理体制包括国有投资公司内部管理体制、国有投资公司与控股（子）公司之间的财务管理体制和控股（子）公司内部财务管理体制三个层次。依照"完善职能、构建体系、健全秩序、创新管理、提升能力、防范风险"的基本思路，横向完善国有投资公司财务管理职能，纵向构建其财务管理体系。

以财务管理贡献度为中心，通过"一本账"，夯实财务管理与核算的基础，实现财务透明、信息对称；"一套制度"，构建统一财务管理制度体系，实现财务管理与操作的有机结合；"一个流程"，规范财务管理运作流程，是财务要素管理落到实处的保证，通过流程再造，提高效率及执行力；"一个口径"，实现财务对标管理，是推行财务管理质量认证的基础；"一个平台"，提高财务信息化水平，实现精细化管理；"一支队伍"，强化财务人员培训，实现专业技术知识升级，提升专业技术水平，打造一支德才兼备的财务人员队伍，推行控股（子）公司高级财务管理人员任职资格核准制度。构建控股（子）公司拥有与正常生产经营有关的财权，重大财务事项由国有投资公司决定，建立具有本公司特色的集权与分权相结合的财务管理模式。

推行全面预算管理，细化预算编制，强化预算执行的刚性。对控股（子）公司的预算编制和执行情况进行跟踪分析，重点分析超预算、预算外形成原因，及时纠偏补漏，将目标控制与过程控制、结果控制相结合。通过预算控制防止控股（子）公司的日常活动在母公司不干预的情况下失控，又保证控股（子）公司有很大程度上的自主性。

加强对参股公司的财务管理，特别是在股权多元化的大背景下，保护出资人在参股企业中股权利益尤为重要。国有投资公司作为参股公司的重要股东，通过制度安排，要求参股公司对股东开放其 ERP 系统，建立财务数据库，实现三级财务数据管理：一是基础财务数据；二是在基础财务数据基础上生成比率分析数据；三是在一、二级数据基础上的预警系统，动态监控参股公司财务状况。

提高管理会计重要性的认识，有效运用管理会计，提高管理水平和创新能力。"对外报告会计"与"对内报告会计"并重，结合国有投资公司的业务特点，引入管理会计理念，加强投资决策前投资价值分析；尝试引入内部报酬率 IRR 的计算，充分估计投资而产生的资金成本，建立管理会计投资报酬率模型，计算相对准确的投资收益率；将成本管理重心由制造成本逐步转移到战略总成本上，由成本控制转移到成本计划上；实现财务指标与非财务指标的有机结合。管理会计渗透于企业管理的全过程，会有助于解析过去、控制现在

及筹划未来，从而提高预测和决策的科学性，提升企业整体的管理水平。

（四）建立健全财务监督体系，强化自我约束机制

加强监事会的监督作用，大力维护国有资产安全。由具有财务、经营和法律等相关知识的专业人士担任监事会成员，加强以财务为核心的全程监督。围绕事前、事中、事后三个基本环节，有效发挥监督职能。以重大决策为重点开展事前监督、以重大经营活动为重点开展事中监督、以企业存在问题的督促整改为重点开展事后监督。同时加强对被投资企业内控有效性的监督。

委派财务总监，增强过程控制。与监事会财务监督相辅相成，财务总监的监督贯穿于财务活动的全过程进行事前、事中、事后控制。

强化内部审计，加强自我约束。保障内部审计机构的独立性，加强对内部审计人员的培训、考核，提升内部审计人员的整体素质。形成建立以风险为导向的内部审计机制。把审计重心前移，从"亡羊补牢"到"防患于未然"。国有投资公司除了加强对公司内部监管机构的管理，还要加强对控股（子）公司监管机构的管理，改进审计手段，强化审计监督，为企业的发展和风险管控保驾护航。

对被投资企业的审计重点各有侧重。控股（子）公司作为投资的重点、管理的重点，在传统的财务审计的基础上，加强内部控制审计、合规性审计、大额度资金使用等专项审计。由于在参股公司的重大经营决策中不占主导作用，按照《公司法》规定，股东有权查阅公司财务会计报告，对公司的经营提出建议或者质询。应充分利用此途径对所参股公司的财务报表进行定期的审计分析，通过前后经营数据对比，对参股公司的财务收支是否存在异常、资产负债表的真实性进行分析和评价，将审计分析结果及时上报，由公司以股东的身份向所参股公司提出经营建议或质询。初始投资时在所参股公司章程中事先约定关于参股股东有审计监督的权力，这是对参股公司开展内部审计监督最为有效的途径[1]。

对于审计过程中发现问题，加强整改落实，并将整改落实情况作为下一期审计的重点。

国有投资企业作为一个经济组织，不只是凭借有效的财务管理模式，更重要的是在合适的机遇下结合自身的经营情况和特点不断的发展变化。国有投资公司更要结合市场情况，将企业内部的机构和相关参与人员全部调动起来，不断地完善国有投资企业的管理系统，大力发展企业的风险管理文化，保证企业的经济效益，将风险降到最低，使企业能更长久的发展。

---

[1] 刘维，邹建军，彭冬菱. 浅谈中小企业财务管理中的问题及对策[J]. 现代商业，2012，20（05）：14-15.

第七节　公共组织财务管理

随着政府职能的转变,供给侧结构性改革,财政部《会计改革与发展"十三五"规划》的发布,公共组织的财务管理也面临变革,以适应内外环境的变化。本节通过对当前公共组织财务管理面临问题的分析,提出了公共组织财务管理问题的解决思路。

一、公共组织财务管理的概念及面临的问题

(一)公共组织财务管理的概念

公共组织财务管理是指行政事业单位、民间非营利组织按照国家有关部门的方针、政策、法规和财务制度的规定,有计划的筹集、分配和运用资金,对公共组织业务活动进行核算、财务监督与控制,以保证事业计划及任务的全面完成,是公共组织行使职能的过程中客观存在的财务活动和财务关系,是单位组织财务活动、处理与各方面财务关系的一项管理工作。公共组织财务管理的对象包括财政资金收支活动、事业资金收支活动、经营资金收支活动、公益资金收支活动等,其主要特征有:

1. 极强的政策性

各公共组织业务经费主要由财政拨款。公共组织的财务活动,体现着国家的财政方针政策,体现着政府的意图。它们的一收一支,都带有极强的政策性,以保证各项建设事业的顺利开展。

2. 全面预算主导和约束性

公共组织财务管理以预算管理为中心,各级公共组织编制的预算是财政部门管理各公共组织财务收支活动的依据,经过审批后的预算也成为各公共组织办理财务收支业务和其他各项财务活动的依据,因此预算管理在各公共组织财务管理中起着主导作用。

3. 经济来源的无偿性和限制性

公共组织主要靠国家财政拨款来履行公共服务职能,因此在经费的使用中应严格执行国家的财务制度和财经纪律,合理使用资金,保证资金的使用效率和效果。

4. 涉及范围的广泛性和管理办法的多样性

公共组织分布范围的广泛,其活动涉及国家社会、政治、经济生活的方方面面,公共组织财务管理服务于各项活动的开展,范围也同样非常广泛。

（二）公共组织财务管理面临的几大问题

1. 财务人员素质偏低

公共组织财务人员数量庞大，但多为中低端财务人员，主要表现为很多人认为公共组织财务人员的素质不需要多高，财务人员多为非科班出身，继续教育学习时间不够，培训内容领域受限，缺乏针对性。

2. 管控制度不严

相当多的公共组织财务制度松弛，内部控制不健全，疏于管理，导致政府官员职务犯罪频发，国有资产流失严重；大部分单位未建立有效的资产管理制度，只注重财政预算的安排和经费的追加以及占有、使用、处置资产，不重视资产的合理使用和管理。

3. 责任意识不强

这是公共组织财务管理的普遍性问题，因资金来源容易，是由体制决定的。

4. 管理水平不高

公共组织财务很多时候谈不上管理，只是按既定政策分配资金，资金使用效益差，资金的使用由领导拍板，违规使用资金，没有决算意识的现象普遍存在。

5. 管控不严

体现为没有相应的财务制度，或有但制度松弛，执行不严；内控机制不健全，长年不变，或即使制定了内部控制制度，只是挂在墙上走形式；财务人员配备不合理，导致制度、控制不健全，问题频现。

6. 预算约束不硬

预算难以约束资金的使用，资金的使用人通常漠视风险和内控制度，使得预算管理沦为空谈。

7. 创新能力不足

在国家改革转型时期，公共组织财务管理未做到与时俱进，适应新形势下对财务管理的要求，以及对信息技术的使用掌握和创新。

公共组织财务管理上的问题突出表现在制度上的不适应和管理上的若干忽视，例如与企业财务会计制度改革的进程不相适应，与体制改革及资产管理改革的大趋势不相适应，与政府职能转变和业务发展不相适应，收付实现制与财政体制改革的需要不相适应，财务会计报告与政府绩效评价的需要不相适应；忽视绩效管理、内部控制、风险管理、人才培养。行政事业财务管理很容易被预算管理所掩盖，被繁杂的表格所笼罩，被业务管理所遮挡，财务管理"管家、理财、智囊团"的职能反而难见天日。

二、公共组织财务管理问题分析

当前公共组织面临的新变革，如行政机关职能转变，职能重心从政治事务调整到社会公共事务，职能关系经历了从"守夜人"到"万能政府"再到当前的"有限政府"的转变；事业单位社会功能的划分；民间非营利组织业务创新、观念创新、平台创新、信息公开等方面的改革，一系列变革是产生公共组织财务管理上问题的原因，主要体现在：财务治理结构和财务运行机制的问题．公共组织财政管理混乱，财务责任不明确，财务责任错位，官员利用权力谋取私利，公众对政府缺乏监督，政府也缺乏对公共组织的监督；财务管理理念目标和技术手段的问题，应该作为公共财政管理的却采用了企业财务管理，应该按企业财务管理的却当作公共财政来管理；会计核算实务与信息披露的问题．表现为核算范围不完整，核算方法不科学，采用收付实现制，信息技术披露不充分。

三、公共组织财务管理问题的解决

2016 年 10 月，财政部发布了《会计改革与发展"十三五"规划纲要》，纲要中政府及非组织会计改革与发展的形势进行了分析，对建立政府会计准则制度体系、完善民间非营利组织会计制度、修订社保基金类会计制度、推进管理会计工作进行了规定，因此，优化公共组织财务管理势在必行。

首先，应当树立财务管理新理念，强调公共责任意识、成本效益意识、依法理财意识、风险意识、信息化意识；强化预算约束、绩效考评意识、管理会计理念；重视人才培养；做好财务与业务、部门、人员的对接。

其次，是采取财务管理新策略，提升人员素质，包括提升财务领导、财务管理、财务专业人员的素质；重视信息化技术以及财务管理技术的应用；健全会计处理制度、财务管理制度、预算管理制度、组织治理制度；主动配合各种监督，认真规范财务行为，积极探讨自愿整改；善于借用外部专家、借用财务顾问以及社会服务的力量。

最后，推进财务制度改革的具体建议如下：

资产管理。合规合法合理使用资产，将全部资产纳入会计记录范围进行核算，引入权责发生制并强化固定资产折旧的价值管理，制定专门会计制度加强土地、品牌等特殊资产管理，建立资产统计和财务两套报表并实现有效衔接，合法合规合理使用资产，提高经营性资产使用效益。

融资管理。建立风险管理制度，做好事业资产风险控制。

资金管理。预算管理的核心其实就是资金的管理，而资金的财务管理主要是从资产管理、合同管理、政府采购、收支两条线、国库集中支付、小金库长效防治、行政厉行节约、三项经费公开、预算信息公开等方面实现提升，增强财务会计信息的披露、审计、分析等工作是非常有必要的。

加强成本管理实现全流程动态化管理,提高非经营性资产的使用效益,编制政府年度财务报告,全面反映政府受托责任和履行责任的能力。

第四章 企业财务管理的应用

第一节 ERP 在企业财务管理的应用

ERP 系统是先进的企业管理理念和现代信息技术高度融合的产物,其在企业财务管理中主要是围绕会计核算的相关数据进行分析、预测,从而帮助企业管理者进行科学决策和采取控制活动,方便企业在财务管理方面做出前瞻性的分析与预测。它具有数据即时化、高度集成化、操作管理职责权限化、风险管控系统化等特点。

一、ERP 系统在财务管理的应用分析

(一) 企业财务管理的具体运作

企业在运用 ERP 系统时,主要会涉及财务资金、预算和报表这三个方面的内容,具体来说,ERP 系统的运用可以更及时、更便捷的记录企业资金使用情况,简化了资金的拨付和审批程序,直接运用管理模块记账,避免人为主观性的错误。就预算来说,ERP 系统主要根据部门的实际需求强化对成本费用的集中管理,系统中的预算管理模块会将年度预算情况及时地传递到企业各个部门手中,监督预算的具体执行情况,起着预警作用。ERP 系统的运用将会起到简化报表程序,减轻员工工作量的作用,在系统中,企业管理层为报表分析的主要使用者,而下属员工为次要者,系统将会根据不同部门、不同岗位的具体情况来设置相应的权限,在保障企业员工可以及时了解报表信息的同时,又避免了报表信息的泄露。财务管理主要是对会计核算的相关数据进行全面分析,为企业管理者决策、管理提供信息支撑。

(二) 强化企业的信息化管理建设

目前,我国企业运用 ERP 系统在财务管理中的比例仅仅为 20% 左右。仍有大部分的企业停留在企业基础信息化或者是部门信息化方面。企业实施 ERP 系统的范围过小,未真正将其落实到企业发展的各个方面之中。同时,企业需要正确认识管理信息化,管理信息化不仅可以帮助企业提高管理效率和水平,更是关系着企业业务、财务等多个重要方面,是企业发展的生命线。

（三）在企业内部控制方面的具体应用

在内部控制方面，企业对于 ERP 系统的运用将会提升企业在采购单、发料单、销售单、领料单等多个方面的掌控能力，加强企业业务处理与财务管理的紧密联系，真正实现企业材料、投入和数据的一体化。同时，流程的简化高效不仅提高信息传递的及时性，还有利于提升财务管理的透明度，避免坏账损失、财务结算等问题的出现。ERP 系统的运用使得企业的财务监控更加全面深入，企业财务部门可以做到对各项开支的及时审核，严格规范了财务工作人员的行为，提升了会计凭证、财务信息的准确性和真实性。

（四）企业财务管理更加规范高效

在 ERP 系统之下，企业的财务管理得到进一步的规范，例如，当 ERP 系统与企业财务管理无法有效融合时，那么企业可以通过 ERP 系统的辅助完成自身财务管理的重新调整。在 ERP 系统中，企业的财务信息孤立状态被打破，信息共享性增强，企业各个部门都可以对本部门的资金具体使用情况进行监督，企业财务管理流程得到优化。同时，在 ERP 系统实施之后，为了使得企业财务发展与 ERP 系统管理特征联系更加紧密，企业往往会促成其研发设计、生产销售、配送、售后等环节的一体化管理，形成系列的企业价值链条。

二、ERP 在财务管理实际应用中存在的问题分析

由于对 ERP 系统的认识不足及系统本身的局限性，实施过程中也存在一些问题。

（一）企业实际情况与选择的 ERP 有偏差

企业在选择购买或开发 ERP 软件之前，没有结合企业自身的财务管理和业务流程特点去选择或改进适合的 ERP 软件，造成实际运用中出现问题，进而未充分发挥财务管理的作用。

（二）ERP 系统实施的过程中对员工的培训力度不够

公司的 ERP 部分操作人员缺乏对 ERP 系统的正确认识，忽视了 ERP 系统在企业财务管理中的重要作用，工作存在主观随意性。同时，即使公司部门 ERP 操作人员拥有丰富的系统管理知识，但因为缺乏科学的培训，员工操作，实践能力较差，无法真正将 ERP 有效地运用到企业财务管理中去。

（三）用户权限设置缺乏科学性

我国部分企业在进行人员权限分工时，未按照岗位不相容职责严格执行，因此，人员权限分工存在着不合理性，这大大增加了舞弊行为发生的可能性，导致了发现错误的不及时，企业面临更大的损失风险。

(四)财务人员对数据的监控有滞后性

ERP 系统的具体实施与企业各个部门紧密相关,其有利于促进企业业务、财务一体化的实现,同时,ERP 系统的有效实施增加了企业数据共享性,方便企业各部门沟通交流更为方便快捷。也就因此,一旦数据在录入的过程中出现错误,那么整个数据链都会受到影响,甚至影响到具体部门的决策。而财务人员在对原始数据进行监控时存在滞后性,往往不能够及时发现数据错误,这大大增加了企业发展风险。

三、完善 ERP 在财务管理中问题的相关建议

(一)选择适合企业的 ERP 系统

充分了解自身的发展特点,对自身进行准确的定位是企业财务管理信息化成功的一个重要因素。因此,企业在选择 ERP 系统时,应充分结合自身的发展特点,以实际经营需要为重要基础,选择针对性、适用性和操作性强的 ERP 软件。同时,企业应保持与软件供应商的紧密联系,及时就 ERP 系统运行中的问题与供应商进行沟通,提高 ERP 系统的实施效果。

(二)加大对员工 ERP 环境下财务管理的培训

相对而言,ERP 系统的操作过程具有一定的复杂性,员工在进行具体操作时仅仅只是对理论知识有所了解是无法正确发挥 ERP 系统效用的。因此,企业应加强对企业员工的培训,开展专家讲座、头脑风暴、线下实践等多种活动,并设置奖惩制度,提高员工参与实践的积极性,帮助员工积累实践经验。

(三)根据不同岗位合理设置权限

企业的很多部门都参与 ERP 的实施,通过对人力资源的合理配置,根据不同岗位特点设置相关人员的操作权限,坚持岗位不相容原则,保证系统的正常使用。

(四)加强对原始数据的监控

企业的财务管理不仅需要保证数据的及时性,还需要确保数据的真实性、准确性,因此,在录入数据时,企业各部门要分工明确、相互配合,确保原始数据的及时录入,同时,企业配备专业数据管理人员定期对数据录入情况进行跟踪。除此以外,企业可在开发 ERP 系统时纳入数据有效性、合法性检查模块,尽量将数据差错的可能性降至最低。

(五)改变观念,深化 ERP 在财务管理的应用

企业管理决策层必须从思想上认识到 ERP 系统对企业管理的重要性,才能很好地在

企业内部全面实施 ERP 系统。有了公司管理层及各部门的配合参与，为 ERP 系统用于财务分析、财务预测、财务预算提供了强有力的支持。

（六）企业建立信息化的风险管理机制

建立信息网络系统安全政策和制度，定期对系统安全政策与制度的实施效果进行跟踪评价，通过企业内部控制体系的建立，加强责任控制，强化信息化的风险意识。ERP 系统中特别应加强对人的控制，明确各个岗位的职责，对于一般业务部门录入的基础数据，在数据生成完毕后要及时传送到财务部门人员审核确认，业务部门无权限再进行修改。对 ERP 系统中的数据应该实时进行备份，对系统中的所有操作都要详细记录，能够查询到相关操作信息，将系统人为影响降低。

总之，企业发展进程中要提高市场竞争力，离不开高效、科学的财务管理工作，而 ERP 系统的应用，能进一步促进企业财务管理的进步与发展，目前 ERP 系统在企业财务管理中的运用仍存在很多的问题，企业要想更好地运用 ERP 系统进行财务管理，就要采取行之有效的运行策略，切实提高企业经济效益。

第二节　会计信息化对企业内部财务管理的应用

随着我国社会主义经济市场体制的逐渐完善，也加大了企业之间的竞争力度，在这种环境背景下，我们也需要对我们现有的管理手段进行革新，与现代技术相结合，以适当当代社会的发展情况。财务管理在企业内部的发展中占有重要的地位，我们应根据目前信息技术的发展情况，与企业内部财务管理内容相结合，提高会计的信息化水平，提高财务管理的效率和质量，带动企业内部的经济发展。

一、会计信息化的理论概述

（一）会计信息化的含义

会计信息化主要是指随着信息技术的不断发展，在企业的经济发展过程中将会计行业与信息技术相结合进行发展，来提高企业财务管理质量的有效手段。在信息化社会的背景下，对企业的财务信息管理也提出了新的战略要求。而会计信息化是当前企业内部经济发展的必然趋势，也是企业内部管理人员获得财务信息的重要途径之一，通过对企业内部财务管理信息化技术的加强，提升企业的经济实力，能够在激烈的市场竞争中取得一席之地。

（二）会计信息化的特点

会计信息化发展在企业的经济发展中占有重要的地位，其本身也具有一定的发展特点：

会计信息化的发展具有一定的普遍性，这里的普遍性是指在会计行业中的普遍适用能力。只有在会计整体行业中实现会计信息化的普遍性，才能更好地实现企业财务的有效管理，促进企业内部的经济发展。除此之外会计信息化在数据采集和处理方面还具有一定的动态性，数据采集的动态性主要是指在企业内部的经营管理中不断更新的财务数据，无论是哪方面有了变动都会存入服务器进行处理，我们需要内企业内部有改变的数据立即进行更新，也是具有了一定实时性。

二、会计信息化对企业内部财务管理的影响

（一）促进了企业各部门的协调性

会计信息化的发展对企业内部的财务管理有着重大的影响，通过信息技术中信息传递和处理的即时性，能够有效促进企业内部各部门业务的相互协调，从而实现会计业务的普遍性。在网络技术已经融入生活的现代化社会中，在企业内部的财务管理和经营发展中会计的信息化已经成为必不可少的一部分。它将企业内部的业务流程和财务信息结合到了一起，使两者之间相互协调。会计信息化在一定程度上提高了企业的管理质量水平，但是在进行应用的过程当中，也使企业内部的控制重点有了相应的改变，内部控制重点的改变提升了企业的内控风险，从而对企业内部的财务风险管理产生了影响。

（二）对企业内部网络计算进行了提高

会计信息化对企业内部的财务管理的影响除了表现在可以促进各部门业务之间的协调性之外还在整体水平上对企业内部的网络计算进行了提升。随着经济市场和科技市场的不断发展，我国也逐渐迈入了网络时代，网络技术在不断更新的过程中也对我们的生活和生产产生了重大的影响。在互联网技术中心，对企业内部财务进行信息化管理的重要功能之一就是通过网络现实对数据进行计算，这也是在会计信息化的背景之下企业内部财务管理得到提升的前提。我们对企业内部的静态数据通过网络信息化技术进行了动态的分析，符合当下经济市场中的发展需要，也对企业内部的经济发展有促进作用。

（三）实现企业内部对数据信息的集中化管理

企业内部对数据信息进行集中化的管理是企业的经营管理中一个非常重要的环节，在会计信息化的背景下，实现企业对数据信息全方位的管理服务，在互联网的基础上进行对数据信息统一的在线管理，通过科学的方法对各部门的财务信息进行收集，再进行合理的处理，促进企业内部资金规划的健康合理的发展趋势。在目前会计信息化的环境下，大部分企业内部财务数据信息都将依靠网络来实现，极大程度上地实现了对企业财务的在线管理，但是我们也要注意管理人员的专业水平程度，要对其进行更专业化的培养。

三、会计信息化在企业内部财务管理中的发展应用

(一)对企业财务管理内部控制的完善

虽然我们可以通过科学合理的方法加强会计信息化对企业内部的财务管理,提升企业内部的经济水平,同时也会引起企业内部控制进行相应的变化,因此,我们在提高企业内部会计信息化水平时,也要对企业内部控制进行完善。在企业发展中加强会计信息化建设水平时,也要对提高对企业内部控制进行相应的转变,从而提升内部控制的作用。另外,我们也要加强企业财务风险意识和理念,树立起正确的风险观念,并且对其进行准确的评估。

(二)对管理人员的意识进行提高

在会计信息化的背景下,想要通过它来进行对企业财务管理水平质量的提升,我们企业的管理层人员需要有先进的财务管理理念,这是促进管理风格进行革新的先导。在企业的经营管理过程当中,管理人员的观念和意识一定程度上的决定了企业的经济发展趋势,对企业未来的发展有着重要的影响。要对企业管理者进行一定的新思想和科技观念的教育,对相关的操作人员进行系统的培训,使他们充分意识到在企业的财务管理中,会计信息化的重要性。

(三)对员工的专业水平进行提升

在会计信息化的背景下,对企业的财务管理中员工要求也逐渐有了提升。我们企业内部在聘用财务管理人员时要进行择优录取,不能因为人手不足而随机选择,要有专业的知识水平和资格证,从根本上去提升企业财务管理工作的质量。并且在录取试用以后,要定期对人员进行专业知识的培训,提高员工的综合素质能力,进一步对我们企业财务管理中会计信息化发展进行加强。

(四)对企业财务管理内容进行拓展

"股东利益最大化"是企业传统的财务管理目标,一般企业的财务管理目标是和经济市场的发展保持一致的,在企业财务管理会计信息化不断发展的环境下,无形资产的积累显得越来越重要,这其中包含的人力物力资源也越来越重要,我们在发展中不仅仅是注重股东的经济利益,也要注重与利益主体有关的其他利益。

综上所述,随着我国经济市场的不断发展,会计信息化发展对企业内部的财务管理有重要的影响,对企业未来的经济发展也有积极的推动作用。这对我们企业内部的财务管理发展来说不仅仅是个挑战,也是机遇,充分发挥会计信息化的作用,迎接挑战,推动企业内部财务管理更好的发展。

第三节　项目管理中财务管理的应用

无论是大型的承包工程，还是企业的日常业务，都可以归集为需要管理的项目，都在执行着项目管理。而项目执行过程中的财务管理直接与项目的经济效益相关，更成为项目管理中的重中之重。项目中的财务管理依赖着项目管理，也制约着项目管理。将财务管理更加合理、科学地应用到项目管理中，已成为当前需要解决的问题。

一、项目管理与财务管理的关系

（一）项目管理与财务管理的相同点

（1）都是为了减少资金占用。主要表现在：财务管理要求加速流动资金周转；项目管理要求工期提前。

（2）都要求降低成本，取得良好的经济效益。主要表现在：财务管理要求合理使用资金，开源节流，降低耗费；项目管理要求提高工程质量，加强成本控制。

（二）项目管理与财务管理的不同点

（1）财务管理是仅仅以资金运动为内容进行流量过程的管理；项目管理则是集人、财、物诸多内容为一体的综合性管理。二者管理的内容不同。

（2）资金运动循环往复，周而复始，需要持续性地管理；项目管理始于工程开工的管理，一直到项目竣工交付使用，管理周期结束，持续时间短。二者执行管理的时间不同。

（3）财务管理始终围绕资金运动，运用财务核算方法（如企业会计准则等）进行管理；项目管理围绕项目工程，运用项目管理特定方法（如施工技术、质量监控等）进行管理。二者管理的方法不同。

没有好的财务管理，就没有好的项目管理；没有好的项目管理，财务管理则无法达到预期目标。如果一个项目工期延长，发生质量安全事故，成本超出预算，资金周转困难，将严重影响财务管理。同样，财务管理中会计核算方法选择失误，资金管理失控，账目混乱，也无法保证项目管理顺利实施。由此可见，财务管理既依赖于项目管理也制约着项目管理；项目管理既包含着财务管理，也影响着财务管理。

二、现行项目管理中的财务管理分析

现行工程项目管理中的财务管理往往是滞后的。大多数财务管理都要等一个工程项目结束以后，再对该项目的财务状况和经营成果进行评价和分析。其结果往往是：虽然找出了差异的原因，但对最终的财务状况和管理成果却无法改变；对于项目执行过程中的异动，也无法快速做出反应，从而使做好资金管理和实现成本降低变成了一句空话。

为了改变这种现状，财务管理必须深入到项目管理的各个环节中，以项目为载体，在项目执行前将财务管理的目标和任务进行合理的分解；在项目执行的过程中灵活地实施财务管理的方法，将项目管理过程与财务管理过程有机地结合起来，并且进行有效的财务分析和控制，从而使项目执行的全过程处于最佳的运行状态，发挥资金的最佳效益，产生最佳的管理效果。

三、财务管理在项目管理中的应用及举例

（1）以项目管理为核心的全面预算管理。在项目管理开展前，实施全面预算管理，包括以货币形式编制项目在执行期内的生产成本、人工成本、期间费用以及为实现降低成本、合理调度资金拟采用的主要措施等内容。以此来控制成本和费用，可以通过节支以有效杜绝铺张浪费，以较少的耗费获得同样或更高的效益。

（2）建立项目财务管理体系。通过公司 ERP 系统建立以项目管理为核心的财务管理体系，将项目管理体系中的相关信息与财务进行对接。如分阶段对资金使用过程进行检查、监督和审核，使财务数据与项目管理数据紧密结合，保证资金按计划使用、无超支浪费，使财务数据及时反映项目状况，实现财务与项目的一体化。

（3）设计合理的财务指标。由于财务管理以项目为管理载体，财务管理部门必须根据项目的实际情况，设计一些较为科学合理的指标，从而在分析时做到有的放矢，击中要害。

（4）做好项目管理过程中的各类信息的搜集统计。信息统计可以跟踪了解项目的进展情况，掌握反应项目执行情况的第一手资料，为后续进行偏差分析提供可靠的依据。特别是对大型工程项目而言，项目工程量变化较多，如不及时统计，可能无法找到计量依据或是漏记、重记。

（5）在项目进行过程中及时进行偏差分析。偏差分析应在项目实施过程中定期进行，在统计数据的基础上与项目预算对比分析项目的超支或节约情况。偏差分析应贯穿项目实施的全过程。财务部门通过对偏差的分析，找出偏差产生原因，从而采取相应的对策，改进财务管理工作，采取针对性的措施减少或消除不利因素的影响。

（6）设立有效的内部监控。内部监控是财务管理系统中一个非常重要的系统，对项目执行有效的管理活动以及对质量进行独立的审查和评价，可以保证项目按照国家相关法律、法规及公司的制度执行。对项目财务管理活动进行审计，可以减少项目不必要的开支，以降低成本和提高经济效益。

（7）充分利用信息化管理技术，提升项目财务管理水平。随着信息技术的不断发展，应将项目管理和财务管理整合在一个平台上，实现信息资源共享，提高财务管理水平。如构建可以实现会计核算、项目财务分析、项目决策支持、项目成本管理等共同应用的综合

财务管理系统。通过综合财务管理系统提高财务信息的准确性，为决策层提供直观数据，实现较强的财务分析功能，对项目的资金流向进行有效的监督，实现公司对项目成本管理的控制。

如笔者公司承接的某景区项目管理合同，在投标阶段，财务人员就采用定量的方法，以近期类似项目的实际成本进行了成本测试，以明确项目是否能为公司带来经济效益。在确定准备投标价高于项目成本时，为公司治理层提供财务意见，确定从财务角度公司可以参与该项目的竞争。

在项目中标后实施之前，财务人员采用按实计算法编制了项目的成本预算。成本预算的编制以在投标阶段进行的成本测算为依据，力求详尽。结合项目的实际情况编制了人工成本、设备材料的资金使用计划，为项目实施中物资与资金准备提供了依据。另外，对项目执行中可能产生的期间费用，财务人员根据项目特点及项目实施经验，编制了办公费、差旅费、运输费、电话费及固定资产使用费等相关费用的预算。

在项目实施的过程中，首先，项目的财务统计人员时刻注意项目的进度，将每日完成的项目量录入公司自编的统计报表，并且每周对照计划来检查项目进度情况，跟踪及更新项目的进度情况及资金投入计划。其次，从两个方面定期进行成本分析。从成本构成方面，将人工费、设备费、材料费、管理费等费用的发生额与预算额进行成本分析，了解项目各成本的支出情况，找出了偏差产生的主要方面；从成本与进度的关系方面，通过结合人工、材料、机械等预算与实际发生额的对比分析，及时了解成本的变动情况与项目的进展情况。

这些举措都督促了项目执行人寻求降低成本的有效途径，减少实施及管理过程中的浪费，更好地规范成本开支及成本监控制度，保证了项目盈利目标的实现。

在项目完成阶段，充分利用信息化管理技术，在公司开发的管理信息系统平台上，将项目管理结合财务管理进行最终合算。一是对人工费，依据管理信息系统中上传的各项结算资料进行最终的劳务结算。二是对材料费，根据系统中记录的实施过程中所采购的材料合同、领用记录等统计，计算出各种材料的实际用量及费用，划分材料费用的归属。三是对设备费用，根据系统中记录的设备采购或租赁合同、设备使用统计表等资料核算设备费用，并合理计算设备人工费、维修费、电费、运费等费用。四是对实施过程中发生的如差旅费、固定资产使用费、办公费、运输费等现场管理的其他费用，均通过管理信息系统进行了审批，财务人员根据审批后的数据在项目结束后及时进行统计或者摊销。

项目完成后，公司组织内部审计人员对该项目进行了内部审计。主要审计了在项目实施过程中项目管理者和实施项目的各职能部门的责任及权利，以及项目的履约情况、项目的进度、项目的质量、预算与实际执行情况的对比等。

在该项目管理中，公司充分实施了有效的财务管理，从而使项目执行的全过程处于最佳的运行状态，发挥了资金的最佳效益，产生最佳的管理效果，保证了公司的盈利目标。

第四节　互联网环境下物流企业财务管理应用

"互联网＋物流"让物流业打开了无限创新的空间，使其得到了更好地发展。物流企业的发展目标是使企业成本最小化，从而实现企业利润最大化，企业的价值最大化。要实现这个目标，物流企业应该加大力度强化企业的财务管理，更好的调控物流企业的财务活动，处理物流企业的财务关系。比如云计算、大数据等的应用能够帮助企业以较低的成本得到更快的信息化的提升，适应互联网环境下物流企业的财务管理的发展。

一、物流企业财务管理的含义

广义的物流企业财务管理是指物流企业使用各种手段和方式进行企业的财务管理，处理物流中涉及的业务，比如物流财务决策，物流财务控制等。物流涉及的范围很广，并且物流行业涉及的业务类型繁多、作业的区域达至全国甚至更广，进行物流企业财务管理的主要的目的是尽可能地控制物流成本，帮助企业在最低的成本下创造顾客价值。

物流企业财务管理的好坏直接影响到企业的盈余水平。企业需要利用财务管理中各种手段增强企业物流中的原材料和制成品的利用效率，尽量减少闲置或供应不足的问题，保证企业的正常销售。

二、物流企业财务管理的弊端

（一）财务管理的灵活性不强

同一企业下，需要采用一致的财务管理体制，但是，物流企业跨空间距离广使得企业分支众多，公司内部财务的相互衔接难度加大，财务运作的时效性有待提升。虽然互联网环境下诸如云计算、大数据等能帮助企业提高财务的管理能力，但是信息的涵盖面加大，处理数据的要求更高，使得企业财务管理的运营稍显笨重。

（二）财务监督方面投入不足

物流企业本身具有业务分布广，就业职员多的特点。因此，造成物流企业的各个附设机构财务投入不足，没有完善的财务管理体制，极度缺乏财务专业人员，出现财务核算不规范，财务处理缺乏依据等情况。规模不断扩张，行业竞争力加大，需要更多专业人员的投入等等造成了企业财务与管理脱节。

（三）企业资金利用率不高

当前，现代物流企业融资艰难，企业的资金使用率成为现代物流企业财务管理的关键。然而，现代物流行业整体呈现特点为资金的使用率较低。一是在流动资金使用上，物流企业没有充分利用资金支付结算的时差；二是物流企业没有充分利用非流动资产；三是有的物流企业没有意识到资金管理的重要性，缺乏合理配置资金的能力。

三、完善物流企业财管理的方法

（一）加大财务监督力度

物流企业财务管理存在的问题，追溯其根源，主要是内部控制制度不健全，财务监督不到位造成的。要改善企业存在的此种问题，首先，物流企业应该做好物流企业管理与财务方面的对接，管理层应创设适应企业的财务体制，进行有效的内部控制，提高企业财务管理的能力。同时，企业应当增强在财务监督方面的投入，加大企业财务监督力度，使各个分部门严格遵循企业的财务制度，更好地为企业财务决策服务。

（二）灵活、高效的利用财务系统

物流企业的快速发展给企业的财务管理迎来了新的挑战，增加了管理的难度，尤其是就财务管理提供信息的实时性和可靠性提出了新要求。为了适应"互联网＋物流"的发展，物流企业应当利用信息化的工具达到财务数据的传递和共享等目的，灵活、高效的利用财务系统，了解企业的企业营运状况，做好事前预测和事中控制。

（三）提高资金使用效率

针对物流业资金利用率不高的问题，企业应当优化资金的管理方式，利用信息化的财务系统，进行财务数据的共享，分析企业资金的使用状况，并对其进行优化，避免企业进行盲目的规模扩张和投资。

物流企业财务管理关系到企业持续、良好的发展，并且在互联网背景下，物流企业飞速发展，对企业财务管理的质量要求更高，更需要其为物流企业的长远发展服务。综上所述，物流企业理当加强企业财务方面的管理，加大财务投入力度。随着互联网的普及和信息化水平的提高，使得物流企业的发展前景更为广阔。因此，财务方面的管理举足轻重，各方应当给予足够的重视。

第五节　财务实时稽核在电网企业财务管理的应用

电网是与人们的生活息息相关的基础能源服务行业，电网企业内部的管理健康与否关系到人们的正常生活状况。电网企业要想在不断变化的社会环境中稳定发展，除了要保证企业外部的工作顺利进行，还要确保内部的财务管理的透明，公司管理层就需采取有效的管理措施来对内部的财务信息进行管理。本节主要讨论了电网企业内部的财务管理以及企业内部的财务实时稽核方式。

一、财务实时稽核的现实意义

近年来，依法治国目标不断加强，法治中国建设日趋完善，经济发展也步入新常态，依法治企要求愈来愈高，不断提高依法治企、依规理财水平是财务战线落实"三严三实"的必然要求。随着电力改革浪潮深入推进，外部监管压力持续加大，电网作为自然垄断行业，社会关注度较高，各类外部监管的频率和力度明显加大，舆论监督压力越来越大，这对电网企业依法治企和规范管理提出了更高的要求。

会计工作包含反映和监督职能，随着社会经济的不断发展，监督职能越来越重要。财务实时稽核的开展，是对企业自身的评估、分析和完善，可以及时的发现内部的问题和潜在的安全隐患，促使企业采取相应的解决措施，做到信息实时反映、过程实时控制、结果实时监督，全面提升企业财务的实时反映、控制、监督能力，服务企业内部管理需求、适应外部监管。

二、财务实时稽核工作开展的保障

（一）有据可依，完善财务实时稽核制度

建立完善的监督管理机制是企业发展的保障。在电网企业来说，财务管理的实际工作有很多的方面和环节，期间会出现很多的漏洞和薄弱的环节，完整的财务稽核机制不但能够有效地提高财务的稽查水平，还能够提高企业的财务管理能力，提高电网企业的发展水平和质量。

（二）确保执行，制定完善的财务实时稽核计划

制定详细的实施计划不但可以确保财务实时稽核工作的顺利开展，而且能够提高实际的工作效率。完善的稽核计划是工作良好开展的前提，在实际实施阶段，还要根据电网企业的实际情况，熟悉需要管理的相关内容，缩小督查的选择范围，提高监督的工作效率。

（三）加大培训力度，提高财务人员素质

人员素质是执行力的保障。专业化的监督团队是一个企业必须具备的，优秀的高素质的人才又是企业不断发展的精神源泉。电网企业在进行财务稽核时除了要拥有完整的体系之外，还要保证监督人员的综合素质，进一步提高财务稽核能力首先就是要保证监督人员的工作能力，开展相应的培训提高整体素质。

三、财务实时稽核工作方式

围绕年度监督工作重点，整合建立日常实时稽核与专题评价、线上监督与现场检查相结合的联合监督机制，涵盖预算、核算、资产、价格、资金、基建财务、财税、综合管理等内容，及时发现问题，准确分析成因，认真落实整改。

（一）实时在线稽核

围绕财务重点专业领域，确定稽核主题，积极利用财务信息化手段，开展周巡查、月稽核，全面查找可能存在的风险隐患和问题疑点，出具月度实时监督报告，通报问题成因及整改情况。

（二）内控专题评价

围绕年度重点检查内容确定评价专题，同时将月度在线稽核发现的重大问题线索或问题集中领域纳入专题评价范畴，开展在线评价及现场检查，深入查找问题成因，做好整改措施，并出具专题报告。

（三）财务稽核与内控评价目标一致，互为补充

开展在线稽核，利用内控评价抽样方法和技术手段，对稽核规则未涉及业务或延伸性检查问题，进行抽样测试验证；开展内控专题评价，应充分利用在线稽核发现的问题线索，结合稽核要点和检查方法，对内控抽样测试发现缺陷进行实质性检查，形成监督合力。筑牢企业依法理财的防线，促进企业管理水平提升。

四、促成财务实时稽核的工作成果

（一）积极完善和维护财务稽核的严谨性

财务稽核监督体系是个不断完善的持续性工作，如果不能够改正之前的监督体制之中出现的问题，那么对于实际的公司管理是非常不利的。所以，很多时候需要相关部门的监管，真正地做到知道问题出现的原因，之后提出相应的修改意见，保证相关企业的工作的

正常开展。另一方面，相关的部门还要帮助企业查找本身存在的问题，并且根据自身的相关经验来解决，使得财务的核算和监督做到全面的发展。

（二）业财融合，部门协同

电网企业财务与业务融合越来越深入，财务与业务信息系统集成越来越高，财务对业务反映的全面性、准确性、实时性得到显著提升。但是仍有部分业务信息处理不尽规范、个别跨业务的信息标准尚未建立有效的衔接机制、公司财务信息同时服务于内部管理和外部监管、财务会计和管理会计的界面不够清晰等问题，不利于有关业务的全过程闭环管理，如果不能做到业财融合、部门协同，这对于电网企业财务管理工作的开展将会非常的不利。

财务稽核工作是一个自我反省的良好平台，开展财务稽核工作时，企业的相关部门应该积极的配合和交流，将内部的问题表达出来，及时的沟通解决，这不仅仅是电网企业所需要的，这一透明的监督管理机制更是社会各个行业都需要的。

（三）充分利用已知数据

财务实时稽核是电网企业需要重视的问题，它对于企业的发展具有很好的促进作用，随着财务稽核体系的不断完善，很多的监督机构也加入到这一行列中来。一般来说，监督机构都会定期地对电网等企业进行财产的管理，并且在这一基础上提出相应的整改意见或建议。相关部门可以利用现有的监督数据进行进一步的审核，前期的监督数据会为之后的发展提供全面的数据，切实保证实际的监督效果。

（四）财务稽核的成果利用

财务稽核的成果要被合理的利用，并不是仅仅是个数据。相关部门在财务稽核数据的基础上进行分析和总结，全面地查找出现的原因，并且采取相应的措施来完善。对于监督数据来说，做到成果的转化也是非常有必要的，企业还需不断地完善制度，创新管理机制，最终实现财务稽核成果转化的目的，做到问题定位及时、成因分析准确、整改落实到位，确保会政策有效执行、财务管理规范高效，切实增强企业财务管理能力，有效提升企业风险防控水平。

综上所述，财务管理是一个企业的重要组成部分，财务实时监督则是财务管理能力提升的有力保障。在飞速发展的现实社会，人们的用电需求促进了电网企业的发展。但是，随着企业的不断发展，企业内部存在监督体系不完整的问题，这对于一个快速发展的企业来说是非常不利的，这也就为相关部门提出了更高的要求。电网企业开展财务实时稽核工作，在保证公司正常运转的同时再确保企业内部的监督透明化是企业现代化管理的必须要求。

第六节 公立医院综合改革背景下财务管理应用

随着经济的不断发展,公立医院改革正在深入开展,在公立医院综合改革的过程中,各大医院越来越重视财务管理在医院改革中的应用,医院的日常运营广泛涉及财务管理,构建完善的财务管理体系也是完善医院改革的一个重要的方面,在公立医院综合改革背景下,医院推进财务管理的应用,探索财务管理应用方向是当前各大医院广泛关注的工作重点。

一、公立医院综合改革背景下财务管理应用现状

(一)公立医院预算制度缺乏实际可操作性

当前,我国大多数公立医院的预算制度和预算管理仍然比较落后,在实际的执行中往往会遇到很多阻碍,导致预算执行难以跟上改革的节奏,具体分析,当前公立医院预算制度缺乏可操作性主要体现在以下几个方面。首先,从预算管理制度的制定上分析,当前的预算管理制度可操作性较弱,不能满足综合改革背景下公立医院的发展需求,广泛形式化的预算机制仅仅满足将预算强加在财务管理中的一个环节,而没有对其进行独立的分析,预算管理作为财务管理中相对独立的一个重要环节对医院的财务管理有着深远的影响,在制定预算制度的过程中,相关人员缺乏对医院发展状况的思考,也缺乏专业技能的指导,未能建立良好的预算管理理念。其次,当前公立医院在预算制度编制中忽视了实际可操作性,导致制定的机制大多数浮在管理层,并不能深入到各个部门的具体执行环节,很多时候的制度往往根据过去时间段的预算进行简要的修改,并没有根据本阶段的发展进行深入调研,这样的预算制度重视形式而忽略了实质,并不能对医院的发展起到实质性的帮助,同时,形式化的预算制度往往与实际工作脱节,也不能对实际工作起到指导作用,实际工作缺乏完善准确的预算制度的指导,可能会造成执行不当,导致财务风险的发生。最后,在预算制度的完善上,当前我国公立医院缺乏健全的预算制度,缺乏成熟的预算执行模式,对财务风险的预测、成本预算、收支管理等方面都存在制度落后的问题,同时预算制度的约束力较弱,习惯过去传统的财务模式导致改革的障碍较多,这些都不利于完善综合改革背景下医院向更完善的预算管理迈进。

(二)公立医院融资方式单一

传统的公立医院融资方式主要是依赖于政府的拨款,向银行申请贷款这两大方面,这样的资金来源相对单一,无法满足综合改革下医院的快速发展,得不到充足的资金,医院

无法建立更加完善的医疗服务体系。公立医院承担着主要的社会医疗服务，属于公益性质的机构，大量的资金无法自给自足，依靠单一的政府拨款和银行贷款无法完全覆盖支出，而且大量的贷款导致医院的负债率非常高，根据相关调查机构的调查，当前我国有很多的公立医院的负债率有50%左右，这样的不良现象给综合改革背景下公立医院的发展带来了严重的困难，造成了很高的财务风险，高风险的运营会给医院的发展带来严重的威胁，不利于公立医院的健康发展。同时，公立医院的融资结构存在结构不合理的现象，主要体现为融资渠道占比不合理，没有科学的比例，导致结构不平衡，这样导致医院的短期资金不足，资金不灵活，无法更好的保证日常业务的展开，融资结构不合理也会造成更高的融资成本，融资成本增高又回加剧医院的现金流不足，形成恶性循环，导致医院在综合改革背景下无法更快地获得稳定的现金流，无法满足医院的业务扩展。

（三）公立医院资产管理效率较低

当前，我国的公立医院在资产管理方面普遍存在管理效率低下的问题，由于公立医院的资金来源比较单一，主要依靠政府的拨款和从银行贷款，这样大量的资金用于购买医院的大型设备设施，医疗器械，改善医院的就医环境，公立医院的主要资产就是固定资产类，医院对固定资产的管理并不科学，大多数公立医院没有对固定资产计提减值准备，这样就无法完全对固定资产的价值进行资产管理，同时，在对固定资产的养护维修等方面仍然缺乏完善的维护修理方案，这样容易造成大量的浪费现象。再者，公立医院对固定资产的购买缺乏完善的决策方案，没有经过完整全面的调研、评估和决策而购买的大量设备设施导致无法充分发挥作用，出现闲置的现象，这样大大增加了医院的管理成本，资产闲置又会增加相关的支出，导致医院的资金被闲置。另一方面，医院对流动资金的管理仍然缺乏统一完善的管理模式，导致这一部分资金无法被高效的利用，发挥应有的经济价值，创造收益，这些都是公立医院在综合改革背景下的资产管理问题，需要公立医院提出切实可行的资产管理方案，提升资产管理效率。

二、公立医院综合改革背景下财务管理应用方向分析

（一）财务管理在预算管理方向的应用分析

通过对综合改革背景下公立医院预算管理现状的分析，发现当前公立医院预算制度缺乏实际可操作性，要提升预算制度的可操作性，不断完善预算制度，公立医院应该把握综合改革背景下的机遇，深入进行预算制度的改革，不断加强预算制度的可操作性，完善预算制度对实际工作的指导。首先，在理念建设层面积极推广预算管理理念，提升医院广大医务工作者和财务工作者对预算管理的重视，为预算管理在医院财务管理中的推行建立良好的思想理念基础，加强对相关工作人员的技能培训，以专业的、先进的预算技能作为工

作的指导，提升管理人员的专业能力，对工作人员进行切实可行的绩效管理，保证预算执行得到严谨全面的监督，对预算的执行进行定期的反馈和评估，对评估结果进行深入分析，找到问题对症下药，探索优化解决的办法，不断完善预算制度。其次，医院要制定完善的预算方案，包括医院整体层面的预算方案、各个科室的预算方案，从实践层面来看，医院还应该分阶段制定长期预算和短期预算方案，打造全面的预算管理体系，因为在综合改革背景下，市场变化更加快速，公立医院面临前所未有的挑战，适应市场变化需要医院从短期、长期、宏观和微观层面来完善预算管理机制，根据改革的进程和环境的变化以及医院发展的状况进行调整，使预算管理处于动态变化中，及时调节使其更适应于业务发展需要。最后，公立医院要对预算方案进行调整，去除不适合医院财务管理需要的部分，不断优化预算管理机制，重视实际评估结果，寻求对预算管理机制的反馈，从问题入手思考应对策略，不断提升医院的预算管理水平，使其能更好地适应综合改革。

（二）财务管理在融资渠道拓展方向的应用分析

通过对当前综合改革背景下的公立医院融资分析，发现公立医院融资方式普遍存在形式单一，结构不够合理以及融资成本较高等问题，为了解决这些问题，获得更加稳定的资金流，公立医院应该通过财务管理拓展医院的融资渠道，降低融资成本。首先，公立医院要寻求更多的融资方式，拓展融资渠道，随着医院综合改革的进行，国家对医院的财政补助降低，政府的拨款无法满足医院的快速发展，导致医院所需的资金更多地倾向于向银行贷款，这种单一的融资方式无法满足医院的长远发展，医院必须寻求新的融资渠道和融资模式，让资金的来源更加多元化，比如，可以通过医院良好的社会形象和声誉进行信用贷款，大型的医疗设备可以充分利用融资租赁的模式。其次，公立医院要不断提升自身的信誉和社会声誉，打造良好的社会形象，明确医院的产权结构和资产状况，获得更多的投资人信任和资金的支持，在改革的过程中，不断优化财务管理模式，优化医院的资产管理结构，及时还款，不拖欠银行贷款，杜绝违规现象，重视对医院的声誉维护，不断提升医院的综合形象，这样才能促进医院获得更加多元化的投资，拓宽医院的融资渠道。最后，公立医院在综合改革的背景下要推进财务改革，完善财务管理机制，提升医院的财务信息公开度，让更多的投资者能够了解医院的财务状况，同时，医院要加强与银行等金融机构的联系，密切沟通，做好医院与这些机构的对接工作，良好的互信机制能够帮助医院获得更多的投资，创建新型的投资融资者关系，增进彼此的了解，打造合作共赢的发展理念，为医院拓宽融资渠道。

（三）财务管理在资产管理方向的应用分析

通过对综合改革背景下公立医院资产管理效率低下的问题分析，当前我国大多数公立医院应该结合自身发展和实际的资产管理问题进行资产管理模式改革。首先，公立医院应该探索发展新的资产管理理念，比如放弃全部购买大型的医疗设备设施，采用融资租赁的方式长期租用，这样大大降低了成本支出，在对这些昂贵的医疗设备的管理维护中制定科学专业的维护管理方案，雇佣专业的管理维护团队进行设备维护保养，降低固定资产的损耗，同时对设备的使用进行全面监控和记录，做到责任到人。其次，公立医院应该对管理的固定资产的交易进行严格的检查和登记，保证每一笔收入和支出都登记在案，在相关的财务报表中对固定资产的减值准备要及时登记，保证账面的固定资产价值能够充分反映资产的真实价值，减少误差。最后，公立医院应该加强对固定资产的管理机构建设，因为当前医院的固定资产被各个科室、各个部门领用，日常使用全部由这些科室进行，但是负责设备维修保养的主要由医院的设备科进行，这样使用和维护相分离，无法全面的对设备进行沟通，医院应该改革固定资产管理结构，做到责任到人，落实相关职责，完善系统性的设备管理体系。

医院在综合改革的背景下，各级医院既遇到了良好的机遇，又面临着前所未有的挑战，加强医院在综合改革下的财务管理，将财务管理应用到医院的发展建设中是当前改革背景下医院需要不断完善的重大举措，各级医院通过建立健全财务管理体系，促进医疗改革的不断深化，为医院的可持续健康发展提供支持。

第七节　高校财务会计与财务管理的应用

从近年来开展对部分高校会计信息质量、预算管理以及"小金库"专项治理检查等情况看，高校在财务管理、财务会计等方面仍存在一些突出的问题，亟待加强管理。

一、当前高校内部财会管理存在的主要问题

（一）财会制度有待完善，财会管理缺乏有力度的依据

现如今许多高校在办学的过程中，都涉及经济业务问题，却没有相应的财务制度对其监督、管理，这样就造成了学校的财务部门不能及时处理相关问题，失去财务监督。

（二）无形资产和固定资产的价值在各高校中出现偏差

无形资产是能为使用者提供某种权利的资产，由于不具有实物形态，在我国很多高校中，其价值确认尺度难以把握，加之不进行摊销或重估，随着社会变迁和技术革新，其账面价值保持一成不变显然有失公允。固定资产在高校报表的体现上，永远都是用固定资产的原价值来体现，这样就造成了资源的严重浪费。

（三）正常的财务经费和专用补助的结构在高校中还有待完善

近年来，一些省份财政部门受生均综合定额标准过高的影响，在调整生均正常经费拨

款标准上非常谨慎。高校正常经费是指为保障高校教学和科研工作正常运转、完成各项任务而拨付的财政补助收入部分。财政资金主要用于项目的支出。专用补助是指高校为完成特定的工作任务或事业发展目标而设立的补助,在理论上专项补助是高校正常经费的补充,但在高校的实际操作中由于综合定额的限制,支出项目及维护这些资产又需要投入大量资金,就使得基本支出经费不足问题恶性循环。

二、高校中财务会计与财务管理的独立性与关联性

(一)财务会计与财务管理的独立性分析

1. 理论基础方面

财务管理学的理论基础是微观经济学理论与管理学理论;而会计学的理论基础是有关确认、计量、记录、分类汇总、加工处理和报告的会计核算理论。

2. 研究对象不同

财务管理和管理会计的研究对象都是资金,却是资金运动的不同方面。财务管理区别于管理会计的显著特征在于其主要是一种实体管理。财务管理内容应涉及机构设置,财务人员安排,外部财务环境的适应,内部财务环境的协调及资金筹集、运用、分配等方面。

3. 规范和原则方面

财务管理的规范是国家发布的有关财经法规以及企业内部财务管理制度,其工作原则是系统协调原则、平衡收支原则、适当弹性原则、比例优化原则、灵活组织原则等;而财务会计的规范则是《会计法》、会计准则(制度)、企业内部会计制度等。

4. 目标不同

会计的目标是真实、科学、准确、系统地反映企业的经济活动,为经营决策提供必要的资料、依据和信息。财务管理的目标则具有利润最大化和股东财富最大化和企业价值最大化等几种观点。两者的目标不同,一方面是由于它们各自的对象特点不同,另一方面还由于它们所欲满足的要求不同。

(二)财务会计与财务管理的关联性分析

1. 资金运动都是研究对象,与资金和价值有关

对财务管理而言,必须借助于会计信息系统所提供的信息才能执行管理的职能,实现其目标和任务,发挥作用。会计提供信息的基本目标之一就是为企业财务管理服务。

2. 是历史因素造成的

随着市场经济的不断发展,涉及会计性质的"管理活动论"、理财与会计关系的"大会计观""财会管理观"等观点盛行。但企业作为市场的主体,经济活动日趋复杂,筹资、

投资等理财活动日益重要,财务与会计之间的分工不精细便导致了各种矛盾。

三、在高校实际工作中,明确财务管理与财务会计的关系具有重要指导意义

(一)明确财会工作重要性,学习政策业务知识

①领导要重视财务管理和会计核算工作,确保财经政策执行;②各相关部门应加强财经法规和财务会计知识学习,正确把握政策,提高管理水平;③上级主管部门要加大督导力度,督促学校对存在的问题及时整改和纠正,进一步规范财务管理,避免类似问题的发生。

(二)加大会计核算力度,控制财务内部流程

①严格会计核算,合理使用往来科目,清理挂账和欠款;②加强会计基础工作,保证会计信息真实可靠;③加强对有关银行账户及资金往来的管理,禁止一户多用;④加强财务内部控制建设;⑤完善资产入账手续,及时结转固定资产。

四、财务会计与财务管理在高校实践中的有效整合

(一)指定相应的责任人并制定有效的高校内部财会管理制度

制度的制定或修改是一项复杂的工作,它所涉及的问题、制度的制定不仅涉及财务部门,更涉及学校及广大教职员工的自身利益,理应广泛征求他们的建议及意见,并反复酝酿、修改、完善,才能得到广大教职工的理解和支持,在促进高校各项工作中使财务制度建设起到作用。

(二)在固定资产和无形资产的统计上要折旧、摊销

高校应在对固定资产以计提折旧方式替代原提取修购基金的做法中增加"累计折旧"科目,采用平均年限法计提折旧,并规定各类固定资产的使用年限。无形资产则增加"累计摊销"科目,严格按照受益年限平均摊销,将折旧额或摊销额计入相关事业支出和教育成本当中。

(三)大力推广财务分析制度

高等学校财务管理工作的重要组成部分是的财务分析。学校应当按照主管部门的规定和要求,依据学校财务管理的需要,编制财务分析报告。

总之,面对越来越激烈的教育市场资源竞争和越来越复杂的财务关系,高校必须加大财务管理力度,更新观念,不断创新,充分发挥财务管理的核心作用,促使高校教育事业稳定健康发展。

第八节　管理会计与财务会计在企业财务管理中的应用

随着我国现代企业经营规模的不断扩大，为了进一步增强企业经济实力，提升企业社会影响力，很多企业关注到财务管理过程中对财务会计和管理会计的合理应用问题。财务会计一般情况下指的是现代企业对外部经济的整体控制，能够根据现代企业在运营过程中的总体趋势对外部经济情况进行分析，财务会计在管理过程中一定要精准，才能够确保自身企业对外经济活动的合理。对于管理会计而言，我们最需要看重的是对于整个企业在运营过程中内部成本控制、经济运营情况的预测等问题，由此可以看出，管理会计和财务会计本质的区别，财务会计主要是对外部经济的合理控制和分析，而管理会计则针对的是整个企业内部运营的经济情况分析和成本控制。因此，将财务会计和管理会计的优势在企业管理过程中充分发挥出来，对于更好地提升现代企业的经济水平至关重要，也是当前企业在财务管理过程中最重要的问题。

一、现代企业财务管理过程中涉及的财务会计和管理会计的联系和区别

随着我国市场经济的不断发展，很多现代企业都意识到了财务管理的重要性。但在财务管理过程中却不能很好地落实最重要的管理任务和管理职责，一些企业只是一味地去追随所谓的财务管理新理念、新潮流，不能够根据当前社会总体的发展情况以及企业在社会、行业中的地位有针对性地进行财务管理。现代财务管理过程中主要涉及管理会计和财务会计两个过程，这两个过程主要是为了进一步提高现代企业的经济运营水平。财务会计主要是对整个企业运营过程中对外经济的情况分析，并能够根据以往的经营情况进行准确预测，以更好地提高对外经济的效益。而管理会计主要的工作是对整个企业运营过程中内部的经济管理，其目的就是更好地控制整个企业运营过程中的内部成本，最大限度地控制一些不必要的开支，以更好地提升企业运营过程中的经济管理水平。由此可以看出，财务会计和管理会计是相辅相成、不可分割的整体，在企业的运营过程中两者的地位都很重要，只有将两者有机融合，才能够充分发挥出现代企业财务管理的作用，这对推动现代企业的快速发展有着十分重要的影响。

对于现代企业而言，想要进一步提高整体经济运营水平，就必须要关注到企业发展过程中的经济管理问题。经济管理问题主要是指整个企业的财务管理工作，财务管理工作涉及的财务会计和管理会计两项工作尤为重要，财务会计和管理会计两者既有相似之处，又有不同之处，在现代企业财务管理过程中应将两者融合到一起，来共同为整个现代企业的经济发展服务。财务会计和管理会计都是对现代企业的经济信息进行操作，所以说财务管

理过程中财务会计和管理会计都有信息一致性的特征。对财务会计而言，主要针对的是整个企业的外部经济，能够保持企业外部的经济体利益的平衡，能够将企业的总体经济情况进行准确的分析和预测，同时还能够对整个企业以往经济状况进行深入的分析，以为当前企业的外部经济发展提供借鉴。而管理会计面向的是整个企业的内部经济管理工作，主要是通过对整个企业内部经营的实际情况进行分析，根据企业各级管理的需求，提供更多高精确性的经济数据，为企业制定战略性计划打下坚实的基础。另外，在现代企业财务管理过程当中，财务会计和管理会计对工作人员能力的要求也有很大的不同，对于管理会计工作人员而言，不仅需要扎实的基本功，同时还需要具有较强的统计能力、较高的管理能力，能够根据现代企业的经济发展方向和发展趋势对整个企业内部的经济情况进行准确的预测，从而确保整个企业经济情况的稳定。

二、新时期应用财务会计和管理会计的情况分析

（一）我国现代企业在财务管理过程中对管理会计和财务会计综合性应用重要性分析

随着现代企业发展规模的不断扩大，涉及的人力物力资源也在不断增多，为了更好地把控整个企业的财务管理工作，优化经济资源，必须对我国现代企业财务管理过程中对管理会计和财务会计综合性应用进行深层次的分析，以深刻地认识到在财务管理过程中财务会计和管理会计融合应用的重要性。首先从现代企业内部的经济管理工作出发，管理会计主要负责对整个企业内部的经济控制和管理工作，不但需要管理会计工作人员具有较强的经济管理能力，同时还需要对整个企业的财务情况熟悉、了解，在这个过程中就会与财务会计产生融合；管理会计需要对财务会计的很多数据进行分析，才能够满足企业管理层对于相关经济数据的要求，在这个过程中，就会涉及财务会计和管理会计工作的综合性应用，需要管理会计根据财务会计的数据信息，转化为向管理层提供更多精准的经济数据信息，以利于决策、战略的制定。所以，现代企业需要关注财务管理过程中管理会计和财务会计综合性应用的重要性问题，只有将两者有机融合才能够充分发挥其应有的作用，才能够给现代企业创造更多的经济价值和社会价值。

（二）我国现代企业在财务管理过程中对管理会计和财务会计综合性应用策略的分析

目前，很多企业只是关注经济利益的获取，并没有考虑到企业的社会效益及长远发展，对于财务管理工作的重视也不够，在财务管理过程中对于财务会计和管理会计综合应用策略也缺乏深刻的认识。因此，要将财务会计与管理会计工作的综合应用落实到位，首先必须改变传统的财务会计管理理念，根据新时期现代企业总体发展计划和发展方向，充分满

足现代企业的经济建设需求,来建立具有时代感的财务管理模式。受传统财务管理理念的影响,很多人认为财务管理工作主要就是账单的管理,这并不适用当前社会经济环境下的现代企业,并没有把现代企业财务管理的主要职能发挥出来。另外,现代企业在财务管理过程中对管理会计和财务会计的综合应用,一定要遵循现代经济发展的规律和原则,循序渐进,在此基础之上,还需要根据整个企业的运营情况和发展方向、企业的长远发展目标,制定出与之相适应的现代企业财务管理工作体系,只有这样才能够确保企业中的会计工作人员能够在规定的工作流程中做好自己的本职工作,为整个现代企业的经济发展贡献力量。所以说我国现代企业在财务管理过程中对管理会计和财务会计综合性应用策略的分析尤为重要,比如说根据不同企业在不同的社会时期发展的实际情况,找到一些阻碍性因素,对财务会计和管理会计制定有效的应用对策,不断地提升现代企业财务管理水平,在此基础之上,建立健全的财务管理体系和应用策略,将现代企业管理会计和财务管理融合到一起为企业创造出更大的经济价值和社会价值。

(三)我国现代企业在财务管理过程中对管理会计和财务会计综合性应用优势的分析

当前企业在财务管理过程中仍然有很多需要改进的地方,在财务管理过程中需要落实好财务会计和管理会计的主要任务和主要职责,不单单需要管理会计和财务会计做好自身的本职工作,同时还需要现代企业在财务管理过程中能够把财务会计和管理会计结合到一起,充分发挥两者互补性的优势,来更好地推进和提升我国现代企业财务管理工作水平。由于现代企业财务工作主要是面对整个企业的外部,财务会计的主要工作就是对整个企业的外部经济体利益的权衡,财务工作人员在实际工作中将重心放在了外部经济体上,对于自身企业内部的经济情况了解甚少,因此,必须加强财务会计和管理会计工作的融合,让管理会计工作人员有更多和财务会计工作人员的接触,在长时间的工作和协作中去互相了解对方的工作。管理会计只有对整个企业的外部经济情况有所了解,才能够更好地进行相关数据的统计和分析,所以说,只有把现代企业财务管理过程中的财务会计和管理会计的特点融合到一起,发挥两者的互补作用,才能够为现代企业的经济建设贡献出一份力量。

新时期下,社会各个行业都发生了巨大的变化,许多现代企业为了进一步提升自身在社会发展环境下的竞争水平,往往都会对整个企业在运营过程中的财务管理问题进行重点研究。现阶段我国很多企业在财务管理过程中仍然有很多需要解决的问题,需要现代企业能够根据企业的整体运营情况和在社会发展环境中的地位,充分利用管理会计和财务会计的优势更好地优化现代企业的财务管理工作。为了进一步提升当前我国现代企业经济健康指数,最需要的就是合理地控制好现代企业对内和对外两大经济的资源配置,从企业自身和社会的角度考虑问题,改变现代企业财务管理效率低下的问题,全面提升我国现代企业财务管理水平,这对于增强我国现代企业经济综合实力至关重要。

第五章 财务审计概述

第一节 财务审计难点

在市场经济条件下,企业需要采取措施提高自身资金的使用效率,避免发生侵占、贪污企业财产的现象。为此,企业需要在财务审计方面加大力度。当前,随着经济的不断发展,人们的生活水平逐渐提高,为了满足人们的需求,企业需要引进新的设备,不断扩大生产规模,在这种情况下,企业的财务审计活动随之发生变化。而且,激烈的市场竞争中,因扩大生产规模,企业的财务审计工作面临新的问题。随着经济一体化进程的不断推进,为了与国际审计工作保持同步,需要企业财务管理部门对审计工作进行深入的研究分析。同时为了帮助企业提高自身的审计工作水平,以及提升财务审计能力,在组织开展审计工作的过程中,需要对当前的计算机技术、先进的审计方法等进行充分的使用。根据企业财务管理的实际需要,企业需要对财务审计工作的特点进行重点分析,确保自身财务管理工作的顺利展开。

一、企业财务审计工作实际需求

在我国,随着经济的不断发展,人们的生活水平逐渐提高,为了满足市场需求,企业需要在现有的基础上,不断扩大生产规模,在这种情况下,企业的财务审计内容随之发生相应的变化。在新的历史时期,企业的财务管理部门需要不断满足自身财务审计工作的实际需求,对自身财务审计的内容及财务审计的需求进行研究分析。在对审计工作要求进行明确的前提下,采取相应的措施,在一定程度上提高企业财务审计的效率和工作质量。在新的历史时期,通过扩大规模降低生产成本的现象在我国的市场经济中普遍存在着,在计划经济向市场经济转变的过程中,随着企业自主权的不断增大,在这种情况下,拓宽了企业的营销渠道。企业在日常经营活动中,财务管理工作量因自身配置资源、收支经费等情况呈现出不断增加的趋势。为了帮助企业实现财务管理目标,同时提高企业资金的使用效率,需要采取措施,进一步完善财务审计工作。通过建立完善的审计体系,在一定程度上帮助企业提高财务审计的工作质量,确保企业财务审计工作的顺利展开。

二、企业财务审计的难点

（一）审计人员整体素质偏低

在组织开展审计工作过程中，具备丰富的审计专业知识和会计、法律等相关知识这是从事审计工作的基础。但是目前，我国企业的审计人员普遍存在业务素质偏低的现象，并且在政策水平方面存在较大的差异。在审计人员中，既有大、中专的毕业生，也有从事财会工作的，在文化程度方面普遍较低等。在行业发展政策、财务管理等方面，对于各项规章制度和会计专业技术知识等，一部分审计人员还没有熟练地掌握。对于审计从业人员来说，距离标准化的业务工作还有很长的路要走。

（二）审计环境不理想

对于企业来说，审计就是一种监督方式，通常情况下，这种监督方式势必会损害到某些地区或群体的利益，进而导致整个企业的审计环境不太理想。首先，企业没有建立相应的规章制度，没有与政府设置的纪检监察、组织人事等部门建立审计联动机制，在一定程度上影响了审计的运用，进而不能有效落实审计的整改建议和要求。其次，法律法规不完善，惩罚责任人缺乏相应的法律依据，进而难以通过党纪政纪对违反财经纪律的责任人进行处理，在移交司法机关的各种行政案件中，对于难以通过违法违纪问题界定的案件而又不能立案，这种问题久拖不决，对其进行处罚并促其整改存在一定的难度，同时增加了审计工作的难度，并且对个别人的违纪违法行为难以进行有效的遏制。

（三）审计立法滞后

与国家审计、社会审计相比，现有的企业审计早已不能适应企业发展的需要，而企业所在地政府制定实施的一些规范性文件，缺乏法律依据，这样模糊了企业审计的法律地位，在一定程度上增加了审计工作的难度。

三、解决企业财务审计工作的具体对策

（一）对财务审计人员进行教育和培训，提高业务素质

为了满足财务审计工作的需求，财务审计工作人员必须具备较高的财务理论水平和业务技术水平，同时需要具备良好的职业道德品质。为此，财务审计单位针对这些要求，对财务审计工作人员进行教育和培训：选拔业务骨干到高校或专业结构进行系统学习；根据自身的实际情况，在条件允许的情况下，聘请行业专家进行业务辅导。另外，企业财务管理部门需要对财务审计人员进行政治业务培训，建立相应的规章制度，严格要求从业人员

持证上岗，同时对从业人员进行定期的考核，对于考核不合格财务人员进行淘汰，通过上述举措在一定程度上确保财务审计人员不断提升自身的修养，从而建立一支高素质的财务审计队伍。

（二）优化财务审计环境

首先，财务管理部门需要与其他部门加强沟通和交流，进一步获得其他部门的支持，这是财务管理部门有效开展财务审计工作的关键。其次，对财务审计的重要性进行大力宣传，努力争取社会各界对财务审计工作的认可和支持。再次，财务管理部门需要与执法机关进行主动的沟通，在财务审计过程中，对于发现的重大违纪、违法现象，及时移送纪检、司法机关，切实发挥审计工作的监督作用。

（三）建立和完善财务审计管理体系

在新的历史时期，为了确保企业满足财务审计工作的需要，对于财务管理部门来说，需要建立和完善财务审计体系，提高资金的使用效率。在日常经营过程中，为了满足市场需求，企业需要不断扩大生产规模，在这种情况下，企业财务管理部门需要采取措施，不断完善传统的财务审计管理体系。同时，随着生产规模的不断扩大，企业的人员数量急剧增加，这时对基层管理人员的素质提出更高的要求，因此需要不断完善审计工作内容。通过建立和完善审计管理体系，帮助财务管理部门提高审计管理能力和审计效率，并且在一定程度上对财务审计工作进行指导。

（四）明确财务审计工作重点，提高审计工作质量

在激烈的市场竞争中，企业为了实现自身的生存与发展，在经营过程中，需要研究分析财务审计工作的难点，同时在组织开展财务审计工作时，重点突出财务审计工作，并且给予一定的人为倾斜。为了有效使用企业现有资金，在使用资金的过程中，需要满足财务审计工作的实际需要，并且采取措施确保资金使用的合法性，同时借助预算、审计等方式，在一定程度上切实维护资金使用的科学性、合理性。在新的历史条件下，为了帮助审计部门实现财务审计工作目标，需要综合分析财务审计工作存在的难点，进一步明确财务审计工作的内容，并且以此为基础，重点做好财务审计、专项资金审计等工作。

综上所述，在激烈的市场竞争中，企业需要结合自身的实际情况，高度重视财务审计工作。通过对企业财务审计工作中存在的难点进行研究分析，进一步明确企业财务审计工作的重点，同时以此为基础，对企业的日常经营活动、财务管理工作等进行指导。在新的历史时期，需要对企业的财务审计工作进行改革和创新，在一定程度上弥补我国企业传统资金来源单一的不足。以此为基础，建立和完善审计制度，组织开展审计改革、创新工作，同时以财务审计为核心，进一步推动企业的持续发展。

第二节 财务审计的必要性及风险

具有部分执法监督和社会管理功能的行政事业单位，其财务审计工作在行政事业单位的职能发挥方面具有重要的作用。而现今，我国行政事业单位的体制在不断地进行着改革，行政事业单位的职能也在不断完善，与此同时，对财务审计工作的要求也在不断提高。为了科学规范财务与审计的工作流程，确保财务审计数据与相关报告的真实可靠性和健全内部财务审计机制，落实财务审计工作显得尤为重要。

作为行政事业单位，财务管理工作的严格规范是理所应当的。而在此之中，财务审计工作的重要性尤其突出。财务审计的充分利用有助于行政事业单位在经济往来账户的管理，有助于良好的财务管理环境的形成，有助于行政事业单位固定资产的管理。在时代不断发展、经济不断革新的现代社会，行政事业单位也在随着变化而变化，而面对这种日新月异的变化速度，财务审计的实施则显得更加必要和紧迫。为了更好地促进提高行政事业单位的财务管理水平和资金使用效益，维护国有资产的安全，保障人民利益和国家利益，严格规范的财务监督机制的重要性不言而喻，财务审计对行政事业单位的影响也显而易见。

一、行政事业单位财务审计应用中存在的风险

虽然与现代经济社会相适应的财务审计已经被应用在我国的部分行政事业单位的财务工作中，但是这些行政事业单位有部分硬件或软件达不到正常应用财务审计的相关要求。比如：财务审计机构设置的依赖性太强、财务审计相关工作人员对财务审计工作认识不清晰明确、财务审计制度尚未健全等。这些方面的不足都使财务审计在应用中存在一定的风险。

（一）财务审计机构设置依赖性太强

我国当前大多数行政事业单位在对待财务审计机构的设置问题上都是不够重视的，因而财务审计就都是被纳入事业单位的内部纪检部门或者是财会部门，财务审计部门被作为独立部门设置的做法少之又少，这使得财务审计部门的主要功能得不到有效发挥。

（二）对财务审计工作认识不清晰明确

我国的部分行政事业单位对财务审计工作的认识还不够全面清晰，因而对财务审计工作也没有一个明确的定位，继而使财务审计工作显得形式化而不具备实际意义。

（三）财务审计制度尚未健全

作为一项规范性与专业性较强的工作，财务审计工作在行政事业单位的开展中得不到

充分重视，其严格并且规范化的业务操作被偷工减料或是敷衍了事。从我国当前的财务审计工作的实施状况来看，财务审计制度尚未健全这一弊端愈来愈显露。在财务工作围绕的范围、财务审计的程序、财务审计的分工、财务审计的内容以及财务审计的报告等方面都体现了财务审计制度的不完善、不健全。

（四）财务审计工作缺乏必要的执行力

在行政事业单位的设置依赖性太强独立性不足的情况下，单位在财务审计中的执行力度必然不足。据调查显示，我国大多数的财务审计的主要方向都只是单纯地对财务进行审计而未对单位的财务起到警醒的作用，这就在一定程度上对单位的管理造成较为严重的影响。而管理者对财务审计工作不够重视也是导致审计工作缺乏执行力的因素之一。

（五）财务审计人员的综合素质有待提高

目前，我国行政事业单位中大多数财务审计的工作人员只是对审计专业知识较为了解，对财务软件认识以及计算机操作能力有所欠缺。再者，财务审计工作是财务与审计这两部分内容的结合，二者之间的关联性较强。但现在的大部分的行政事业单位将这两者的关联性削弱了，两者呈现相分离的状态，这十分不利于财务审计工作的开展。

二、优化行政事业单位财务审计的措施

（一）合理配置财务审计人员

行政事业单位内部财务审计的内容和对象等随着各种体制的改革而变化着，由此，财务审计人员除了要具备应有的专业知识以外，还需要熟练掌握会计、工程预算、税务以及相关的法律知识等诸多的内容。这就对财务审计人员的要求太多严苛，甚少人员能同时具备这些能力，因而行政事业单位应根据自身的需要去配置优秀的会计师、工程师、审计师以及律师等。

（二）加强对财务审计工作性质的认知

随着我国社会的不断发展，财务审计与行政事业单位管理的关系越来越密切，由此单位务必要足够重视财务审计工作及其风险。行政事业单位的管理者应多强调财务审计工作的重要性，引起员工对财务审计的重视，从而认清财务审计的工作并明确财务审计的工作性质。应将行政事业单位内部审计机构进行重新定位，行政事业单位的存在目的是在一定经费保障下履行国家赋予的公共管理职能，如何有效实现这一目标很大程度上取决于单位的控制环境，财务审计正是行政事业单位改善内部控制，加强内部监督的有效方法之一。通过财务审计对单位存在风险、控制进行经常性的审查、分析及其评估，提高行政事业单位的资金使用效益，防范腐败等行为，不断提高单位控制环境，确保职能目标的实现。因

此要多渠道、多角度的宣传财务设计的价值，以促进行政事业单位领导层与干部职工对财务审计的认识。

（三）健全财务审计内部机制

行政事业单位在建立财务审计内部机制的时候除了要将财务审计部门与其他职能部门分设开来以外，还需要对财务审计部门人员制定工作规范，避免与其他部门建立利益关系。财务审计的工作开展要按照规范化的规章制度进行，保证财务审计报告数据的真实性。

（四）提高财务审计人员的综合素质

财务审计人员是财务审计工作开展的基础，所以财务审计人员的综合素质对行政事业单位整个财务工作具有很大的影响力。这首先就要求招聘部门在招聘选拔人才的时候应该选择录用高素质、专业性强及工作能力强的综合性人才。与此同时，对在职的财务审计人员也要进行不定期的专业知识培训和各种与审计工作相关的先进理念交流，进而推动行政事业的健康稳定发展。

由此观之，在社会不断发展的今天，行政事业单位必须重视财务审计的工作，这样才能让单位朝着健康可持续的道路发展。从财务审计对行政事业单位发展的影响上来看，加强财务审计的独立性、完善财务审计内部机制、提高财务审计人员的综合素质、规避行政事业单位腐败等问题都必须得到落实，进而才能使行政事业单位越来越规范高效运行！

第三节 财务审计的独立性

所谓审计独立性，主要指的就是审计工作人员对被审计单位保持精神方面的独立以及实质方面的独立，它是审计工作的一项最为基础的原则。所谓精神方面的独立，主要指的就是审计工作人员在开展审计过程当中，姿态保持独立，从公正客观的角度出发，自由地对审计的相关证据进行收集，根据相关标准以及原则，缜密地评价财务审计证据，严守职业道德，对各个方面的压力不屈服。目前，财务审计中独立性存在着诸多方面突出性的问题，对此应该清楚地认识到这些方面的问题，以提高财务审计独立性水平。

一、财务审计中的独立性概述

财务审计中的独立，主要指的就是审计工作人员在开展财务审计过程当中，使得自身保持独立性以及客观性，不受被审计单位及相关个人的影响。毋庸置疑的就是，财务审计中的独立性是注册会计师开展审计工作的一个十分重要的环节和途径。然而，在其开展的实际独立审计工作过程当中，往往会存在诚信方面的问题，常常忽略了相关的准则，不能仅仅体现在形式化或者表面化的层面。执行准则应该注意对该项流程及其实际本质含义等方面给予深入的认识和掌握。因此，对于财务审计工作人员，其不仅仅要确保精神方面的独立性，而且也应该从形式方面确保独立性，这样才可以获取公众的信任程度。

二、财务审计中独立性存在的问题分析

目前，市场经济发展规模日益扩大，市场经济的发展速度是空前的，那么这就为资本的趋利性营造了很好的环境，然而在揭露经济及财务等方面的舞弊案时，不再仅仅是注册会计师或者事务所，而是那些外行的媒体。为何注册会计师具备专业化的胜任水平，而未尽到审计责任呢？因此，我国注册会计师审计的独立性权益受到了高度地关注与重视。

（一）体制影响对财务审计独立性的影响较大

我国现有的会计师执业方面的经历及其目前所处的大环境，均会对财务审计独立性的实现产生深入的影响。最初的会计事务所兴办的性质为"公办"或者"官办"。这在一定程度上推动了会计师职业的发展，同时也存在一些缺陷之处，如：目前普遍存在的挂靠现象，往往会导致天然的"母子"利益关系，导致财务审计市场出现畸形发展的现象。20世纪90年代末，会计师事务所改制完成，然而这种关系也无法真正地彻底性脱钩。所以说，为了对本地会计事务所的发展进行更好的扶持，某些地方政府过多地开展行政干预工作，导致行业以及区域性垄断的产生，这就会使得会计事务所之间形成不公平甚至是恶性竞争关系，同时也会使得会计事务所所出具的财务审计报告不能与行政之间相脱钩。在这样的条件下，使得注册会计师难以保持其所特有的独立性，那么也就不能确保财务审计的质量。

（二）事后惩戒机制未能完全构建或者完全处于缺失状态

当前时期下，我国虽然在改革开放后市场经济取得了较快的发展，但是仍然处于初级发展阶段，未能构建健全的法制体系，监管手段也十分落后，且发展得不够成熟，上市企业数据造假常常很难被发现。注册会计师受到被审计单位的压力较大，那么这就会使得很多注册会计师所出具的财务审计报告数据不真实。财务审计报告数据造假成本较低，但是造假会对合作双方带来较大的经济效益，这也是财务审计报告造假现象频频发生的一个重要原因。与此同时，虽然我国相关法律法规，也对单位以及注册会计师的违规行为的行政职责、刑事职责以及民事赔偿职责等方面均有较好的规定，然而却存在着很多方面的问题，如：有法不依、执法不严等方面的问题。

（三）审计人员的审计水平有待提高

从审计水平以及审计能力的角度来看，目前很多审计人员与其他国家的审计人员存在着很多方面的差距。尤其表现在我国专业水平高、道德水平强的审计师数量非常少，而且

我国还缺乏监察以及培训等机构或部门，那么使得审计人员难以快速地促使自身的职业水平显著提升。

（四）企业经济效益会对财务审计独立性产生一定的影响

在开展财务审计过程当中，往往会存在着如下三个方面的关系，一是委托人与审计人之间的关系，二是审计人与被审计人之间的关系，三是被审计人与委托人之间的关系。在这其中，存在的一个突出性问题就在于：一般而言注册会计师不会被社会公众直接委托的，而是被审查单位会委托注册会计师，并根据审计量或者审计规模的大小给予审计师一定的酬劳。在这个过程中，就极有可能会导致财务审计独立性功能的缺失或者未构建财务审计独立性机制。在经济效益的驱动之下，注册审计师收取了委托单位的费用，但是在这其中却存在着一个突出性的矛盾点就是一面为了能减少成本而想到的是数据造假，另外一面则又要向投资者、债权人与社会公众等负责，那么就会使二者之间的关系变得十分微妙和复杂。

（五）企业对财务审计中的独立性的认可水平低下

从目前发展现状而言，目前很大一定数量的委托审计的企业或者单位对开展财务审计工作的意识水平较低，尤其是对财务审计中的独立性的认可水平较低，在很大程度上使得企业的财务审计工作效率的提高产生不利影响。出现该问题的一个重要原因就是企业管理层在财务审计独立性方面的认知程度也较小，甚至还有一些发展规模较小的企业，由于疏于管理，财务审计独立性水平普遍不高，这些企业的管理者多设置一个部门仅仅制约资金方面的浪费，那么，这就使得这些企业并未构建完善或者完备的财务审计管理制度，致使企业的管理水平显著下降。

（六）财务审计工作人员职业道德及业务素养不高

企业财务审计工作人员的业务水平的高低程度，会对企业的财务审计工作造成直接性的影响，那么也会从很大程度上影响到企业的发展前景以及社会声誉度。所以说，企业的财务审计工作需要业务水平高以及能力强的工作人员来接任。然而，截至目前，我国财务审计人员数量非常少，绝大多数财务审计工作人员的专业素质水平低下，使得这些工作人员在企业开展财务审计工作时，不仅会在很大程度上阻碍这些工作人员财务审计工作地顺利开展，而且还极有可能造成企业出现巨大的经济漏洞。

三、当前时期下强化财务审计独立性的具体举措

针对当前时期下财务审计独立性存在的突出性问题，现提出如下几个方面的强化财务审计独立性的具体对策：

（一）不断强化组织架构的完善

财务审计架构的完善主要策略包括如下几个方面的内容：①强化合伙制的会计师事务所组织体制的构建和完善。在会计事务所初期发展阶段，一般会以有限公司的形式进行，但是此种形式的会计师事务所的注册资本水平低下，对会计师事务所的长期可持续发展极为不利，也不能使得会计师树立牢固的风险防范意识，而与传统组织体制不同的是，合伙制的会计师事务所所承担的是无限的责任，合伙人的利益与会计师事务所的发展之间存在十分密切的关联性。此外，采取合伙制的组织体制形式，还能够提高注册会计师的独立性，那么财务审计的独立性也就很好地得以确保，同时所出具的财务审计报告也就更加真实、逼真，也能够使得财务审计报告具有较强的约束力，促进合作双方的良性发展，互相不损害自身的利益。②通过不断地完善公司治理结构，选择合适的会计师事务所，改变传统的政府选择模式，变化成为市场选择，那么这就有效地规避了行政干预或者政府干预对财务审计的影响。将委托人制度加以改变，将此制度变为审计委托人是企业的股东，而并非为管理当局，那么这样就能够促使股东大会发挥到极致。③促使审计市场的准入水平得以提高。对于规模较大的会计师事务所而言，其担保水平更强、更大，可以有效淡化财务审计活动的地域性色彩，从而使得由于行政干预等方面的历史因素被认为分割的局势得以有效改善，随着审计市场国际化的发展趋势越来越显著，就需要竞争水平较高的会计师事务所。

（二）强化企业对财务审计独立性的认知水平

高度重视和关注财务审计及独立性，能够在很大程度上促使企业快速、高效地发展与运营，应该意识到财务审计独立性的重要意义与价值，制定科学化以及规范化的财务审计制度，不断完善相关制度，组织审计工作人员进行培训和学习，强化对其监管力度，要求其严格地根据相应的制度来开展财务审计工作，从而保证企业财务审计工作效率水平的提升。与此同时，还应该注意财务审计工作的独立性，为其设置一个相对独立的部门，且构建一个完善和规范化的财务审计结构。

（三）加强对财务审计工作人员进行管理和再教育

财务审计工作若要高效、高质地开展，还需注重强化对财务审计工作人员的管理和再教育，企业在选择财务审计工作人员时，应对财务审计过程进行严格地把关处理，一般要选择经验丰富、业务水准高的财务审计工作人员，在确定相关人员后，还需对其开展管理以及再教育，定期地组织培训活动，不断更新和充实其专业知识储备库，那么这样就能够在很大程度上提高财务审计工作水平与质量，财务审计工作的独立性也能够得到保障。与此同时，编制出的财务审计报告不仅能够真实地反映企业的财务或者经济发展状况，而且还能够为企业投资人、参股人以及社会公众负责。在这样的合作环境下，双方均能够得到良性发展，促使企业朝着稳健的方向所发展。

（四）对会计师事务所以及注册会计师的民事赔偿责任加以明确

我国在对会计师事务所以及注册会计师的违规处罚力度方面，还尚未完全明晰。现行的《注册会计师法》虽然对行政、刑事以及民事责任进行了明确地规定，但是在操作性方面不够强。在实际应用过程当中，也只是偏重的是追究当事人的行政责任，而对民事赔偿责任的应用情况则相对较少。强化民事责任，是以牺牲注册会计师的收入作为代价，来对注册会计师行业加以约束和规范，从而使其工作更加规范，使其更为诚信。从法律的角度而言，市场的手段主要就是民事赔偿手段。

（五）强化注册会计师执业道德水平的显著提升

对于注册会计师而言，其是财务审计工作的直接实施者，其执业素质以及执业道德水平的高低，直接关乎着财务审计报告的质量。具体而言，应该采取如下几个方面的举措实现：①促使专业胜任水平的显著提升。强化会计师的再教育和在培训，从而促使其专业技术水平显著提高。基于审计市场的开放性，强化对国外注册会计师的先进经验加以学习，并严格注册会计师年检制度；定期地举办培训考试，从而在理论方面提高注册会计师的知识水平。②强化注册会计师的职业道德教育。注册会计师的职业道德水平与保持独立性是紧密相关的，所有独立性的缺失都与缺少职业道德有关。

综上所述，当前时期下财务审计中独立性存在着很多方面的突出性问题，诸如：体制影响对财务审计独立性的影响较大、缺乏严格的事后惩戒机制、注册会计师执业水平普遍不高、企业经济效益会对财务审计独立性产生一定的影响、企业对财务审计中的独立性的认可水平低下、财务审计工作人员水平低下等方面的突出性问题，这些问题对财务审计中的独立性产生了较大的不利影响。对此，应该强化采取各种相应的措施，以提高财务审计中独立性水平，让财务审计能够真正地发挥应有的作用和效力，真正地为企业所服务。

第四节　财务审计中的会计核算

在企业的经营和管理中会计工作一直是一项重要的工作，并且在企业的发展中发挥了不可替代的作用。财务审计的工作在实际的会计工作中更是重要的组成部分，它能够对企业的生产经营状况进行正确的反应。通过财务审计工作对公司的资金流动进行反映和管理，对企业管理中的财务报表等信息进行准确的判断，才能够有效地分析企业中存在的财务和资金问题，让公司采取正确的解决方法。在企业的财务管理工作中，财务审计也具有监督的功能，能够保证企业工作的正确性和准确性。同时还能够将企业的收益和资金流动进行准确的管理，在最大程度上提高企业的经济效益。

一、财务监督中财务审计的基本含义

会计的监查工作能够有效地保障基本财务会计工作的顺利进行,提高整体的财务管理水平。财务审计工作的主要内容就是对财务会计进行真实准确的记录,依照会计原则来监督和管理财务报表的真实和准确性。财务审计工作的基本出发点是对企业的财务报表进行监督,正确地反映企业的资金状况和流向。财务审计工作对企业的资产和资金进行真实的记录,利用会计监查工作实现整体的监督,主要起到的作用是防止企业的违法行为,同时也能够实现宏观调控的作用。在企业的管理中财务审计能够有效地遏制企业中违反规定和法律的行为,也能够有效地保证企业的组织管理顺利进行,为企业的发展奠定基础。财务审计属于会计科学审查,主要的研究内容为会计工作的真实记录,以帮助企业管理层透过正确的会计信息来做出正确的决定。

二、会计审计中会计核算方法

(一)勾稽关系和核对法

在审计进行查账管理的过程中,要把相关联的会计资料当作是勾稽关系的导线,并且辅之以核对法。核对法主要是指运用两种以上的书面资料来进行相关交叉对照,来核对双方是否有不同之处,以及最后计算出的数据是否正确。在进行核对的过程中就可以找到存在的相关问题,并且对所产生的问题来进行客观准确的分析,来判断相关问题造成的原因。通过这样的方式来进行问题的分析,并且运用相关的结果来准确地制定解决措施,在最大程度上降低企业的经济损失,保证企业的资金流通。

(二)账户对应关系和账户分析法

在企业经营和管理的过程中,复式记账法是会计核算方法的主要形式,在账户相互之间建立一种依存、对照的关系,这样的方式则被称作账户对应关系。在审计进行查账的流程中,把账户对应关系当作主要的关键点,并且可以多样化地运用账户分析法。账户分析法主要是建立在账户相关性的基础上,并且找出其中不合理的现象,同时能够准确、及时地发现和解决问题。在会计核算过程中,对银行的存款和借款进行系统化地分析和管理,查看相关存在的情况,为日后的检查和管理工作进行提供重要的保证,及时发现问题和提出解决措施。

(三)流程分析法

在审计工作进行的过程中,要把内部控制制度当作主体,并且在工作的过程中能够准确地运用流程控制图分析方法,然后对企业内部控制制度进行严格的审查和评价。流程分析法主要是指把审查的相关项目的内部控制图绘画成相匹配的流程图,并且通过分析整个流程图的基础,然后找到项目中存在的相关问题。这种方法的优点在于能够更加直接和全面地指导项目中存在的问题,同时进行分析然后用文字的方式来准确解决,并且能够直接使用特殊的颜色来将流程图中的错误标出,为审计人员的工作打下一个良好的基础。

三、信息时代下的会计核算方法

(一)公允价值计量

在信息化的时代,公允价值已经成为当下会计界探讨的主要内容。随着社会的发展和变化,历史成本计量和公允价值计量成为主要探讨的内容。历史成本计量法和公允价值计量方法都是两个主要方式,但是实践表明公允价值计量法的优势明显高于历史成本计量法。公允价值计量法的优势在于能够更加准确地反映企业的经营现状和负债情况。但在目前,历史计量法在企业中依旧占有主要的地位,在审计查账的过程中也依然是主要采用的核算方法。在信息化发展的时代,各种信息的数据处理已经普遍应用了会计系统,并且具有自动化这一主要特点,因此公允价值计量法在处理数据方面非常精准。

(二)移动加权平均法

在一定程度上来说,传统的会计工作中普遍都运用先进先出法和移动加权平均法,这样能够有效地保证数据的准确性,但是同样也存在一些缺点。比如说在先进先出法中,在使用货存的过程中,如果每一次使用都要对存货的价格进行计算,这样会降低系统的运行效率,同时也会降低会计核算的速度,造成审计工作的效率下降。加权平均法的有效应用,不仅仅能够减少审计人员的工作量,有效地提高工作水平和效率,节约企业的成本。在移动加权平均法使用的过程中也会存在信息不及时的缺点,这样就要求要及时对会计系统进行更新。在当下社会,跨级信息数据采集发展主要是往动态化方向,会计信息系统要及时地更新存货价格,会计系统中要实现移动加权核算的自动化,保障企业的管理顺利进行。

四、提高会计核算水平的措施

(一)要保证会计核算工作独立进行

会计核算工作的主要原则就是独立、客观、准确。企业要保证会计监查部门的独立,在企业的经营管理中实现会计监察功能。因此,要不断地提升会计核算工作的管理水平,让其能够独立进行。在企业日常的管理和经营中,要建立相应的责任机制,把会计工作的岗位进行合理划分,让每一个岗位的职责都能够准确实施;要建立好权力和责任制度,明确各个部分的责任;要保障会计核算工作能够独立进行,并且明确相关的责任制度;要实现会计核算工作和其他部门的协调,并且要保障会计核算工作的独立性,有效地提升会计核算工作的管理水平。在企业管理方面,要保证管理层能够拥有会计核算理念,提高整体的会计核算意识,并且要在企业内部完善监督体制,提升企业的监督水平,有效提升企业的经济效益,实现企业自身的发展,让企业在激烈的市场竞争中占有优势地位。

(二)提高会计核算工作的监督水平

在企业的经营管理中,管理者要准确地把握公司的实际情况,以此为出发点,不断地促进监督管理水平的提升,让监督制度能够在企业中发挥重要的作用。在协调企业的内部制度和关系中,要保证重视会计核算工作的内部监督,建设审计部门,让审计部门的工作人员对各个方面进行核算,及时发展问题和解决问题,并且也可以和相关部门配合,对会计核算工作进行全方位的监督。在管理方面要树立以人为本的管理理念,加强对企业财务人员的管理,完善企业财务管理制度和理念。

综上所述,在信息时代的背景下,企业的经营和发展面对着各种各样的风险和挑战。为了实现企业自身的可持续发展,要努力地提升会计核算工作水平。在市场经济不断发展的过程中,企业要不断地提升竞争力,完善和优化会计核算工作制度,在人员管理方面则要不断进行技能培训,提高审计人员的专业技能水平。同时要提升企业内部的监督水平,为企业的核算工作提供足够的发展空间,实现企业经济效益最大化。

第五节 企业财务审计信息管理

企业的财务审计,指的是对企业的经济项目和活动进行审计的过程。进行财务审计信息管理,是企业在社会主义市场经济大环境中的必然选择,而就目前来说,我国多数企业中财务审计信息管理工作还存在诸多问题,影响企业财务审计工作的正常进行,从而进一步影响企业的发展和进步。因此,针对存在问题实施有效策略来解决问题成为一种必要。

一、企业中财务审计信息管理工作所发挥的重要作用

随着经济的发展,企业中的财务工作日益复杂,问题也就随之变多,而要解决财务工作中潜在的风险和问题,就需要财务审计部门来进行财务审计工作。进行财务审计信息管理工作,可以有效地提高企业的经营管理水平,有利于企业的健康发展和运行。除此之外,财务审计信息管理工作,还可以在很大程度上降低企业中潜在的财务风险,财务风险是企业在整个财务活动中都有可能出现的问题,一旦问题出现,企业的经济利益和发展利益就会受到很大的影响。而在进行财务审计信息管理工作的过程中,工作人员可以对这些风险和问题进行有效的监督和管理,这样就可以降低企业出现财务问题的风险,使企业的正常

运转和长远发展有一定的保障。财务审计信息管理工作还能够引领企业的领导层对于公司的财务问题做出正确的决策。

二、目前企业财务审计信息管理过程中存在的问题

（一）企业对财务审计工作的认识不全面

目前我国有很大一部分企业对财务审计工作的认识不全面，存在一定的认知错误。企业中的领导阶层以及工作人员认为财务审计工作应该被划分到财务部门，企业中其他部门的工作不会涉及财务审计。但是事实上，对于进行财务审计工作的审计部门来说，有关财务的账务和数据能够在很大程度上体现企业几乎所有的经营活动，而企业中大部分比较重要的财务活动，最终都要落实到整个企业的投入资金和产出资金中。基于此种情况，对于企业中其他工作部门的工作流程进行审计查询，并对其财务系统中以及工作中的相关数据进行核对和分析，这些基本的工作对于企业的财务审计都有着十分重要的作用。就近几年来说，相关的监督管理机构对于企业的监管力度也有了一定的加强，要求企业将内部的财务审计结果添加到企业的年度报表中，并将报表上交到监管机构。在这种趋势下，企业审计部门的工作量就会加大，需要耗费巨大的人力和物力资源去达到监管部门对于财务审计的要求。但是，财务审计这项工作却往往不能被企业正确的认识，其他工作部门也不对财务审计工作和审计部门给予支持和理解。

（二）工作人员进行财务审计信息管理工作的专业素养尚未达到要求

在任何种类的工作中，工作人员的专业素养都在很大程度上决定了其工作质量和工作效率。同样，在企业的财务审计信息管理工作中，工作人员对于财务审计能力的掌握程度是决定企业财务审计信息管理工作质量的重要因素。但是据调查发现，目前我国多数企业中审计部门进行财务审计信息管理工作的工作人员专业素养有待提高，不能达到有关财务审计的工作要求。且根据上文分析，企业对财务审计工作的不正确认识导致企业忽视了财务审计工作的重要性，而这个问题就进而导致企业中进行财务审计的工作人员并不是只进行财务审计信息管理这一项工作，而是同时担任许多职能。这些工作人员往往不具备专业的理论知识和基本的专业素养，错误地认为财务审计工作就只是简单地将账目和数据进行核对，然后再出一份报告就好了。正是因为工作人员的专业素养不达标和对财务审计工作错误的认识，我国大部分企业的财务审计信息管理工作才会不同程度地出现问题，审计信息以及审计报告呈现出不科学合理、不客观的特点，这样就会严重阻碍了企业的长久健康发展。除此之外，大多数企业并没有针对工作人员专业素养不达标的问题对其进行培训，这就导致进行财务审计的工作人员的理论水平和专业素养不能得到及时有效的提高。

（三）企业中财务审计部门缺乏一定的独立性

要保证进行财务审计信息管理工作的企业部门的工作效率和工作质量，就要使其独立性得到一定的保证。但是，目前我国多数企业的财务审计部门缺乏一定的独立性，具体表现在财务审计部门在进行工作的过程中，会受到来自多方面的管理和限制，例如领导阶层、企业其他部门或者代理商等。就企业自身的发展来看，保证财务审计部门的独立性，有利于企业财务审计部门更高效地进行财务审计工作，增加其工作的客观性和科学合理性，这样不仅有利于增加企业的收益，使企业利益最大化，还有利于企业的长远健康发展。对财务审计部门的独立性进行评估的标准涉及三个方面，分别是财务审计部门的整体独立性、审计工作人员的独立性以及财务审计工作的独立性。有很大一部分企业不能达到这三个标准，甚至最为基础的财务审计部门的整体独立性这个标准都存在一些企业不能达到，这就导致了企业的财务审计工作不断出现各种问题。

（四）企业中财务审计部门的执行力有待加强

企业中财务审计部门的独立性与其执行力有着紧密的联系。如果一个企业财务审计部门的独立性不能得到很好的保证，那么其执行力也会因此而受到一定程度的影响，也就是执行力会有一定的减弱。除此之外，企业内部的财务审计信息管理工作除了由审计部门进行负责和管理外，还需要企业中其他的部门积极地参与进来，加强与审计部门的沟通和交流，理解和支持财务审计工作。审计部门也应该积极地通过参加与财务审计相关的会议来增强自身对审计工作的了解和掌握程度，这样才能提高财务审计信息管理工作的效率和质量。但是，由于大多数企业存在财务审计部门独立性达不到标准的问题，所以，现实中审计部门进行工作时，会遇到各种各样的问题和困难，例如，企业其他工作部门的不支持或者不配合，审计的范围受到一定限制等，这些问题都会导致财务审计部门的执行力难以得到提高。

（五）财务审计部门审计内容的全面性有待提高

我国企业财务审计部门在进行审计的过程中，审计的内容主要是对财务会计进行审计，对于财务管理其他方面的内容和工作并没有涉及很多。在企业中，一般情况下，财务的会计管理工作和财务的审计工作都是由财务部门进行管理的，因此，就会出现工作人员的岗位安排出现重合的问题，这样就会使审计工作的质量受到一定的影响，就有可能出现不公平不公正的问题，这样的情况下，企业财务审计部门的工作效率就会持续低下，难以得到有效提高。

三、加强企业财务审计信息管理的有效策略

（一）加大对财务审计人才队伍的建设力度

企业中财务审计部门的工作内容较为复杂，因此对工作人员也就有着较为严格的要求，进行财务审计的工作人员不仅要掌握扎实的理论基础和较高的专业素养，还需要有良好的职业道德修养，以及敏锐的观察能力和良好的沟通表达能力。只有达到这些要求的工作人员，才能够在进行财务审计的过程中，及时地发现问题并解决问题，这样才能将企业的利益损失降至最低。因此，综上所述，企业要加强对财务审计人才队伍的建设力度，就要从两个方面进行。首先，企业方面。企业要加强对财务审计工作人员的培训力度，尽可能多地为工作人员提供一些教育和培训的机会，例如邀请一些相关方面的专家来企业进行学术型讲座或者是专业的教师定期地来对工作人员进行指导和培训，这样有助于在企业中形成浓厚的学习氛围，有利于企业的未来发展。然后，个人方面。对于企业中财务审计信息管理的工作人员来说，要树立正确的学习意识，重视自身的能力提高，然后进一步地加强自身在财务审计方面的专业素养，在日常工作中对工作经验进行总结，查漏补缺，争取能够达到财务审计工作的工作要求。

（二）使财务审计部门的独立性得到有效保证

在企业发展的过程中，财务审计部门的独立性与审计工作的顺利进行有着十分紧密的联系。因此，财务审计部门的独立性得到有效保证，是提高财务审计信息管理工作质量的前提和基础。由上文得知，评定财务审计部门的独立性分为三个方面的标准，分别是财务审计部门的整体独立性、审计工作人员的独立性以及财务审计工作的独立性。首先，整体的独立性。具体来说，企业要尽可能地争取让财务审计部门与董事会等组织取得业务上的直接联系，使得审计的范围能够得到有效扩大，并进一步使财务审计部门获得真正的自由性与独立性。其次，审计工作人员的独立性。财务审计部门的工作人员进行审计工作的过程中，要尽可能地做到独立自主，不能受到外来的任何因素的影响，要专心致志、心无旁骛地进行审计工作。这就要求工作人员自身要树立独立的意识，还要避免出现因为受到其他外界因素的干扰而使审计工作出现差错的现象，外界因素包括有关预算的问题、考核结果的问题或者是人际交往的问题等。再次，财务审计工作的独立性。作为第三方来对企业的各项经济活动进行考查和分析评价，也要对企业内部控制的有效性进行一定的评定和分析。

（三）加大财务审计工作的工作范围

目前我国多数企业财务审计工作的工作范围仅仅被局限在对财务会计进行审计，工作

范围较为狭窄，并不利于企业长远的进步和健康的发展。因此，企业在发展的过程中，就必须加大财务审计工作的工作范围。①企业要建立专门的对企业业务进行监督和管理的业务管理部门，加强对企业中各个工作部门的监督和管理，这样有利于企业转变以往的传统落后的审计模式，使财务审计信息管理工作朝着科学、合理、乐观的方向发展。②加强对财务审计信息管理工作的预警机制，提前做好防范各种问题出现的准备，这样才能在一定程度上使得目前企业中事后审计的问题得到缓解。③改变以往企业中财务审计的传统管理办法，学习和引进其他企业先进、科学的财务审计方法和体制，使得企业中财务审计信息管理工作的质量和效率得到有效提高。

（四）将信息技术充分利用到企业财务审计信息管理工作中

随着社会的进步和科技的发展，信息技术在很多行业和企业都有着十分广泛的应用，许多行业都因为信息技术的应用而有了非常快速的发展。因此，将信息技术充分利用到企业财务审计信息管理工作中，是未来审计工作必然的发展趋势和方向。如果企业在目前的发展形势中还不能够正确认识应用信息技术的重要性，那么这个企业必然会被时代所淘汰。因此，为了将企业中财务审计信息管理的工作尽可能地进行升级和优化，企业应当积极主动地引进适合审计工作的先进的信息技术，并利用信息技术来解决目前企业财务审计信息管理工作中存在的一些问题，例如种类过多，信息内容过于复杂等问题。这样才能在财务审计部门体系中形成完整的信息技术管理系统，进而就能提高财务审计信息管理工作的质量和效率。因此，将信息技术充分利用到企业财务审计信息管理工作中，可以为企业的长远发展提供有力的保障。

（五）企业要建立完善的审计监督体系

我国很大一部分企业到目前为止并没有形成完善的针对内部财务管理的监督体系，也没有形成一定的财务审计监督体系，这样就会导致企业的财务方面容易出现一些财务风险。因此，企业要提高财务审计信息管理工作的效率和质量，就要建立完善的审计监督体系，对于财务审计信息管理工作中可能出现的问题以及风险要结合企业发展现状进行全面深刻的分析，充分利用信息技术对审计工作的整个流程和环节进行有效监督。财务审计部门也要时刻关注自身存在的问题并及时进行解决，做到履行自己的职能，为了企业的良好发展而努力。

综上所述，目前我国大多数企业进行财务审计信息管理过程中存在的问题分别有：企业对财务审计工作的认识不全面；工作人员进行财务审计信息管理的专业素养尚未达到要求；企业中财务审计部门缺乏一定的独立性；企业中财务审计部门的执行力有待加强；财务审计部门的审计内容全面性有待提高等。针对以上问题，提出加强企业财务审计信息管理的有效策略分别有：加大对财务审计人才队伍的建设力度；使财务审计部门的独立性得到有效保证；加大财务审计信息管理工作的工作范围；将信息技术充分利用到企业财务审计信息管理工作中；企业要建立完善的审计监督体系等。促进企业的健康发展任重而道远，企业要和工作人员一起努力，提高财务审计信息管理工作的质量和效率，进而为企业的发展和进步提供有力的保证。

第六节　企业财务审计的优化路径

优化企业财务审计路径、健全企业财务审计制度、逐步转变企业财务审计职能、扩大企业财务审计范围，是企业优化调整产业结构、实现创新驱动的必要条件。财务审计路径的优化，有助于提高对企业经济活动进行监督与评价的时效性，有助于对企业经济活动中的犯规行为给予指正、进行约束，从而减少企业的经营风险，提高企业经济活动的稳健性，并为市场环境下企业制定战略发展决策提供有益参考。

一、优化企业财务审计的必要性

优化企业财务审计路径，健全、完善、规范企业财务审计制度，逐步转变企业财务审计职能、扩展企业财务审计服务范围，这是新常态下企业提高经营管理水平、实现可持续发展的必由之路，也是现代化企业增强市场综合竞争实力、提高抗风险击打能力的重要手段。在市场经济环境下，良好的财务审计工作对于企业的有序稳健发展能起到防微杜渐和保驾护航的功效。一方面，优化财务审计路径可以加强对企业财政状况、收支情况和经营管理情况等的正确性、合法性、效益性等的审查和监督，这对于加快企业资金周转的灵活性、保障企业资产的安全性和提高企业经济活动的收益性等都具有积极的促进作用；另一方面，在企业长期的市场博弈中，各种风险始终陪伴在企业的左右，始终潜伏在企业财务管理的各个环节之中，优化财务审计路径，可以有效防范和降低这些风险发生的可能性，维系企业市场运行的良性发展；并且，现代企业财务审计正在逐步融入企业管理咨询服务职能，因而优化财务审计路径，还可以为企业科学发展战略的制定提供强有力的支持。

二、优化企业财务审计路径的探讨

（一）提高对财务审计工作重要性的认识

市场竞争充满复杂性，竞争过程中会不断有风险和阻力来袭，企业的市场竞争犹如逆水行舟不进则退，因此，企业领导人的眼界和格局决定了企业在市场大潮中的续航能力和续航里程。实现可持续发展，是企业在市场环境下梦寐以求的终极目标，要实现这样的目标，企业就需要不断提高市场发展综合竞争力水平。鉴于审计工作对于企业管理运营的"纠察"作用，企业领导者必须要对审计工作予以足够的重视，从企业自身的市场发展需要出发，加大对财务审计工作重要性的宣传力度，让全体职工都认识到财务审计是企业整个管理体系中必不可少的一项工作，多方改善企业财务审计的执行环境，多方优化企业财务审计的执行流程，不断提升企业财务审计工作的职能功效，促进企业财务审计工作的高质量、高效率运行。

（二）健全企业财务审计制度

要实现企业财务审计工作的高质量、高效率运行，就必然少不了相关的制度性约束作为运行的保障，因为只有制度的不容侵犯性才能为企业财务审计工作排除外力干扰奠定刚性基础。企业健全财务审计制度的目的是为了让财务审计工作运行规范，运作有序，操作有法，执行有方，企业财务审计制度的健全要建立在《中华人民共和国审计法》《中华人民共和国审计法实施条例》等国家相关法律法规的基础之上，要结合企业的具体情况，要符合企业发展的实际需要，企业财务审计制度的健全要起到规范企业财务审计流程的作用，要能够明确财务审计的工作权限和岗位责任，要能够帮助企业建立独立的财务审计监督和评价体系，要能够保证在企业财务收支、资产管理、内部控制、市场融投资以及经营发展决策等方面发挥出监管的作用。

（三）合理定位企业财务审计工作

要保证企业财务审计功效的发挥，就必须要给财务审计工作一个合理的定位。当前我国市场经济发展已经迈入新常态，企业财务审计应告别旧的观念理念，在定位上应立足于企业未来的发展方向，应专注在这期间企业经济价值的如何实现，应将服务于企业发展需要作为审计工作的出发点和目标。2013年的8月20日，我国内部审计协会就曾经修订发布了《中国内部审计准则》（以下简称《准则》），《准则》对内部审计的定义给出了明确的界定，并约定了《准则》的施行时间自2014年1月1日起。《准则》明确表明企业财务审计应以促进和加强经济管理和实现经济目标为主要任务，《准则》还细化了监督和评价各企业部门的经济活动。相较于此前，新准则定位的变化突出体现在职能结构和发展方向上。以职能结构为例，新准则突出了企业财务审计监督与评价的并行，企业财务审计从此不再只囿于监督这一单一性的职能，在发展方向上，新准则更注重从企业自身的角度出发，更注重对企业未来发展方向的支持，服务企业发展需要当仁不让地成为这一时期企业财务审计的主要目标。

（四）保障企业财务审计的独立性

企业财务审计是一项发生在企业内部的审计行为，也正是因为这种审计行为是发生在企业内部的，所以它的独立性也更容易受到侵害，因而也就更需要对它的独立性给予可靠的保障。按照国际内部审计协会（IIA）关于对内部审计定义的表述，所谓内部审计应该是指"一种旨在增加组织价值和改善组织营运的独立、客观的确认和咨询活动，它通过系统化、规范化的方法来评价和改善风险管理、内部控制和治理程序的效果，以帮助实现组织目标"。在我国著名审计学家李明辉教授看来，审计的独立性指的是"内部审计人员能够基于自身的知识、经验和技能自由地开展审计工作，不存在对内部审计人员独立判断产生重大影响的事项。"由于企业财务审计职能权利的行使需要借助于企业内部审计机构才能发挥作用，而对内部审计机构的领导权又掌握在企业的管理层，因此在财务审计工作中审计人员常常会感受到来自上方的压力也就不足为怪了，何况有时审计人员可能还要看上级的脸色行事。由于财务审计应有的独立性受到了来自企业管理者的影响，因而审计所得结果的客观公正性就会存疑，所以，要优化企业财务审计路径，就少不了要对企业财务审计的独立性予以铁的确定。

（五）引入现代信息技术手段

电子信息技术、计算机应用技术、互联网技术等新兴通信技术的发展，为企业财务审计引入现代化的技术手段奠定了科学基础。为了提高企业财务审计工作的效率、准确率，尤其是为了提高企业财务审计工作的客观性、公正性，以便更好地优化企业财务审计工作路径，企业毫无疑问的要在财务审计工作中引进这些先进的信息技术手段，借助这些信息技术手段的先进性推动企业财务审计工作的与时俱进。随着企业经济发展的不断前进，企业业务范围会更加广泛，会涉及更多的方面，企业财务审计的内容更加多样化、数量化和复杂化，所以企业在财务审计工作中引入现代信息技术手段时，务必要选择好适合自己企业财务审计要求的办公软件，形成具有自己企业审计特色的信息化审计管理系统，这样一来，现代化信息技术的引进才能达成为企业在财务审计工作中优化审计路径、防范审计风险、提高审计效率的目的，才能为企业经济发展行稳致远提供审计保障。

（六）立足新常态转变企业财务审计职能

新常态下，我国经济建设由高速增长转向中高速增长，由高数量发展转向高质量发展，经济发展动力由要素驱动转向创新驱动，在新常态下，企业要转变原有的发展理念和发展模式，要主动认识新常态、适应新常态、引领新常态。新常态下，企业财务审计工作也应尽快转变发展方向，更新审计认识，构建以经营、管理、效益、效果为主的新型审计模式，扩大审计服务领域，转变审计服务职能。随着新常态下新型企业管理制度的建立，企业财务审计工作也必须从传统的查错防弊向现代化的咨询服务职能转变，企业财务审计工作范围也应由对财务数据和会计报表的传统审计扩展到包括对企业经营、生产、质量等管理领域的审计，不仅如此，为了适应新常态下新的市场经济发展需要，企业财务审计还应通过对会计系统、管理系统、资本系统、成本系统等的监管来为企业市场经营提供风险防范咨询和风险预警服务，并为企业经营发展决策的制定提供坚实的科学实证。

第七节　财务审计工作如何提高实效性

财务审计工作是企业经营绩效模式一条重要的"生命线",在当代企业内部管理信息化更加科学、高效的同时,财务审计工作在企业管理升级过程中所凸显的矛盾已日益明显,而矛盾中的重点则是财务审计工作的实效性,故如何提高企业内部财务审计工作实效性已经成为目前亟待解决的问题。

一、突出审计重点,明确审计工作的针对目标

审计机关在对企业进行一系列的系统化审计工作时,在审计过程中要突出审计的重点,明确审计工作的针对目标,并根据重点制定切实可行的审计流程。在审计过程中,审计机关要根据企业内部实际的绩效模式,运用静态原理与动态协调相互匹配的科学流程,认真履行审计职责,强化重点,目标突出。重点加强三个方面的审计工作:

(一)加强企业政策执行审计

在审计之前,要对企业本身的经营理念、管理方式进行系统性的分析,以明确审计的切入点,同时围绕影响增效益、调结构、惠民生等制约企业经济良好运行的因素作为审计监督的重点,在审计过程中通过数据分析来查找出突出的问题,根据上述问题制定出切实可行的针对策略及针对目标,通过分析执行过程中矛盾的辩证关系,来达到动态调整,最终使得审计工作收到应有的效果。

(二)加强企业预算执行审计

审计过程中,要突出企业内部从上到下各级单位的财政预算情况,并对预算超收收入以及财政转移支付资金分配、管理、使用情况做细致的了解,对于在建、改建、扩建重大项目等方面的审计,要切实提高财政资金使用的整体合理性,杜绝人为的干预对整体企业预算的影响,使得企业的预算落到实处,企业的发展更加的健康化、明朗化。

(三)加强企业经济责任审计

审计单位要在优化审计内容、细化审评标准等细节处下功夫,要把审计升级与企业的管理升级协调起来,同时提升对权力监督和制约的掌握能力,强化管理意识,最终促进各级领导遵章守法、廉洁端正。

二、创新审计方法,提升审计工作的实际效果

随着我国企业在转型过程中管理的升级,旧有的审计方法与新型的管理模式矛盾已经愈加的明显,创新审计方法,已经成为当前审计迫在眉睫的问题。审计单位要审时度势,根据当前新形势、新环境淘汰落后的审计模式,提升审计工作的信息化、科学化,同时不断探索审计工作的新方法,使得审计工作更好地与企业现实的经营绩效模式相协调。

(一)在审计工作上做到"三核心,两重点"

即以坚持审计和审计方式相结合,全面带动细节、细节反哺整体相结合,财务审计与效益审计相结合为"三核心",以实时审计与创新审计突出发展重点,人本审计与规范审计协同行进相制约、相协调突出工作重点为"两重点"。

(二)在审计的方法方式上,要勇于创新,大胆突破

从单纯的调阅经济资料审计向调查、采集、分析"三位一体"的审计转变;从事后审计向事前、事中进行预审计转变;从纸面审计向信息化、规范化审计转变。

三、强化审计管理,增强审计工作的规范运作

审计作为一项综合性、专门性的经济监督工作,在审计过程中的审计人员要对自身的审计内容、方式负有直接的责任,如果一个审计人员在审计过程中不按照法规、规定行使其应有的权力和尽其应有的义务,那么对于审计来说,则失去了应有的作用,这不仅对于审计本身会产生深远的影响,更会对企业内部的经营产生恶性的循环,使得审计管理混乱,企业内部的经营管理得不到提高。故强化审计管理,增强审计工作的规范运作是审计工作的重中之重。

(一)要健全法规制度,规范审计行为

建立健全审计相关的法律法规,建立完善的初审、复审的长效机制,做到审计工作流程中每一项审查重点都有法可依;规范审计行为,对于审计人员要严格筛选、严格约束,在审计过程中存在的个人主义要违法必究,执法必严,杜绝利益群体的产生对企业经济造成的伤害。

(二)严格审计管理,促进审计结果具有实效性

审计管理的整体思路按照"控数量、抓质量、严管理、促实效"的总体要求,积极打造"高质量、高标准、高效益"的"精品"审计工作。切实提高审计结果的实效性,提升其在企业经营管理过程中的实际效果,尤其是在审计过程中分析出来的关键问题,要根绝

企业整体的经营思路从上到下、从整体到局部、再由局部反馈整体来客观的分析，根据企业的管理机制提出解决问题的方式和方法，并及时跟踪方式、方法的效果，动态调整，最终使得审计管理达到应有的实际效果。

四、严肃审计纪律，增强审计工作的廉洁公正

审计作为权力部门，在审计工作中要始终牢固树立正确的权力观、利益观，严格遵守国家制定的相关审计方面的法律法规，严肃审计纪律，增强审计工作的廉洁公正。

（一）严肃审计纪律

"公正执法、严格执法"是我国特色社会主义法律构架下的法律态势。审计也不例外，在审计过程中，要严格遵守和执行《审计法》和《审计准则》的要求，公平、公正、客观的开展审计工作，并对审计过程中发现的问题不隐瞒、不变更，在整个过程中要严格遵守保密制度，并且认真听取被审企业的意见和建议。

（二）严格廉洁纪律

审计部门作为监督组织的实施者，要加强以"责任、忠诚、清廉、奉献"为重点的审计文化建设，大力倡导求真务实、真抓实干的作风。不搞歪风邪气，不搞个人主义，廉洁自律，要时刻保持"廉洁是审计工作的生命线"的工作态度，并以此作为工作准绳，树立"正清、廉勇、重实效"的审计形象。

财务审计工作作为企业廉政管理重要的方式、方法，在企业管理过程中起到举足轻重的作用。在新形势下，若想让财务审计工作更加"实事求是"地发挥其固有的作用、起到应有的效果，就更要分析当前的经济形势、管理构架，只有这样财务审计工作才能更好地为经济建设做出贡献。

第六章 财务审计的创新研究

第一节 经济新常态下的基层财务审计创新

在经济全球化的深入影响下,新常态逐渐成为我国经济社会转型发展的必然趋势。为进一步完善新经济体制下财务审计工作制度机制,国家颁布了《关于完善财务审计制度若干重大问题的框架意见》等系列文件,以指导我国财务审计制度创新与改革。在改革大潮中,基层财务审计机关应不断建立健全财务审计机关职能,充分发挥基层财务审计机关作用。为此,从分析新常态对基层区域经济财务审计产生的影响入手,研究新常态下财务审计的新定位,推进基层审计工作有效适应经济新常态,建立新机制,改进新方法,打造现代化财务审计队伍,助力基层审计工作,为经济发展奠定坚实基础。

党的十八大、十九大相继召开,经济新常态成为我国经济发展的新阶段。在当前经济发展形势下,不断完善基层审计财务制度,确保基层能够独立行使财务审计监督权,已成为人们关注的焦点。我国经济体制呈现出新常态,为切实深入落实《关于完善财务审计制度若干重大问题的框架意见》,我国基层审计机关正逐步开展自我完善与探索,力求在经济新常态大背景下求得发展先机。随着经济发展新常态的不断深化,基层区域经济发展也逐步呈现出新常态环境下的强劲发展势头。基层机关财务审计工作作为基层经济内部控制、风险管理、组织治理的主要抓手,为更好地服务基层区域经济,应做好迎接挑战与机遇的准备。

健全财务审计制度,对于进一步推进创新发展与深化改革具有重要意义。这不仅使治理能力进一步得到提升,而且能够形成与之相匹配的现代化财务审计监督体制机制,只有这样,才能够促进依法治国的进一步深化,才能够促进基层依法独立行使财务审计监督职权,使这一项工作得到推进与落实,从而更好地促进基层财务审计机关在国家经济全局当中发挥重要基石作用及保障机能。

一、创新并完善基层财务审计制度

在专业领域,部分经济学专家表示,有利于技术进步的更多因素存在于制度结构当中,更好更为广阔的发展前景与进步机遇即将得到更为充分发挥。其核心是交易成本。专家认为:基层审计制度的不断完善能够有效降低资本运作及交易的成本输出,能够更为优化地配置优质资源，能够有效提升基层审计工作乃至整个经济社会的运作效率。作为国家深化改革的重要抓手，"供给侧结构性改革"的关键是满足优质需求，并为发展提供创新动力与制度改良支持。优良的制度供给能够不断完善各项制度与规则。要降低交易成本，提升经济活动利润及效率，不断切实完善基层财务审计工作制度就是一剂良方。基层财务审计制度的不断完善，不仅能够为社会提供更为完善有效的纪律监督机制，更能够有效促进各个基层单位各自完善自身的有效机制与制度改良，从而切实激发技术成分的相关因素协同作用，从而有效提升全要素生产率。在新的经济发展环境下，基层审计机构只有不断完善财务审计机制，才能更好地体现财务审计机关对于党的事业高度支持，才能够在党的事业当中焕发出新的生机与活力。

目前，经济增速普遍放缓成为我国乃至世界经济的普遍特征，我国经济发展速度也逐步从高速转为中高速增长，经济结构也从优化逐步转向要素、投资以及创新驱动战略转型。中国经济结构逐渐从基层发展的要素驱动、投资驱动转化成为创新驱动，经济增速也从高速增长转为中高速增长，形成经济发展的新常态。作为农村经济发展状况的及时报表，农村地区金融体系逐渐成为现代化经济体的核心部分，其中，农村信用社作为支撑农村经济建设的中坚力量，面临着重要的战略机遇期，需转型发展。内部财务审计是农村信用社经营发展的保驾护航者，一定要与时俱进，树立现代化管理理念，积极调整职能定位，建立科学运行机制，努力为农村信用社适应经济发展新常态做出新贡献。

二、新常态下财务审计环境有待解决的问题及新变化

时代发展催生新的理念与方法。新的创新理念不仅能够推动农村经济形势的有利发展与进步，更能够确保农村经济形势稳定，为我党在新时期下的改革攻坚提供最为基础的支持性力量。然而不容忽视的是，财务工作的科学化管理工作依然有提升水平的空间，并且在创新意识的提高上也有待进一步加强。

（一）从农村信用社的立场而言，财务工作态度及原则在创新性上有短板

（1）创新思维不活跃，经验积累不丰富，办事科学性不高，难以为日新月异的新形势提供可参考性意见。

（2）对于财务审计具体操作流程缺少行之有效的科学监督与管理，相互过程与环节之间的沟通机制还需完善。尚未建立健全与现代金融实体发展相匹配的人才储备库及资源队伍，导致财务工作偏离实际，财务指标数据失真，指标数据偏离真实数据，财务信息出现误读情况层出不穷。

（3）尚未形成以财务决策为核心的当代财务管理机制体制，范畴依旧归于传统管理。当前，基层农村信用社财务工作的开展，绝大多数是围绕着利润、财务收支、存贷款等几个方面的预期规划铺开，很少涉及有关于事前预告、预测以及事中过程的控制，较多倾向于事后核算。

（二）"十三五"时期，基层农村经济发展逐步进入新常态

基层农村信用社的各项业务发展围绕着新常态的变化，调整战略定位，推进金融创新，拓展城市业务，加强互联网与金融的融合，适时采取了立足三农、联合城市的战略举措和市场定位，构建新型财务审计的基本工作思路，加快"转方式、调结构、提质量、防风险"的经营步伐，以积极适应经济新常态。目前，转型升级正决定基层农村信用社的生死去留。当前，农村信用社已完成部分农商行改制工作，并将农村信用社体制改革预期规划公之于众，以逐步推进农村商业银行的改制工作。伴随着巨大的发展变化，农村信用社的经营管理模式也不得不随着时代的变迁而改变，新风险的不断产生成为必然趋势，对于金融风险的防范工作就显得尤为重要，鉴于此，依附于农村信用社内部的财务审计工作也将面临捉襟见肘的尴尬局面。

三、新常态下财务审计目标的变化

现代内部财务审计理论明确指出：在财务工作的内部审计环节中，内部审计、组织管理以及风险规避、控制环节应当紧密地联系在一起。财务审计的总体目标是帮助组织完成其目标，内部财务审计是组织成功的关键因素之一。在新常态下，发展转型对于基层农村信用社的发展转型，以及财务内部审计工作提出了更为严格的要求。内部财务审计不能仅停留在查弊纠错，就发现问题而论问题的层面上。内部财务审计必须站在维护长期规划、战略目标、整体利益的立场上，从完善管理制度，改革经营体制，健全运行机制等层面去发现问题，分析问题产生的深层次根源，在经营管理过程中要积极向高层汇报新的经验和做法，及时向高管决策层提供有价值的信息，从制度、体制、机制建设层面上提出财务审计建议，使基层农村信用社整体的经营运行适应经济新常态。

四、新常态下财务审计重点的变化

基层农村信用社在农村经济快速发展的环境下，经营规模快速扩张，经营效率显著提升。自 2014 年以来，基层农信社投放产能过剩行业的信贷风险逐步暴露，农副产品收购贷款风险也开始显现，不良贷款不断攀升，其经营风险影响了农信社在经济新常态下的平稳过渡。基层农信社的内部财务审计工作要积极应对行业发展变化，分清主要矛盾和次要矛盾，立足于顶层设计，改进"大而全"，应遵循财务审计方式，紧紧围绕组织的中心工作，适时调整财务审计工作重点。

（一）基层农信社内部财务审计的新变化

（1）对基层农村信用社采取分类管理和区别对待的模式，依照区联社的分类管理原则分类，有针对性地开展财务审计项目，对重点关注行社加大财务审计频率，扩展财务审

计范围，提高全区农信社整体的风险防控能力。

（2）针对基层经济发展处于发展关键期，不良贷款反弹严重的问题，财务审计工作重点应加强对信贷资金投向的关注，从源头上遏制对产能过剩、盲目投资等行业的信贷资金投入。

（3）及时对新业务产生的新风险开展财务审计，应重点审计近年来案件频发的票据业务、城市业务、互联网金融等业务，及时把风险控制在萌芽状态，避免因风险失控造成损失。

（4）突出对县市行社重大决策的财务审计，在财务审计资源有限的情况下，合力安排，统筹规划，妥善安置好点与面之间的关系，从全局出发，逐步强调突出对于重点领域、总要资金的财务审计、突出对重大决策、重要资金的财务审计监督，力求收到事半功倍的财务审计效果，有效提高财务审计工作效率。

（二）基层农信社内部财务审计的新定位

1. 从内部财务审计向行业财务审计转变。

目前，基层农村信用社的内部财务审计实行"下审一级"管理模式，即县区联社财务审计部门下审至各分社，各分社财务审计部门下审所管辖的营业网点。根据银监会要求，县区联社财务审计部门转变为行业财务审计服务中心，对于信用社内部财务审计受所在行社管辖的限制而无法解决的问题，就需要加强行业系统财务审计，充分有效地发挥县区联社的管理服务职能。搞好内部财务审计部门的职能转变，这样才能更好地划分县区联社行业财务审计服务中心与县市联行社内部财务审计部门的职责和财务审计范围。只有将财务内部审计工作与行业财务审计工作相结合，才能有效推动信用社规范经营，加强管理，稳健运行，提升整体抗风险能力，建立基层农村信用社财务审计工作的"新常态"。

2. 从监督者向服务者转变

内部财务审计正在积极调整财务审计工作角色，逐步从查错纠弊的监督者向评估咨询的服务者转变，从"对立"角色向"同行"角色转变，在实际财务审计工作中，财务审计人员逐步弱化监督的权力意识，强化组织内部的服务意识。在新常态下，基层农信社的内部财务审计作为实现整体战略目标的重要组成部门，应以服务宏观决策为宗旨，将财务审计服务始终贯穿在财务审计项目中，对财务审计监督发现的结果要充分运用财务审计服务去跟踪落实，不能简单地对发现问题进行处罚了事，而是要充分运用财务审计服务手段，从根源上剖析问题，提出具有前瞻性的改进建议，有效提高基层农村信用社的综合管理经营水平，共同实现组织的战略目标。

3. 从单一的确认功能向综合的咨询功能转换

确认功能和咨询功能，是内部基层财务审计工作所具有的独特功能。传统的内部财务审计往往侧重于发挥确认的功能，在社会经济发展新常态下，有可能出现内部财务审计工作的需要无法被确认，对于内部财务审计工作而言，就要提升其咨询功能和评估功能，要在发现问题的同时，能够及时地解决问题，对咨询服务产品的供给及服务提供个性化的温情保障，提供价值增值服务。应当将参与式基层财务审计纳入基层农村信用社的内部财务审计工作当中来，覆盖财务工作立项、报告、实施、整改的全部过程。

五、基层农村信用社内部财务审计的新发展

（一）组建区域财务审计中心

基层农村信用社是独立法人，实行县区联社行业财务审计和县市行社内部财务审计的两级管理模式，由于基层地大面广，营业机构分散，仅依靠两级内部财务审计机构不能有效地发挥内部财务审计在农村信用社经营发展中的作用。2015年县区联社按地域分布的优势组建了5个财务审计服务分中心，承担着对所管辖区域内各个地方区市基层农村信用社财务审计工作的审计、监督、评价和指导体系，承接了县区联社行业财务审计的部分工作任务，进一步强化基层财务审计工作的权威性和独立操作性，又能对县市金融机构经营发展提供贴身服务，弥补了两级财务审计中间的巨大空挡。分类管理的财务人员为基层农信社进一步优化财务审计的组织架构，构建起相对独立，分级管理的财务审计监督服务体系，为基层农村信用社适应新常态发展提供了监督机制的保障。

（二）开展内部控制评价

在经济发展的新常态下，农村信用社从快速规模扩张转向内涵式增长，从存贷利差要效益转向从内控管理要效益。其经营管理不能仅依靠经营指标数据来考核评价，而且要结合法人治理结构、风险管控能力、内部控制管理水平等进行综合评价，以提升信用社发展的持久力。目前，基层农村信用社的内部监督机制正在有条不紊地构建当中，制定统一的评价标准，使基层农村信用社自身就能"自我评估"，能客观公正地对县市联社内部控制状况及抵御风险能力进行综合测试和评价，准确定性基层农村信用社内部控制体系的健全性、有效性及全程性，因而，提出防范和化解经营风险，是提高农村信用社整体经营管理水平的有效途径。

（三）创新财务审计方法

伴随着约束力的不断完善，基层农村信用社的外部约束机制的不断加强，内部管理能力也逐步提高，传统的内部财务审计手段已经不能适应农信社经营发展需要。基层农村信用社必须加快推行计算机财务审计系统，依托全行的数据资源，采用先进财务审计方法，开展非现场分析财务审计，为现场财务审计提供重点突出、针对性强、风险集中的线索资料。实行网上动态财务审计，实现非现场财务审计监督日常化。一是实现对信用社财务核

算系统在线财务审计,强化财务收支实时监控,及时提示可疑异常交易;二是利用信贷管理系统实现信贷合同实时在线财务审计,强化合同过程控制;三是建立非现场财务审计系统与农村信用社生产系统有机结合,形成完整的财务审计数据链。

通过建立完善非现场财务审计监控平台,实现对农村信用社经营管理活动全面、动态、联网、实时的财务审计监督格局,在对电子账目或生产经营数据进行抽样、核对、分析的基础上,及时发现和纠正存在问题,强化风险预警功能,最大限度地让基层内部财务审计工作在风险管理中发挥应有作用,增强财务审计实效性,切实提高财务审计工作效率和财务审计质量,有效降低财务审计成本。

经济发展的新常态使得农村信用社的内外部经营环境发生了翻天覆地变化,基层农村信用社的运营发展也逐渐形成了一种颇具自我特色的"新常态"。基层内部财务审计作为组织实现目标的重要组成部分,基层农村信用社面临着新机遇、新挑战,必须顺应经营环境的变化,根据战略目标及时调整财务审计定位,完善管理机制,理顺管理模式,改进财务审计方法,打造现代化的财务审计队伍,最大限度地激发监督服务功能,确保基层农村信用社内部财务审计工作步步为营,更进一步激励内部财务审计工作的监督服务职能,为基层农村信用社的和谐、稳健发展提供强有力的支持与保障。

第二节　财务审计与审计业务创新的融合

评判企业是否盈利主要是看企业的利润,而企业利润的高低取决于企业的花销和通过经营而赚取的金额数有关。企业所有的经济活动,贸易往来等要通过财务体现出来,然后由专设的机关来监督企业。审计是一项工作量大耗时长的工作,需要随科技的发展来改进审计的工作流程和方法来提高审计的效率。企业的财务和审计两者是统一相互作用的,创新需要人财物的共同作用,需要用时间来证明创新的效果是否为最佳状态并且发挥做大价值。

企业在决策进行哪一项经营时会参考上一个月的支出,把不必要的项目排除出去,持续投资盈利大的项目,与此同时,增加新的项目作为实经营对象,在规定时间内对盈利的大小进行判断是否持续投资。这里就需要审计把企业的账目检查完之后把结果作为企业的参考。企业要根据审计后的结果不断地更新所要经营的项目,尽早地减少不必要的项目投资。

一、财务审计在企业中的作用

（一）核查企业经济的真实准确性

企业和公民都要自觉承担该承担的责任，每一个企业能享受到社会的任何福利都离不开自己能够为社会做的贡献，要想长久地发展，成为别人的榜样就要树立自己的品牌形象并且把自己的信仰传递给大众，凡是贪小便宜偷税漏税行为都会影响社会的进步最终影响自己的发展理念。审计员审查企业的经济业务是对企业的负责，是对社会的负责。审计员主要负责检查企业是否把所有的经营项目全部通过财务报表体现出来，企业内部的库存是否与账目表上一一对应，企业收入的来源渠道是否真实，金额是否和票据上的金额一致等等，通过一系列的常规检查促进企业按时交税。

（二）监督企业经济的合理合法性

企业在经营一段时间后如果盈利了需要上交税款，如果经营失败破产时也要走正常的法律程序。但不论企业项目经营的好坏，所经营的项目都要在法律允许的范围内，不能做违法的事情，审计员要在核查企业财务表时就要监督经济活动是否合理合法，对于不合理不合法的现象要坚决抵制，并且作为反面教材给其他企业作为警告。

二、审计业务的创新

（一）转变财务审计的模式

传统的审计方式是每个月固定的时间内专门负责企业内部的财务人员把上月的财务报表上交给审计员，审计员通过一系列的账本去核对企业所记录的项目，而企业经营的不止一个项目，核查的企业的多个内容，消耗大量的人力和时间，每个区域的都有很多家企业，而核查一家企业需要很长时间，按照传统的审计方式审计时间长，长久下去会影响企业的发展，不利于企业通过审计结果及时的改变自己的经营方向和策略。

现如今，技术发展较快，也可以把审计项目通过计算机技术来实现较少时间上的消耗。有专业的人员把需要记录的相关内容通过专门的软件设计出来，再根据需要填写的内容设计相关的计算列表完成审计员需要审计的项目。由传统的账目转换为无纸化办公，信心真实安全且记录详细全面，供审计员随时的查询与匹配检查，在一定程度上减轻工作人员的工作量以及可以尽早地将审计结果反馈给各个企业让企业调整接下来的规划。

（二）对工作人员培训提高业务能力

审计员在进行对企业财务的检查时要按照规定的流程，但这个过程耗时长，偶尔会出现错误，一般会由审计员多次检查，核对无误后签字以表示完成工作。这样的检查流程比较枯燥很容易造成审计员的厌烦心理导致工作效率低下，给审计工作带来很大的麻烦。审计员需要定时的培训，接受新的审计理论和方法，在确保准确率的基础上减少时间的浪费，可以让每个审计员总结在工作中遇到的各种问题，在遇到问题时是通过何种方法解决的以及是否有更好的解决方案，当再次遇到相同或类似的问题时以便于能更好更快地解决。审计员在上岗前会学习一定的理论基础，但在实际审计中要融会贯通的运用理论部分，如何更好地利用理论需要专业审计师对审计员的培训加强训练，不断完善审计员的专业素质，成为一名合格的审计员，当遇到各种问题甚至是突发状况都能及时应对给出合理的解决方案。

（三）进行模拟训练

企业会经常举办模拟经营，在一定市场条件下分析经营的项目能够给企业带来的利润及市场细分后需要投入的时间长短人力多少，多次的模拟会发现企业在日常的经营中存在的问题，实际经营和模拟经营又存在着很大的不同，只能通过模拟经营来降低可能在实际经营中的风险，风险降低不一定意味着企业一定能盈利，但降低风险可以减少企业的损失。审计业务同样在需要模拟训练，训练审计员的熟练程度以及提高解决问题的能力，不断的优化改进审计方法。通过模拟训练发现在审计中存在的问题及时的解决[①]。

三、财务审计的融合

财务是审计的基础，审计是对企业财务的监督。企业在财务审查完要根据审查结果及变化着的市场做出企业目标方向的优化以便适应市场的发展，提高企业的经济收入。当企业开始做强做大业务时随着收入的提高，企业也会为社会做出一定的贡献树立良好的企业形象随之会吸引更多的合伙人及业务单，就可以不断地促进企业往好的方面发展。

四、财务审计的发展

审计在经过一系列的方式有了创新时会改变审计的方式，审计的创新最主要的目的是提高审计的效率，但不论哪一种创新都需要用实践来证明，创新模式只是优化改进在审计中存在不合理的地方，但适不适合审计员的操作需要审计员真正的实践．企业在统计财务时如果利用软件技术使财务状况一目了然，利于审计员的监察并且能够便利的传送相关的信息也会为审计带来极大的便利，使两者相互作用后共同发展。

企业经营的好坏不能只从目前的盈利状况来判断，在前期投入人力物力时肯定会消耗一部分财力，在收入状况不佳时可以适当地改变经营模式，收入状况良好时可以为社会做

[①] 江昔兵．云南戈兰滩企业项目经济效益后评价研究[D]．华北电力大学（北京）华北电力大学，2016．

贡献树立品牌在大众心里的形象。审计是一项烦琐又不能马虎的工作，要有新的方法新的技术进行财务审计，要利用技术减少人员的工作量以及用最少的时间完成大范围的任务。没有最合适的方法但要根据当前存在的问题不断地改进才有利于发展。

第三节 财务管理、会计和审计关系模型的创新

中国企业一般对财务工作和会计工作不做严格划分，统称为财会工作，而且对于内部审计没有一个清晰的认识，对这三者的有机联系更不能了若指掌。这使得企业在现代企业竞争中失去了内部管理的优势，表现为分工的不细致导致各种矛盾，审计工作设计和执行不当使得会计财务工作无法高效运行。本节在现代公司治理结构背景下设计出了勾画会计、财务管理和审计三者关系的"自行车模型"。通过该模型企业可以深化对三者关系的认识，并可针对自身情况，改进自身的经营管理。

一、会计、财务管理、审计三者关系理论研究现状

财务管理与会计的关系问题是一个非常重要的财会理论问题，理论界长期并存三类观点：一是认为财务管理与会计是相互独立的，分属于两个不同的学科，理由是财务管理与会计是两种不同性质的工作；二是认为会计包括于财务管理之中，会计工作是财务工作的一个组成部分；三是认为财务管理在会计之中，财务管理工作是会计工作的一个组成部分。审计与会计的关系可以归结为会计监督与内部审计监督的关系，内审监督与会计监督是相辅相成的，内审监督的有效开展，可以弥补单位内部会计监督存在的种种不足，会计监督的有效进行又为内审监督有效开展提供了重要保证。两者的地位不同决定了各自发挥监督作用的特征不同，不能相互替代。审计与财务管理的关系是由内部审计的发展而产生的，内部审计的地位提升促进了管理审计的发展，随着管理审计的不断完善和发展，财务管理审计开始兴起成为管理审计的主要内容之一。对于会计、财务管理、审计之间的两两关系的研究文献数量很多，但是对于这三者有机关系研究却很少，而且在实践中理清这三者关系对企业的经营管理有很大的指导意义。

二、研究的假设

为了深入三者关系的研究，我们将以一个具有现代公司治理结构的企业为背景，并作以下假设：其一，公司结构健全，会计部门、财务部门、内审部门健全并分工合理明确。其二，文中所提到的审计是内部审计，内部审计部门隶属于治理层，能有效地行使职责。其三，财务假设中的管理行为和持续经营假设。这些假设虽然在现实中很难完全实现，但是却为以下分析会计、财务管理、审计提供了假设基础。

三、自行车模型阐释

财务界对财务管理、会计和审计三者的关系研究比较少，运用模型分析三者关系的更是少之又少，自行车是日常生活中常见的交通工具，但是把自行车运用到经济管理理论中研究的却不多。本节建立了自行车模型，用以分析会计、审计和财务管理的关系。

自行车的主体有三部分：前轮、车架和后轮。就是这三部分构成了一个完整的自行车，再加上附属零部件就可以前行自如了。这三部分分工明确：前轮用来掌握方向；后轮则为自行车前进提供动力；车架则将前轮和后轮联系起来并凌驾于二者之上。只有三者有机结合到一起，自行车才能很好地运行。财务管理、会计和审计的关系可以用这个模型进行分析。

四、运用自行车模型阐述财务管理、会计和审计的关系

（一）财务管理和会计的关系论述

企业财务管理是企业管理的一个组成部分，它是根据财经法规制度，按照财务管理的原则，组织企业财务活动，处理财务关系的一项经济管理工作。会计是以货币为主要计量单位，反映和监督一个单位经济活动的一种经济管理工作。

我国理论界对企业理财和会计的关系问题的认识主要有四种观点：一是大财务观，主张理财包括会计；二是大会计观，主张会计包括理财，此观点一般为"管理活动论"者所持；三是财会管理观，主张理财与会计相互融合；四是理财与会计并列观，认为理财与会计虽有交叉，但界限亦相当分明。本节主张理财与会计并列观。

这种观点从不同角度论述了财务与会计应当各自独立，不存在"谁大谁小、谁包括谁"的问题。其观点主要有：财务与会计是两个不同的概念，是两个平行名词，也是两个不同的学科，两项不同工作。从理论上讲，财务管理和会计不仅各自存在的客观基础不同，而且它们具有各自不同的性质、属性、对象和职能；从实践上看，它们属于企业（或单位）两个不同的职能部门。葛家澍教授曾经高瞻远瞩地指出，社会主义商品经济越是发展，企业的理财活动必定日益显示它的重要性，它将与企业经营活动并驾齐驱，共同影响企业的成败。葛教授的话也表明他支持财会并列观。财会并列观体现在"自行车模型"中就是：财务管理是前轮，会计是后轮。无论从理论上还是从实践上看，二者都具有一定的独立性，前轮不能包含后轮，同样后轮也包含不了前轮。财会并列观已被世界各国市场经济实际和我国目前市场经济的实践证明是正确的，是符合市场经济发展规律的。因此笔者可以断言，在不久的将来理论界必将统一在理财与会计并列观的旗帜之下。也就是说，财务管理与会计是两门不同的学科，它们之间不存在谁包括谁的问题，但是，也不否定二者之间所存在的密切联系。

财务管理与会计虽然是两个不同的事物、两个不同的学科，但它们之间却有着密切的

联系。那就是财务管理离不开由会计提供的财务信息，而会计则要密切跟踪财务活动，捕捉有关资金运动的信息，反过来为财务管理服务。财务管理离不开由会计提供的财务信息，主要体现在：会计只有提供了真实相关的财务信息，财务管理人员才能合理地调度企业的经济资源，平衡使用企业资金，从而提高资金使用效率；财务管理人员才能进行资金和财务的合理分配；财务管理人员还可以更好地了解和控制企业资金的耗费；财务预测和决策才能建立在科学可靠的基础上，从而使得财务预测和决策更加准确合理。而会计要密切跟踪财务活动，捕捉有关资金运动的信息，主要体现在：财务管理主要进行预测，为企业的投资和筹资提供一个方向，对企业的资金进行合理的管理，而会计就是做中期工作，对财务管理的结果进行核算与审核，并为财务管理的进一步发展提供有用的信息。二者的联系体现在"自行车模型"中就是：前轮和后轮是相互依赖的，共同构成自行车的两大部分。同样，财务管理和会计也是相互依赖、共同发展的，对企业的成长与壮大都有着同等的重要性。自行车前轮把握方向，就像财务管理在企业财务活动中把握方向一样，具有不可替代的重要性。自行车后轮则跟踪前轮，并为前轮以及整个车身的前进提供动力，正像会计跟踪财务管理一样，对财务管理产生的结果进行核算与监督，并为财务管理的更好发展提供有用的信息。

（二）审计和财务管理与会计的关系论述

审计是一个系统化的过程，即通过客观地获取和评价有关经济活动与经济事项认定的证据，以证实这些认定与既定标准的符合程度，并将结果传达给有关使用者。

当前，国内外审计理论界对审计与会计的关系问题，存在着多种不同的观点，主要有以下几种：第一，相辅相成、相互制约和相互促进关系论。该观点认为两者之间的关系是相辅相成、相互制约和相互促进的关系。第二，"血缘"关系论。该理论认为审计不是一门独立的学科，而是会计的组成部分，是会计派生的，应把审计列为会计的一个分支，它们之间是一种"血缘"关系。第三，事务上的同事关系论。该理论认为，审计与会计是事务上的同事关系，二者是性质根本不同的两种事物，并不存在"血缘"关系。

这些理论没有很好地概括出二者的关系。另外，当前国内外财务理论界对审计和财务管理的关系问题研究甚少，更没有提出相应的关系论。随着审计的逐步发展及其独立性的日益明显，本节认为审计是凌驾于会计和财务管理之上的，财务管理是前提（即指示方向），会计为财务管理做决策提供信息。会计和财务管理是审计的基础，审计要依靠会计资料和财务信息展开工作并且对会计和财务管理进行审核和监督。所以说，审计与会计和财务管理的关系是审查监督与被审查监督的关系，即凌驾关系论。该理论在自行车模型中的体现：财务管理是前轮，会计是后轮，审计是车架。后轮与前轮是车架的基础，车架又凌驾于后轮与前轮之上。只有当前轮、后轮和车架三者配合好，自行车才能高效地运行。对于一个企业而言，只有会计资料和财务信息真实可靠，审计工作才能简便易行；如果审计工作很到位，那么会计和财务管理工作也会有效地开展，三者互相监督，互相促进，为企业的长远发展共同发挥作用。

五、"自行车模型"的现实指导意义

（1）企业可以通过该模型深化对会计、审计、财务管理的认识，进而改进企业的经营管理。一方面通过"自行车模型"企业可以对自身进行诊断，发现企业在结构设计，职能划分上的不当之处，从而做出组织上的调整。另一方面，"自行车模型"清晰划分了三个部门各自的职责，为企业的绩效管理提供了有效的工具。

（2）加强企业财务管理内控审计。财务管理内控审计就是内部审计部门依据国家有关方针政策和法律法规，以及本单位有关规章制度，对被审计单位财务管理内部控制审计的合规、健全、完善和有效性进行的审计监督活动。财务内部控制审计可以通过审查财务内部控制体制是否健全合规，是否体现了控制和相互制约原则，有无漏洞或薄弱环节，及检查财务内控实施是否有效，发现好的经验或存在的问题，提出改进措施或建议，促进被审单位改善财务管理，提高财务工作水平和工作效率。

（3）建立一套科学合理的内部会计控制制度。根据《内部会计控制规范》，结合本单位的实际情况，制定出业务处理的具体规则和程序，实现工作过程的标准化和制度化。以完善内部会计控制制度的建设，实现审计过程的全程化。

（4）继续处理好财务管理与会计之间的关系。注重发挥会计对财务管理的监督作用，保证会计发挥服务功能，准确畅通地传递信息，并监督财务的合理合法性。

第七章 财务审计的基础模式

第一节 绩效审计与财务审计的比较

审计工作的开展成效将直接对我国的经济发展产生影响。在这一工作的实际开展过程中，财务审计与绩效审计都是常见的审计办法之一。对于我国来说，大部分审计单位都会采用财务审计为主、绩效审计为辅的方案来完成这一工作。对于前者来说，这一实际方式在我国已经有了很长时间的发展历史，但对于绩效审计来说，这一审计方式在我国的发展依然与欧美等发达国家存在一定差距。本节将通过审计要素、审计理念、审计切入点和侧重点等多方面对这两种不同的审计方式进行比较研究，以期达到我国在经济发展过程中利用财务审计和绩效审计的过程中，在方式、方法和度的把握上更加科学合理。

在我国，绩效审计和财务审计是并存的，财务审计在审计活动中占据主要的地位。在未来，我国要不断地加强绩效审计，使得绩效审计和财务审计互相分离，互相独立。目前，绩效审计和财务审计独立之间的结合只是一种过渡的表现，审计人员需要在两者进行结合的过程中找出绩效审计的有效方法和经验。

我国政府目前财务审计还是占主要位置，但是随着我国政府职能的不断变化以及社会主义经济不断地完善发展，在审计要求上也越来越全面，要求审计能够真实反映出政府的各个方面和在运营中的矛盾以及处理的办法，以专业的水平对政府经济进行评价，绩效审计的侧重点正是符合现在政府部门的需要，绩效审计和财务审计之间相互弥补。但是为了适应发展的需求，财务审计和绩效审计既要相互结合使用，也要相对独立的进行发展，而且绩效审计在发展中也会逐步的取代目前财务审计的主导地位，更好的发挥政府的审计作用。

一、基本概念的比较

财务审计是一种传统意义上的审计类型，财务审计是对政府的财务和财政的收支活动还有报告的审查，然后对政府财务收支报告和活动的真实性、公允性、合法性以及正确性进行评价的监督活动。而绩效审计则是审计人员通过使用现代技术方法，对政府部门的活动和功能就目前的效果性、经济性以及效率性进行客观的、系统的独立评价，并提出评价后要进行改善的意见，来提高政府的工作效率和为政府的有关决策方面的工作提供信息来源的过程。我们通过分析比较绩效审计和财务审计的概念可以得出,两种审计的原理都是收集被审计单位的相关经济活动和财务财政上的收支,与规定的标准进行比较,评价出与相关规定符合度,并将结果传达相关单位的过程。但是绩效审计与财务审计不同的是绩效审计注重评价审计方面的效率性和经济性而财务审计更关注审计项目的合法性和真实性。不难看出财务审计是绩效审计的基础,只有在真实合法的基础上才有意义去评价经济性和效率性,将两者进行结合审计的话可以更加全面的评价出被审计项目的经济活动情况。

二、审计要素差异比较

财务审计和绩效审计在审计目的、主体、职能、技术、方法、程序、标准、时间导向和审计对象上均存在差异。二者在产生和发展背景的差异上,主要表现为私有制的产生、财产所有者和财产经营者的分离,导致了人们迫切想要了解政府资金公共支出的流向;绩效审计产生的背景是随着我国社会经济的发展,广大公民的民主和法律意识不断加强,则由关注政府支出的合法性逐渐转变到关注政府支出的经济效益性。二者在审计目的的差异主要表现为财务审计侧重于审计项目的合法性、真实性和公允性;绩效审计更侧重于审计项目的效益性、效率性和效果性。二者在审计职能上的差异主要表现为财务审计检查、评价已成事实的财务收支活动,行使防护权、监督权和鉴证权;绩效审计主要关心的是未来经济活动的发展的效益,主要职能为创新性和建设性。二者在审计技术和方法上的差异主要表现为财务审计的审计方法一般有审阅法、查询法、复算法、核对法、函证法、调解法和盘点法,专门技术方法包括抽样审计方法、计算机审计方法和内部控制测评方法;绩效审计的审计方法有调查法、分析法、采访法和统计法。二者在审计程序上的差别主要表现为财务审计的程序为准备——实施——报告;绩效审计在财务审计的基础上,更加注重于后续审计这一过程。二者在审计主体上的差异为财务审计只要求审计主体掌握会计和审计的专业知识技能;绩效审计对审计主体的知识面要求更为广泛,特别是经济活动分析的能力。二者在审计标准上的差异为财务审计的审计标准为国家法律法规和会计准则;绩效审计的审计标准为有关法律法规、公认管理实务和相关规章制度。二者在时间导向上的差异表现为财务审计注重历史经历活动;绩效审计更看重未来的经济活动。二者在审计对象上的差异为财务审计对象是被审计单位的财务收支活动及相关会计资料;绩效审计对象是政府及其公营项目的效益或社会效益[①]。

---

① 王元生. 企业财务管理的风险控制探析 [J]. 中国管理信息化, 2015, 18(14): 55-56.

三、财务审计和绩效审计的有效结合

（一）绩效审计做法

绩效审计的难度远远高于传统的财务审计，关键是如何准确地评估被审计机构和被审计项目的社会效益。只有比较准确的计算到被审计机构和被审计项目的社会效益如何。才能估计其社会影响，最后才能对症下药，提出有建设性的建议。首先要熟悉、了解被审计机构的业务，经营活动情况，机构有否各种业务指标和工作。进行绩效审计时，也要贯彻会计的重要性原则，抓住被审计机构最重要的经营活动状况与其有关制度和控制计划——比较分析，看其是否达到预期效果。

（二）结合范围方式

在我国，财务审计的范围要远远超出绩效审计的范围。一般说来，如果经济活动涉及投入产出，那么就可以对其进行绩效审计。绩效审计的侧重点是公众比较关注的一些领域，比如专项资金审计、公共工程审计、公共支出审计和财政预算的支出审计，对这些方面展开审计活动，能够为国家节约一部分资金，同时也可以提高被审计单位的经济效益。在我国，绩效审计还做得不是很到位，还需要不断地积累经验。对于违法比较严重的单位来说，应该将穿插进行绩效审计和财务审计；对于违法现象比较少的单位来说，应该主要进行绩效审计，然后再辅以财务审计；如果一些单位之前进行过绩效审计，那么就可以直接采取绩效审计。

（三）结合实施办法

在将绩效审计和财务审计进行结合时，要合理地选择审计项目。对公共工程项目、公共预算的支出项目和公共投资项目进行审计时，要将绩效审计需求考虑在内，这样就可以大大地提高资金的使用效率。在制定审计计划时，要对绩效审计进行中长期计划。使得绩效审计有步骤、有计划地进行，同时，在编制计划时，要有重点、有针对性，并且合理地安排人力资源，避免将任务进行重复安排。此外，还要保存好审计资料。在制定审计准则时．应该将政府的审计准则分为绩效审计准则和财务审计准则，然后制定各自的报告准则、作业准则和审计内容，对政府部门实行绩效审计，需要建立科学系统的绩效审计体系。在审计程序上，如果单纯地实施绩效审计。那么就要充分收集以往财务审计中的审计证据；如果绩效审计和财务审计同时进行，那么除了要收集财务资料以外。还要搜集各种调查表、决策和各种制度规定。在审计方法和技术方面，绩效审计可以沿用财务审计的一些方法．比如分析、计算、观察和审阅，对于具体的问题，审计人员应该做具体的分析。在审计人员方面，应该加强对绩效审计人员的培训，使绩效审计人员的知识更加全面。

绩效审计以及财务审计是相互依存的，在审计活动当中财务审计占据着主要的地位。因此，在之后我国必须要不断地加强在绩效审计上的研究力度以及相关规范的制度，从而使得财务审计同绩效审计可以互相独立、互相分离。现如今，财务审计和绩效审计独立之间的结合仅仅只是一种过渡的表现，审计人员必须要在两者进行有效结合的过程之中找出可以使得绩效审计独立的有效方法和经验。

第二节　财务审计与内部控制审计整合

将财务报表审计与内部控制审计进行整合是当前内部控制审计的主要形式和普遍方法，其对于降低审计成本、提高审计质量、控制审计风险具有十分重要的意义。本节对整合审计的概念、主体、客体、目标、支撑理论及可行性等相关理论进行探讨，对整合的流程和内容进行了研究。基于以上研讨并结合我国国情，对我国的整合审计提出了相关的对策建议。

一、整合审计概述

（一）整合审计的起源

整合审计的概念起源于两项审计准则 ASNO2 与 ASNO5。进入 21 世纪以后，安然、世通等一系列具有高知名度的企业相继出现财务造假的现象，这些现象的出现一方面使财务审计工作在公众心中的形象大打折扣，另一方面使得财务审计的发展受限，举步维艰。鉴于此，2002 年美国出台了《萨班斯——奥克斯利法案》，首次提出美国上市公司的内部控制需要经过会计师事务所的审计。2004 年 3 月，PCAOB 发布 ASNO2，以配合《萨班斯——奥克斯利法案》的实施，该准则首次提出了整合审计这一概念，标志着内部控制审计与财务报告审计并重的时代开始。ASNO5 相对于 ASNO2 的变化在于进一步优化了相关的审计方法，强调穿行测试的重要性，增加对舞弊控制的评价。美国公众公司会计监督委员会提出整合审计的概念，其目的在于通过优化审计资源的配置以及更好地处理内部控制审计与财务报表审计的关系来达到增加财务报表可信度的目的。

（二）整合审计的概念

整合审计是指会计师事务所对被审计单位的财务报表与内部控制同时进行审计。会计师事务所将两项审计业务统一规划流程，删减相互重复的审计事项，以提高审计的工作效率。

1. 整合审计的主体

目前，有关整合审计主体主要存在以下三种观点：

第一种，同一事务所的同一项目组。这一审计主体选择主要应用于美国、日本。2004年3月9日美国公众公司会计监督委员会（PCAOB）发布了《审计准则第2号——与财务报表审计相关的财务报告内部控制审计》，2007年2月15日日本审计准则制定机构企业会计审议会正式发布了《财务报告内部控制的管理层评价与审计准则》及《财务报告控制的管理层评价与审计准则实施指引》，其中都明确要求内部控制审计由承担该公司财务报表审计的同一审计主体实施。同一事务所同一项目组所进行的整合审计谈判成本和沟通成本低，所以审计成本总体较低，同时审计效率较高，但效果不确定。

第二种，同一事务所的不同项目组。我国学者余潇敏认为内部控制审计和财务报表审计的工作内容、重点有所不同，由同一家事务所的不同项目组执行有利于专业分工，保证审计独立性，有利于互检对方的工作成果和相互印证，提高审计工作的效果，降低同时出具错误审计报告的可能性，最终提高审计效率。

第三种，不同事务所的不同项目组。选择这种审计主体的学者则认为，财务报表审计与内部控制审计同时由一家事务所实施会增加事务所对客户的依赖性，从而影响注册会计师的独立性，进而对审计质量产生影响，所以认为由不同事务所提供两项审计业务比较好。

三种模式仅从审计目标的实现角度来看都有明显的优势和劣势，但是如果考虑我国国情、文化背景、企业实际运行状况、经济承受能力以及会计师事务所和CPA独立性、业务能力等因素，需要重新进行选择性分析。

2. 整合审计的对象

会计师事务所接受被审计单位股东的委托，对被审计单位的财务报表和内部控制进行审计。因此，整合审计的对象是被审计单位的财务报表和与财务报表相关的内部控制。

3. 整合审计的目标

整合审计主要强调两类审计要同步进行。所以，整合审计的最终目标也应分为两点：首先，对财务报表的合规性、公平性和真实性进行全方位的评估；其次，对内部控制是否有效进行评估。

（三）整合审计的理论基础

1. 成本效益权衡理论

成本效益权衡是一种权衡投资成本与收益后做出投资决策，以寻求在投资活动中以最低成本获取最大效益的经济决策方法。成本效益权衡理论可用于整合审计的成本效益分析。分开实施内部控制审计和财务审计，将会导致审计时间延长，极大地影响被审计单位的经营活动。而实施整合审计，不仅将节省大量人力、物力和审计时间，而且可以大幅减少对被审计方的影响。显然，整合审计效益更好。

2. 协同效应理论

协同效应又称为增效作用，即让各组分有机组合，从而让其发挥出的作用大于各组分简单的叠加，即"1+1>2"。

由于财务审计与内控审计的审计结果可以相互印证，整合审计可以起到优化审计质量、减少审计费用的作用。整合审计的协同效应主要呈现在下列两点：①内部控制审计工作的结果可以作为衡量内部控制有效性的关键性指标。倘若内部控制具有有效性，便能够减少财务审计中需要实施的实质性测试。②开展财务报表实质性测试工作以后，其结果可以作为衡量内部控制审计是否有效的关键性指标。倘若财务报表中的数据不具有真实性，那么就表明与财务报表具有关联性的一系列内部控制存在很大的问题。所以，财务审计与内控审计之间存在协同效应，整合审计有助于提高审计效率和效果。

3. 权变与权衡理论

从权衡理论的角度来说，人们在进行经济业务活动的过程中会权衡、协调个人目标与组织目标的关系，使其保持一致性。从权变理论的角度来说，企业发展的环境是不断变化的，因此企业的管理活动需要适应不断变化发展的环境。根据对上述两个理论的理解，整合审计的最终目的在于实现财务信息的公允性、合规性以及维护会计信息使用者的合法权益，这有利于企业良好信誉的建立。外部经济环境是不断变化的，整合审计符合各利益相关者的需求。因此，从权变与权衡的角度来看，整合审计是合理的。

（四）整合审计的可行性

1. 具有相同点

内部控制审计与财务审计存在共同点。两类审计可以采用相同的审计模式、重要性水平和目标，且存在相同的测试项目以及相同的实施机构，这为两类审计的整合提供了可能。

2. 审计证据互为补充

内部控制审计与财务报表审计在实际工作流程上相关联，得到的审计证据可以互为补充，相互验证。财务报表审计需要实施风险评估程序，其重要环节是对被审计单位进行内部控制的考核和评价。被审计单位合理设计内部控制并有效实施后，注册会计师会进一步实施控制测试。具体在实施内部控制审计时，注册会计师需要对企业存在的财务报表重大错报对应的关键控制点进行有效控制。而在注册会计师进行财务报表审计时，会依据内部控制审计的相关结论，利用内部控制审计的结果修正实质性测试范围。由此可见，二者审计获取的证据可以相互印证，互为补充。

（五）我国实施整合审计的必要性

1. 可以提高审计的工作效率

内部控制审计和财务报表审计是相辅相成的，能够相互弥补各自的不足。内部控制审计采用自上而下的审计方法测试关键控制点,当发现存在内部控制重大缺陷时,会加强对经济业务和对应账户的测试;财务报表审计如果发现认定层次的账户余额、交易和信息披露存在错报,相应地可以反映出关键控制点可能存在一定的内部控制缺陷。整合审计的执行,提高了审计实施的效率、效果,可以保证企业经营活动的顺利进行。

2. 能够降低审计成本

如果不采用整合审计,那么两种审计需要企业委托不同的会计师事务所进行,在一定会计期间企业需要披露两种审计报告的年度财务报告,这无疑会导致被审计单位审计准备工作量大幅增加,审计费用也会上涨,审计资源会不同程度地被浪费。较之培训成本和人员选拔配备成本增加而言,整合审计的节约费用远远超过于此。

二、财务审计和内部控制审计的整合

(一)两类审计业务的整合事项

1. 重要性水平的整合

由于财务审计和内部控制审计的对象是同一家公司,内部控制的重要性水平将根据财务报表的重要程度来决定。也就是说,如果内部控制的结果导致财务报表出现重大错报,则认为该内部控制缺陷显著。因此,审计人员可以直接从财务报表的重要性水平确定内部控制的重要性水平。

2. 风险评估整合

风险导向审计模式下,内部控制审计和财务审计都要求执行风险评估程序。这两种风险评估的目的是不一样的,内部控制审计实施风险评估的目的是为了评估与财务报表相关的内部控制是否存在显著缺陷,进而可能导致财务报表出现重大错报;财务审计风险评估是评估重大错报是否存在于财务报表中。虽然这两种风险评估的目的、执行的对象、得到的结论是不一致的,但两类审计风险评估是一种前后承担关系。

在风险导向的财务审计中,审计人员首先调查、了解企业的外部环境和内部环境,识别影响企业经营活动的风险,评估内部控制对经营风险的防范效果,以及剩余经营风险对期末资产、负债影响程度;其次,检查企业是否设立了有效的内部控制制度,确保会计信息系统及时录入该会计事项,即剩余经营风险对期末资产、负债的影响;再次,检查会计信息系统的内部控制是否有效,确保企业当期的所有交易业务是按照现行会计准则及时、准确、真实记录,以确保账户的期末余额账实相符;最后,根据内部控制(包括控制环境、业务流程控制)评估的结果,针对内部控制在防范财务报表错报风险方面的不足,判断该内部控制缺陷是否会导致财务报表出现重大错报。从财务报表风险评估流程可以看出,前三个步骤与内部审计风险评估的流程完全一致,第四个步骤则是基于内部控制评估结果而实施的。

当然，采用其他分析性程序也可以对财务报表重大错报风险进行识别。当使用其他分析性程序识别出财务报表错报时，审计人员可以根据财务报表错报的原因追查出企业内部控制的重大缺陷。因此，整合内部控制审计和财务报表审计的风险评估不仅可以节省审计时间，还可以优化审计质量。

3. 审计方式整合

当处于合理的内部控制设计的情形下，内部控制审计需要对内控进行测试以获取执行的有效性，以判断其是否得到认真实施。但是，基于综合考虑审计效率和审计效果，审计人员在进行财务审计时既可以单独采用实质性测试方案（除非实质性测试不能获取充分适当的审计证据），也可以采用实质性测试与控制测试结合的综合性方案。

由于内部控制审计需要执行控制测试，整合审计应当采用实质性测试与控制测试相结合的综合性方案。此时，内部控制审计的审计结论可以充分运用于财务审计中。当内部控制审计的结论表明内部控制有效时，审计人员可减少财务审计实质性测试的数量，从而达到降低审计成本的目的。

4. 审计时间与审计资源的整合

由于人力资源有限，会计人员的审计计划可以根据审计目标、审计风险、获取审计证据的可能性来合理布置内部控制审计和财务审计的时间。一般情形下，内部控制审计主要安排在期中实施，财务审计主要安排在期末执行。

（二）不宜整合的审计事项

不宜整合的事项包括审计目标和审计报告。主要原因在于：①鉴证对象不同。财务审计鉴证的对象是财务报表及报表附注。而内部控制审计鉴证的对象是内部控制制度。②评价鉴证对象的标准不同。财务审计采用的评价标准是适用的财务报表的编制基础；内部控制审计采用的评价标准是适用的内部控制规范。③审计报告内容不同。财务审计是对财务报表是否合法、公允发表意见，而内部控制审计是对内部控制是否有效（即保证财务报告免于出现重大错报）发表意见。

对于不适合整合的事项，审计人员应当分别为财务审计和内部控制审计确定审计目标，分别出具审计意见。

三、研究建议

（一）政府监管层面

为了完善整合审计，美国接连颁布了 ASNO2、ASNO5 来不断补充和完善整合审计的具体细则。我国颁布的《企业内部控制审计指引实施意见》仅对实施整合审计的总体要求和简单层次上的操作方法做出了规定，而关于在实务中如何实施整合审计，执行的具体步骤及要求并没有涉及，对整合审计在实务中的操作没有起到指导作用。为了规范我国整合审计制度，我国政府还需要出台相关文件进行完善。

（二）会计师事务所层面

对于注册会计师而言，整合审计的出现对其专业技能提高了要求。事务所不仅要对注册会计师进行常规的如会计、审计的专业技能和执业经验等方面的培训，还应加强有关政策新规、企业的管理与运行方面的培训，从整体上提高审计人员的职业判断能力，将理论上的整合审计思路和流程与实务工作结合，使整合审计质量进一步提升。

第三节 社会监督与财务审计的客观性

自从我国加入世界贸易组织，在经济、政治等领域都取得了跨越性进步，同时对于经济全球化的影响，给各大企业的发展带来空前挑战，尤其是财务监督方面，一旦出现纰漏，便会直接影响财务管理的有序性，进而导致企业管理体系的正常运行。本节便通过文献查阅法、逻辑推理法等对财务审计展开论述，探讨财务审计监督的存在问题及必要性。

一、财务审计的准确定位

所谓财务审计就是审计机关对国有企业的资产、负债的真实性、准确性、合法性进行严格的审计监督，其监督过程遵守《中华人民共和国审计法》与其实施条例，除此之外还需遵守国家企业财务审计准则所规定的程序进行合法监督，由此对企业的会计报表信息做出真实、客观的评价，并由此形成审计报告。其审计目的便是为了使得企业财务部门有效遵守规定，依法办事，防止贪污受贿等违规问题的出现，为建设廉政社会而创造机会，加强宏观调控力度。

二、财务审计的遵循目标

（1）准确性：指对报表项目通过分析、汇总，准确的列入会计报表中。

（2）合法性：指要求财务报表的结构、程序与内容等方面都严格遵守《国家企业财务审计准则》与《中华人民共和国审计法》，其中包括对成本计算、报表合并、存货计价、销售确认等方法进行有关部门的批准，检查是否有违规项目。

（3）完整性：保障会计账簿内容里记录了在会计程序中发生的一切事情，并且在会计报表中完整列入，防止某些记录的错误与遗漏甚至对审计部门的有意隐瞒。

（4）真实性：指在财务账簿中的记录都具有真实性，确认在会计期间真实发生过，与账户记录相同，保证没有虚报资产与虚无的收入和支出现象发生。

(5）公允性：指在会计数据的处理过程中，必须保证前后所使用的数据一致，在各项目间与会计报表间所使用的相关财务数字保持一致。

审计内容包括资产负债审计内容、损益表审计内容、现金流量表审计内容、合并报表审计内容四部分。其中资产负债审计内容中，审计人员需要遵循以下注意事项：检查在资产负债表中是否与制度所提到的格式进行编制，比较本期资产负债表的每项数字，保障是否与前几期的数字有明显的变动，若无变动即为过关，核对项目与总账的科目数字是否相符，对本期的余额与发生额就行核对计算，保障计算结果无误，且数据真实可靠。若检查其中某一项有较大出入，需对项目进行重点检查，追查原始凭证等。损益表内容中，需注意损益表的项目填写是否正确、是否有漏填或填写错误的情况，其次对损益表间的数字关系进行核对，保障前后期数字保持一致，其次保障损益表与其他报表的关系，尤其是与损益表有关的产品销售成本、销售税金等。核对成本、收入、支出等数字的准确性，所得税的计算结果检查，遵守扣除金额标准等。现金流量表审计内容指对现金等价物的确定，各种活动中现金的流动量是否准备，汇率变动对流量的影响。合并报表审计内容是首先对合并报表范围进行监督，其次检查企业内部经济往来状况。

三、财务审计与社会监督的现状

（一）社会监督力度相对薄弱

由于如今的经济全球化趋势的发展，导致更多的企业面临的挑战性逐步增大。更多企业不重视对自我的监督力度，同时社会也没有足够的重视程度。在企业财务的各种程序中，往往出现财务浪费现象、财务账目混乱的局面。与此同时，对于财务监督部门，社会也没有逐步建立并完善，这便导致了对于企业财务的不合理问题不能及时发现并采取措施，使得社会不正风气助长，这样的恶性循环无法得到制止。

（二）监督人员与审计人员没有较高的专业素养

人员的专业性是一个程序乃至企业正常运行的核心力量，若没有专业素质的审核与监督人员，无法使财务体系高速有序的运行。在如今的事业单位，常常出现财务管理人员的管理不善、浪费现象等问题，说明了首先其对管理的重视程度不够。同时对于财务审计人员，有的人没有扎实的文化知识，理论实践能力不强，无法胜任工作。尤其是在现在各大高校招生人数增加的情况下，就业难的问题不断出现，同时对于专业知识的掌握程度也是层出不穷，企业竞争压力不断增加的问题下，对人才选拔的意识逐渐薄弱，没有完备严格的考核制度。这便使得更多专业能力素质低下的监督审计人员进入，没有较强的实践能力，那么财务过程失误的可能性便会大大增加，严重的甚至会导致整个企业不能正常运行。

（三）社会监督部门执法力度不严

对于企业内部监督部门而言，常常为了出于对本单位的名誉利益进行维护，虚假报账、变相隐瞒实情、项目暗箱操作、财务账目不准确等问题频频出现，尤其是对于外来财务监督审核或上级审查单位，往往瞒天过海。这样的行为并不是有利于企业的发展，而是进一步滋生不良现象，是一种监守自盗的行为。而对于外来监督而言，没有严格的打击力度，且有时并不能严格按照惩罚制度实施措施，同时间接导致企业内部审查人员的重视程度下降。

（四）企业内部财务审计不规范

一套合理、科学的制度体系必不可少，对于企业内部的用人制度、审核制度、财务制度、监督制度都需依据自身的发展进行制定，保障其可行性。其次，有了完善的制度，不能缺少规范的制度实施。尤其是对于财务的审核方面，出现纰漏的原因正是由于审核人员的不规范执行，不能规范的对固定资产、收入、支出等进行审核或录入，其次对单位财务流动的情况生疏、没有良好的专业素质、没有较强的法律意识都是导致操作不规范的直接因素。也同时提醒了单位对专人专岗的落实程度需不断加强。

四、社会对财务审计监督如何实施

（一）对审核与监督人员用人力度加大

大力建设财务管理、监督人员队伍，首先需制定完善的用人制度，现在虽然初级审计师不缺乏，但中级或高级审计师却比较短缺，对于企业财务来说，初级审计师远远不够，要想合理完善监督过程，必须配备足够的管理人员，其次明确用人要求，在每次的用人审核过程中，不仅对其专业知识技能进行审核，还需要观察其实践能力。

财务监督操作与理论密不可分，尤其是在财务账目的审核、现金流动等方面，需足够的实践能力，要在既能保障时间的条件下，保障审核质量。其次在人事调配过程中，需因人而异，根据不同人员的擅长方向不同，安排其合适的岗位，各司其职，相互配合，只有这样才能保障财务系统的有序进行，防止国有资产浪费。

（二）建立健全人员审核、培训制度

要提高管理人员的整体素质水平，审核、培训制度必不可少。培训制度包括对专业知识培训、实践能力培训、创新能力培训、思维模式培训、法律意识培训、管理意识培训等。这便说明了要想加强人员的实践能力，必须提高其思想教育，如个人理财观念、诚信理念、从负责人员入手，进行教育的强化，在培训过程中，可采取某些趣味性方式进行开展：如个人评比、讲座培训、实地培训、团体小组合作等。这些方式不但可以有效对专业知识进

行培训，其次还可以架起同事及下级与上级间的沟通桥梁。何乐而不为？

（三）财务监督体系进一步完善

为了加强企业的财务监督力度，建立健全财务与监督机制，需保障人员岗位的合理性，明确财务工作中每个岗位的负责人员，落实到个人，保障发生纰漏时能够准确找到负责人员进行有效改正，可防止推卸责任的现象出现，在加强内部审计工作制度中，要规范财务审批程序，国有资产的审核制度进行强化，尤其是对于资产的使用情况进行监管，不定时进行盘查，提高工作人员的警觉性，防止违法乱纪的行为出现。同时加强社会与媒体等的监督力度，配合企业内部完成审查程序。

第四节　财务审计中管理效益审计的延伸

企业财务审计是评价企业经营活动的一个重要手段，财务审计工作以公正、客观为原则对企业的资产、负债以及盈利进行审计监督。形成的审计报告能够清楚的揭露一段时间内企业的经营状况，对于企业投资、决策具有重要的支撑作用。随着经济发展模式的转变，财务审计工作不再仅仅局限于"核算"功能，而是向"管理"模式转变，因此财务审计中的管理绩效审计作用越来越显著，在企业财务审计工作中如何将财务审计向管理效益审计延伸成为人们关注的重点，本节就财务审计中管理效益审计的延伸进行研究和探讨。

管理是企业的核心活动，管理工作直接关系到企业的运转。随着市场经济体制改革的进行，国有企业在国民经济中的支柱作用越来越显著，传统的财务审计工作已经不能满足企业发展的需要，为了更好地维护国家利益和发挥国有企业在国民经济中的支柱作用，就要在财务审计中加强管理效益审计。管理效益审计活动能够对企业的生产经营活动进行审计评估，对于改进经营策略和提高企业效益具有重要的作用。因此，本节就财务审计如何向管理效益审计延伸进行探讨。

一、财务审计向管理效益审计延伸的意义

（一）提高企业管理水平

企业管理是指对企业活动的计划、组织、协调与控制，有效的企业管理工作能够提高员工的工作积极性，增强企业实力，提高企业的竞争力，进而提高企业盈利能力。管理问题会导致企业运行不畅，因此要想充分发挥管理的作用，就要充分利用管理效益审计工作，及时发现管理存在的问题，并发现问题的根本原因，从根本上消除这些降低管理水平的因素。管理绩效审计有利于提高企业的管理水平，帮助提高企业的经营效益，因此财务审计

工作向管理效益审计延伸十分有必要。

（二）有利于财务审计的发展

财务审计中加强管理绩效审计有利于财务审计工作的提升和发展。审计工作的重要职能就是对企业的经营状况进行公平的审计，客观的评价企业的经营活动，为企业接下来的决策提供有效依据，以及及时发现企业运营中的不足，促进国有企业的持续健康发展。随着竞争的加剧，传统的财务审计已经不能满足企业长期发展的需要，而应该立足企业实际情况，从长远出发，对企业总的管理情况和企业的竞争环境进行综合考虑，这就需要借助管理效益审计工作。

二、财务审计向管理效益审计延伸的有效途径

（一）找准延伸工作的切入点

财务审计在向管理效益审计延伸时要找准切入点，管理效益审计工作包含对企业生产经营活动的计划、组织、协调与控制，工作范围十分广泛，在进行延伸时，不要一揽子全包，而是要找准切入点，采取逐步延伸过渡的方式。在初延伸阶段，要坚持量力而行的原则，先易后难，依据企业自身的实际运营情况以及审计工作人员的自身工作素质，找到适合本企业的审计工作转变模式，先在某个环节进行审计工作的延伸，在取得一定的成效之后再全面展开，这样可以在最大限度上提高延伸过程的顺利程度。

（二）财务审计与管理效益审计相结合

财务审计在向管理效益审计延伸时，要将财务审计和管理效益审计工作进行结合。管理效益审计是在财务审计工作的基础上的更高层级的审计，是财务审计的一种特殊模式，它不仅具有财务审计的核算功能，更具有免疫功能，能够帮助企业规避一定的风险。管理效益审计不能凭空进行，它需要财务审计的财务数据，因此只有保证财务审计数据的真实性和可靠性，才能向管理效益审计延伸。财务审计报告是财务审计工作的重点，其中企业利润是衡量企业管理效益的关键性指标，因此，必须将两者进行有机结合，在保证财务审计结果准确性的基础上保证管理效益审计的科学性。

（三）完善审计工作流程、健全激励机制

财务审计在进行的过程中程序简单，结果也是比较明显的，可以很快就得到反馈，所以财务审计人员在工作的过程中就可以获得快速的成就感，也可以通过快速的反馈来改进自己的工作。管理效益审计则不同，它与财务审计的侧重点不同，在工作的过程中工作结果的反馈也没有那么明显，但是一个良好的管理效益审计建议可以给企业带来很大的经济效益。由于员工得到的反馈不明显，在进行管理效益审计的时候需要完善审计工作流程，

不断健全激励机制，保障管理审计人员的利益。另一方面，在进行审计工作的时候，管理者可以在一定程度上侧重管理审计，引导员工在管理审计上下功夫，这样可以促使员工进行管理审计，从而保证管理审计的工作[1]。

（四）提高工作人员工作素质

审计工作涉及很多的经济活动，并且涉及很多的专业知识，在审计的过程中审计人员还要保持谨慎、仔细的心态，这样才能在最大限度上保证审计结果的准确性，也才能为管理者制定决策提供有力的依据。审计人员掌握多方面的专业知识对审计工作是很有益处的，所以财务审计和管理效益审计人员要不断学习相关的专业知识来提高自身的素质。审计人员只有通过持续学习，不断拓展自己的眼界和知识领域，才能从容应对审计过程中出现的各种问题，从而保证审计结果的准确性。

财务审计是反映企业发展的很重要的手段，但是随着企业的不断发展进步，财务审计需要向管理效益审计不断延伸，这样才能满足企业未来发展的需要，也才能为管理者决策提供最为有力的依据，不断提高决策的准确性。财务审计在向管理效益审计延伸的过程中要讲究一定的方式方法，通过科学合理的方法延伸是满足企业未来发展的必然要求。

第五节　企业财务审计与成本控制

企业是以赢利为目的的，所以利益的最大化是企业的目标，那么适当地减少不必要的成本对企业的发展是很重要的，而当今社会市场竞争越来越激烈，企业如何有效地控制成本而追求利益的最大化也是企业发展的重要途径之一。成本控制与企业财务审计之间应该形成正向的关联性，这两者应该是一种互利共赢的关系，一荣俱荣一损俱损。所以采取有效的措施将财务审计与成本控制联合起来，提高企业的经济效益，增强企业自身在市场中的竞争力。

在企业中，财务审计是财务管理的一部分，是对企业的财务账目、经营状况进行审核。而成本控制是企业对生产、运营等成本进行控制这两者看起来似乎联系不大，但其实在企业的运转中财务审计与成本控制具有很强的内在关联性，它们两者工作内容不同，但是归根结底它们的目标都指向企业资本，努力实现企业利益的最大化。

---

[1] 柴冠超，刘嘉南．提升民办高校财务管理水平的路径分析［J］．现代交际：学术版，2017，1（16）：153-155．

一、企业财务审计与成本控制之间的关系以及面临的问题

（一）企业财务审计与成本控制的关系

企业的财务审计可以有效地为企业资金提供一个有效的保护屏障，投资就会有风险，资金对一个企业来说就是它的血液，投资必然会有付出和收益，通过审计活动进行合理的预算，再对资金的流量和流向实行监控，通过这样一个过程使付出与收益达到一个相对平衡的状态。从而可以在功能范围内为成本控制提供合理化的建议，提高公司的效益。

（二）成本控制与成本财务审计的问题

时代在高速发展，可是许多企业依然采取的是传统的成本控制方式，例如责任成本法、定额成本法等。传统的成本控制方式的重点在于产品的制造过程，而对于销售这个过程中的资金的投入并不太关注，这种方式已经渐渐地落后了，因为销售渠道多样化，人们的消费方式观念的变化，消费方式种类的多样化，让销售中投入的资金也在不停地增加。在成本控制过程中所采集到的信息不全面导致成本控制的效果不佳，利用不合理的成本控制方式会制约企业的发展。许多企业虽然制定成本核算制度，但是只是形同虚设没有真正的规范管理，因为缺乏管理、成本归集方法也不合理，使产品的核算数据不规范，没有准确的成本控制数据，使资金的利用效率低下。

现在社会发展日新月异，企业的发展与国家市场政策紧密相关，市场上的竞争压力也越来越大，行情也在持续变化中，财务审计可以帮助企业做出正确的决定所以企业的审计也就显得格外重要了，因为各方面条件的影响所以企业经营的持续性差，企业营销的这种不稳定性给财务审计的工作带来巨大的困难。这是外部环境的因素，有些企业的财务审计工作自身存在问题，很多公司的财务审计以查找数据错误为借口，所以有时候会出现事后审计多，事前事中审计少，并且在审计中重点不突出，内容不全面。不能把握全局，就很难发现有针对性的问题，就不能为企业提供有价值的建议。审计的工作量比较大，工作人员通常为了省事不愿意进一步进行数据分析，久而久之就形成一种不好的思维方式。这也是当下审计工作中面临的需要解决的问题。

二、提高财务审计和成本控制的有效措施

（一）财务管理下进行有效的成本控制

财务部门是企业的重要部门，几乎每一个企业都会给财务部门大量的人力、物力以及财力的支持，定期进行审计工作，这样可以有效的保证财务部门的正常运转，从而推动企业的发展。财务审计与成本控制没有直接明显的联系，它们是通过财务管理紧密地结合在

一起的。有的企业在成本预算时将之与财务部门分离，要摒弃这种旧的模式，应该将二者紧密结合，在对资本进行明确的预算时，财务部门可以安排专门的人员对成本控制的资本预算进行审计，这不仅使成本预算相对科学，也有利于财务部门日后的具体工作，防止不必要资金浪费现象的发生。

（二）采用绩效管理和岗位责任制的新模式

财务审计与成本预算虽然在理论上是企业的两个不同的分支，但是在实际工作中有很多工作内容是联系紧密的，所以要明确责任制，任务要有效地分配到个人，员工之间也需要进行有效的交流与沟通，这就能有效地避免工作重复，浪费人力物力财力上的资源。将审计工作和成本控制的相关工作具体分配到个人后，明确责任制，进行绩效管理，这样工作人员在明确工作目标后，为了提高个人业绩，提高工作人员的积极性和工作效率。

第六节　区块链技术与财务审计

会计是一个信息系统，它以价值形式记录经济活动的重要信息。传统会计信息被分割成一个个小的企业信息系统，在互联网时代，各个企业会计系统汇成大信息系统，由于数据区块链的出现，使得人们可以对世界上所有的交易进行实时的记录、查看和监控，可以在多个方面增进财务处理的质量和效率，同时计算机审计也由于区块链安全追踪机制，而进互联网审计时代。

一、区块链对审计理论、实践产生的影响

（一）区块链技术对审计理论体系影响

1. 审计证据变化

区块链技术的出现，传统的审计证据发生改变。审计证据包括会计业务文档，如会计凭证。由于区块链技术出现，企业间交易在网上进行，相互间经济运行证据变成非纸质数据，审计对证据核对变成由两个区块间通过数据链路实现数据跟踪。

2. 审计程序发生变化

传统审计程序从确定审计目标开始通过制定计划、执行审计到发表审计意见结束。计算机互联网审计要求采用白箱法和黑箱法对计算机程序进行审计，以检验其运行可靠性，在执行审计阶段主要通过逆查法，从报表数据通过区块链技术跟踪到会计凭证，实现数据客观性、准确性审计。

（二）区块链技术对审计实践影响

1. 提高审计工作效率、降低审计成本

计算机审计比传统手工审计效率高，区块链技术产生后，对计算机审计客观性、完整性、永久性和不可更改性提供保证，保证审证具体目标实现。区块链技术产生后，人们利用互联网大数据实施审计工作，大大提高审计效率。解决了传统审计证据不能及时证实，不能满足公众对审计证据真实、准确的要求。也不能满足治理层了解真实可靠会计信息，实现对管理层有效监管的难点。在传统审计下，需要通过专门审计人员运用询问法对公司相关会计信息发询证函进行函证，从而需要很长时间才能证实，无论是审计时效性，还是审计耗费上都不节约，而计算机审计，尤其是区块链技术产生后，审计进入网络大数据时代，分布式数据技术能实现各区块间数据共享追踪，区块链技术保证这种共享的安全性，其安全维护成本低廉，由于区块链没有管理数据中心，具有不可逆性和时间邮戳功能，审计人员和治理层、政府、行业监管机构可以通过区块链及时追踪公司账套数据，从而保证审计结论正确性，计算机自动汇总计算，也保证审计工作底稿等汇总数据快速高效。

2. 改变审计重要性认定

审计重要性是审计学中重要概念，传统审计工作通过在审计计划中确定审计重要性指标作为评价依据，审计人员通过对财务据表数据进行计算，确定各项财务指标，计算重要性比率和金额，通过手工审计发现会计业务中的错报，评价错报金额是否超过重要性金额，从而决定是否进一步审计程序。而在计算机审计条件下，审计工作可实现以账项为基础详细审计，很少需要以重要性判断为基础的分析性审计技术。

3. 内部控制的内容与方法也不同

传产统审计由于更多采用以制度基础审计，更多运用概率统计技术进行抽样审计，从而解决审计效率与效益相矛盾问题。区快链技术产生后，人们运用计算机审计，审计的效率与效果都提高。虽然区快链技术提高计算机审计安全性，但计算机审计风险仍存在，传统内部控制在计算机审计下仍然有必要，但其内容发生变化，人们更重视计算机及网络安全维护，重视计算机操作人员岗位职责及岗位分工管理与监督。内部控制评估方法也更多从事后调查评估内部控制环境，到过程中运用视频监控设备进行实时监控。

二、区块链技术对财务活动影响

（一）对财务管理中价格和利率影响

基于因特网的商品或劳务交易，其支付手段形式更多表现数字化、虚拟化，网上商品信息传播公开、透明、无边界与死角。传统商品经济条件下信息不对称没有了，高品价格更透明了。财务管理中运用的价格、利率等分析因素不同以前；边际贡献、成本习性也不同。

（二）财务关系发生变化

所谓财务关系就是企业资金运动过程中所表现的企业与企业经济关系，区块链运用现代分布数据库技术、现代密码学技术、将企业与企业以及企业内部各部门联系起来，通过大协作，从而形成比以往更复杂的财务关系。企业之间资金运动不再需要以货币为媒介，传统企业支付是以货币进行，而现代企业支付是电子货币，财务关系表现为大数据之间关系，也可以说是区块链关系。这种关系减少了不少地方关系。

（三）提高了财务工作的效率

1. 直接投资与融资更方便

传统财务中，筹资成本高，需中间人参与，如银行等。区块链技术产生后，互联网金融得到很大发展，在互联网初期，网上支付主要通过银行这个第三方进行，区块链能够实现新形式的点对点融资，人们可通过互联网，下载一个区块链网络的客户端，就能实现交易结算，投资理财，企业资金融通等服务，并且使交易结算、投资、融资的时间从几天、几周变为几分几秒，能及时反馈投资红利的记录与支付效率，使这些环节更加透明、安全。

2. 提高交易磋商的效率

传统商务磋商通过人员现场交流沟通，对商品交易价格、交易时间、交货方式等进行磋商，最后形成书面合同，而在互联网下，由于区块链技术保证网上沟通的真实、安全有效，通过网上实时视频磋商，通过网络传送合同，通过区块链技术验证合同有效性，大大提高了财务业务的执行效率。

（四）财务的成本影响

1. 减少交易环节，节省交易成本

由于区块链技术使用，电子商务交易能实现点对点交易结算，交易数据能同 ERP 财务软件协同工作，能实现电子商务交易数据和财务数据及时更新，资金转移支付不需通过银行等中介，解决双向付费问题，尤其在跨境等业务中，少付许多佣金和手续费用。

2. 降低了信息获取成本

互联出现后，人们运用网络从事商务活动，开创商业新模式，商家通过网络很容易获得商品信息，通过区块链技术，在大量网络数据中，运用区块链跟踪网络节点，可以监控一个个独立的微商业务活动，找到投资商，完成企业重组计划，也可通过区块链技术为企业资金找到出路，获得更多投资收益。可见，区块链降低财务信息获取成本。

3. 降低了信用维护成本

无数企业间财务数据在网络上运行，需要大量维护成本，如何减少协调成本和建立信任的成本，区块链技术建立不基于中心的信用追踪机制，人们能通过区块链网络检查企业交易记录、声誉得分以及其他社会经济因素可信性，交易方能够通过在线数据库查询企业的财务数据，来验证任意对手的身份，从而降低了信用维护成本。

4. 降低财务工作的工序作业成本

企业财务核算与监督有许多工序，每一工序都要花费一定成本。要做好企业财务工作，保证财务信息真实性，必须运用区块链技术，由于其无中心性，能减少财务作业的工序数量，节省每一工序时间，在安全、透明环境下保证各项财务工作优质高效完成，从而总体上节约工序成本。

第八章 财务审计的应用

第一节 数字化审计在财务审计中的应用

国家层面开始推进以大数据为核心的信息化建设，提升数字化审计的应用效果。然而，我国很多企业和部门还不能熟悉地使用数字化技术进行财务审计，严重影响企业和部门的工作效率。所以，在数字化背景下，完善数字化审计的应用势在必行。

一、数字化审计的财务审计现状

（一）审计工作缺乏创新意识

尽管我国审计部门一直在着力提升审计质量，但是审计人员的创新意识不足，导致财务审计转型存在很大的困难。如审计人员不能充分认识到数字化审计的重要性，不能结合大数据进行会计分析等。很多审计部门不能充分借助数字化技术进行有关信息的阅读，单位内部不能建立完善的数据库，甚至有些单位不明白数字化审计的含义。审计机关尽管已经认识到数字化审计的重要性，但是他们安于现状，不肯学习新知识，导致财务审计工作中创新能力不足。

（二）审计模式有待于改进

在数字化审计条件下，财务审计模式也发生了很大的变化。在审计策略上，数字化审计的范围扩大，不仅采用抽样审计的方式，也采用全量审计模式。在完善了审计策略后，审计机关不能调整审计范围的变化，还是采用传统的审计方式进行各项操作，不能建立重大报错风险系统。在审计方法层面上，审计资料繁多，传统的审计方法非常有限，财务审计仍旧采用抽样审计的方式，抽样审计尽管存在科学性，但是也存在一定的问题，不能更加客观地分析每一个样本。数字化审计中，数据的传播和存储可以采用信息化技术，审计人员无须调取资源，很多人工操作的步骤已经被省略。在数字化审计应用中，抽样审计的不足之处开始显现，全面审计成为趋势。然而，有的审计部门还是采用原有的审计步骤，导致审计资源出现很严重的浪费现象。

（三）信息化水平有待进一步提升

数字化审计是一项新的审计方法，尽管数字化审计可以推动财务审计的创新，但是很多审计人员对数字化审计认识不足，没有认识到数字化审计具有提升审计效率和质量的作用，导致数字化审计不能在财务审计中充分发挥作用。单位内部的数字化平台有待进一步发展，在数字化时代，电子数据具有高度的集成效果，审计部门如果不能打造数字化平台，那么就不能实现数据的共享，审计单位之间的数据也不能实现共享，在数字化审计条件下，传统的审计方式并不适用。

二、数字化审计在财务审计中的应用

（一）创新审计意识

创新是民族进步的核心，在我国审计工作中也起到源泉作用。为了推动我国财务审计的转型，应该完善创新意识。审计部门应该充分利用数字化审计方式，深入理解数字化审计的内涵，认识数字化审计在财务审计中应用的必要性，从而完善财务审计的创新工作。在大力宣传数字化审计的基础上，进行财务审计的创新工作，纠正片面的认知，将创新工作和企业的绩效挂钩，提升审计部门的审计水平。

（二）完善审计模式，降低审计风险

开展审计工作的前提是具有完善的审计模式。在特定的审计目标的基础上，借助数字化审计方式，创新财务审计方法，不断完善财务审计策略、审计方式和方法。审计策略的创新主要是明确审计的范围和流程，结合样本的特征，将抽样审计转变成全量审计，将信息系统纳入审计范围。审计方法和方式的创新中，主要将全面审计贯穿在审计的整个流程中，将现场审计和异地审计结合，在手工审计的基础上，充分借助信息技术。

（三）深化数据分析，提升审计效率

审计部门应该清楚在审计工作中需要哪些数据，了解哪些数据最可靠，从而确保自己获取的数据无误。在对单位的行业特征和经营模式非常了解的基础上，掌握财务信息的特征，有助于审计机关在数据整理和计算中简化流程。在全面了解后台数据结构的基础上，完善非结构化数据的应用，及时对存在疑点的数据进行分析，可以提升数据分析的能力。在数据获取中，审计机关应该及时更新数据，提升数据获取的时效性。

（四）完善信息化建设，建立数据平台

审计单位应该完善对数字化审计的认识，聘请相关的专家到单位内对员工进行培训，同时印发宣传手册的方式，指导审计人员在财务审计工作中充分使用数字化审计技术。通

过建立双重数据库的方式，审计部门可以将审计项目分类，实现数据共享。结合审计方式的变化，完善审计软件的更新，开发更有效的审计模式。

随着数字化技术的高速发展，数字化技术在各行各业得到广泛应用，随之而来的是数字化审计技术的发展，在财务审计中发挥了较大的作用。数字化审计的应用使财务审计更加全面和客观，提升了财务审计的效率，降低了审计失误。

第二节　管理会计在提高财务审计质量中的应用

财务审计工作对于企业来说是一项重要的财务工作，直接影响着企业财务管理水平。本节通过对财务审计质量的不断探究，系统的研究除了管理会计在提高财务审计质量上面的依据，依靠科学的办法，总结出了当前财务审计工作中的问题。财务审计工作，不仅要以企业的相关信息作为保障，筛选出适合审计者科学合理的选择，还需要建立完备的财务报告，才能为企业的财务工作起到一定的作用。因此，信息质量问题对于企业的财务审计工作起着十分重要的意义。审计人员通过日常的会计准则来实现财务审计的判断和标准，并且最终决定企业财务审计的质量。本节主要是研究管理会计在提高财务审计质量中的独特作用。

作为一名企业会计，必须在遵守会计准则的标准下，才能够完成企业日常的财务管理工作，利用审计质量要求标准严格执行管理会计应该做的工作。因此，会计信息所包含的内容是需要仔细推敲的，才能保证财务审计质量得到充分提高。在现阶段，获取信息虽然能够提高财务审计的整体质量，但是无形中也增加了审计的成本。因此，会计管理需要不断地完善和发展，才能够与社会发展和企业发展相适应，在获取正确信息的同时，降低财务审计工作运行的成本。

其实财务审计的内容是包含多种方面的。因为要考察其会计信息的真实性，就必须要保证会计报表的完整性和准确性，以及对整个会计报表进行全方面地审核，才能够对于会计报表的各种形式和种类进行一个划分。对审查内容的处理标准也是如此，关于企业合并和报表准确性、一致性也不能够忽略，只有保证企业财务审计对上述的内容进行全面的检查之后，才能确定会计信息情况，具体的审查情况才能得出相应的审计报告以及评估水平，才能够真实、准确地将财务报告上交给上层的企业管理人员。在保证企业财务部财务报告公平、公正的基础之上，一定要让高层管理人员对企业的财务状况，有一个充分的认识。它能够帮助企业更好地面对发展过程中，遇到的困难和挑战，防范风险，制定符合企业发展的重大决策。

一、管理会计在财务审计中的作用

（一）为财务审计提供相应的信息

管理会计是会计学科中一个重要的部分，它能够帮助企业对企业内外部进行规划控制。当管理者能够认识到企业内部的具体情况后，才能够用科学的办法进行合理的分析，保证企业资源得到充分的利用。财务审计的过程中需要的相关信息，是财务审计的重要依据，并且在进行财务审计的过程中，财务信息一定要符合财务审计人员的要求，才能够保证符合财务报表构成的标准。因此，可以看出信息的质量直接决定企业财务审计的质量。管理会计能够提供多种多样的信息，但是要选择能够符合财务审计的要求和标准的信息。管理会计的信息，相对于传统的会计信息更加的仔细和明确。并且具有一定的实际意义，能够在一定程度上保证相关信息的及时性和完整性，应对企业曾经的财务情况进行一系列的规划，说明管理会计的信息是提高企业财务审计质量的根本依据。

（二）保证审计工作正确高效完成

在企业正常运作的过程中，企业的财务审计工作，主要分为不同的阶段，其中计划阶段的主要内容是要求审计人员能够对企业中客户以及合作伙伴等信息进行采纳和收集，并且归纳出最有用的信息，作为本次财务审计的主要需求和目标。企业管理人员不断开展相关的财务审计工作，在这个阶段中会形成相应的风险，所以未来的发展具有一定的风险预测是十分重要的。在管理会计的过程中，要帮助审计人员进行信息的收集和采纳，从根本上缩短生产时间，并且提高财务审计的工作效率。财务管理会计提供的信息要具有真实性，能够帮助企业管理者更加清楚地意识到财务组织结构上的层次问题。在发生问题的时候，一定要及时的纠正错误，并且合理的控制错误。在测试阶段测试结果出来的基础上，进行一定的测试，这其中也需要管理会计信息的借鉴，才能够实现企业财务审计工作质量上的提高。

（三）帮助审计工作人员识别风险

企业财务审计工作的计划阶段，将风险进行预测是十分重要的。因此，要求审计人员一定要全面掌握企业经济财务中的购买支付情况，员工工资、产品成本等各种财务支出情况，并且能够及时地预防风险和识别风险。只有这样才能实现风险和成本进行的控制。而在审计过程中，对存货的一些评估和资产成本的管理就显得尤其重要，这也是实现控制的主要方式，这些都应该通过管理会计的计划组织以及控制来实现。管理人员要不断帮助其财务发展过程中，出现的一些实际问题，利用一些控制管理能力，及时纠正这些错误，并且预防风险，这也从侧面提高了企业财务审计质量。

二、提高管理会计应用的具体对策

（一）在企业内建立管理会计专业机构

要想保证管理会计在提高财务审计质量中的作用，能够极大的显现出来。就需要不断发挥企业中管理会计的作用，完善企业管理会计的方式。首先，要在企业内容上建立管理会计专业机构的标准，推动企业管理会计能够更加全面的运用到工作中来。现阶段，大部分企业缺少专门研究管理会计工作的机构，因此，必须要建立相关的管理会计机构和团体，才能更好地对企业管理会计的发展进行一系列的指导。例如企业，企业聘请专门管理会计的专家，组织一个管理会计机构，才能够推动管理会计在企业中的发展。在企业管理中设立机构是一个好的办法，不仅能够提高企业财务审计质量，还能够解决企业内部分工不明确的问题，为企业的发展起到保驾护航的作用。但是，设立会计专业机构，一定要选取具有会计专业的专门人才进行科学的管理，才能够实现企业的会计管理机构对企业的发展起到促进作用。在企业的日常经营管理中，设立专门的会计机构能够在一定程度上帮助企业解决很多复杂的会计上的难题，毕竟会计机构是结合了大多数拥有专业会计技能的人才，必定会使得企业财务会计工作越做越好，防范各类财务风险。同时，也会使得企业在今后的财务工作中运行地更加顺利。

（二）加强企业管理会计提高人员素质

管理会计人员是作为管理会计工作者的具体操作者，对管理会计知识和管理会计工作方法的熟练度以及掌握标准，应该根据国家法律法规的相关规定，来不断提升自身的水平。以至于更好地将理论和实践结合起来，运用到管理会计的实际工作过程中。例如，企业在定期对管理会计工作人员进行培训的时候，一定要制定相应的考核制度。对于管理人员在培训过程中，所需的知识和一些操作要进行定期考核，才能确保管理会计人员在学习过程中，所掌握知识的情况，才能根据考核结果，进行奖惩制度。从而不断推进企业管理人员的工作和学习，这样才能够不断推进企业管理人员在学习中突破自己，促进企业财务审计质量的提高。管理会计人员是企业发展过程中的重中之重，要定期对企业的管理会计人员进行培训课程，让具有丰富会计管理经验的老师进行严格的授课，保证每个会计人员都能够学到真本事，在学习课程结束后，企业要设定考试内容，进行会计人员的考试，使得管理会计人员在学习后检测自己，看看是否能够做到学以致用，实现自身的价值，为企业今后的发展贡献出自己的一份力量。

根据以上所述，随着现代科学技术水平的不断发展和创新，企业财务信息日益繁多和复杂，给审计工作带来了巨大的挑战。在审计过程中，一定要准确地利用财务信息来进行工作，还可以借助一些工具进行审计管理。管理会计提供的信息能够帮助企业财务审计工作得到进一步的规范和提高，从根本上解决企业财务审计的质量和水平，不断地把完善管理会计信息等方面的内容落实到位，保证企业内外部信息的真实性和完整性。对信息进行有效的处理，使财务审计质量得到飞速的提高。财务管理人员本身是具有相对独立性的，但是在审计工作中很大程度上会使得管理人员聚集在一起，无形中加深会计信息的真实性。会计信息的真实性是由财务审计工作所提供的，所以更应该注重财务审计质量中的信息真实性。企业管理人员需要在不断地高标准要求下提高财务审计质量，完善企业会计内部信息，实现自身会计技能的有效提高，增强企业的运营实力。

第三节　现代网络技术在企业财务审计中的应用

随着时代的变迁，我国的社会经济和科学技术都在高速发展之中，同时信息化的发展也使人们的日常生活变得更加便利。在各个企业之中将我国现代的网络技术合理的运用到财务审计之中，也能够使审计工作变得更加方便，提高相关工作人员的工作效率。虽然从表面上来看现代网络技术给企业的财务审计带来了良好发展，但是在发展过程之中仍然存在着许多问题。本节通过对我国现阶段现代网络技术在财务审计中的应用进行深入探究，对该模式在发展过程中存在的问题提出了相对应的改进策略，希望能够对我国的市场经济发展做出一定的贡献。

在一个企业的发展之中，财务审计是企业中的核心组成部分，跟企业的经济效益有着十分重要的关系。国家对于企业中的财务审计管理也越来越重视，因此，企业应该重视起来现代网络技术在财务审计中的应用，在企业之中优化财务审计的管理能够促进企业的发展。进入 21 世纪以来，我国的网络信息化发展也加快了脚步，在日常生活和工作之中都能够随处可见对于网络技术的应用。随着时代的发展，我国传统的企业人工财务审计已经不能够跟上现代企业快速发展的脚步，必须要对其中的财务审计管理模式进行相对应的改革，利用现代网络技术来开展全新型的财务审计模式。

一、运用现代网络技术进行财务审计的概念

企业发展过程中财务审计工作发挥着至关重要的作用，而财务审计工作的主要内容就是对企业发展过程中的工作计划和经济方案进行核对，对其中所存在的风险和是否可行进行判断。其次，在财务审计过程中还要对企业的经济支出和收入是否合法进行监管，对于违法的行为进行制止，还要对企业之中的各个管理监督制度进行管理，从而能够保证企业的稳定向前发展。

随着我国科学技术的发展，信息化网络已经普遍发展，人们可以通过网络了解到更多的社会发展新闻，同时也可在网站之中搜索自己所需要的资料，给生活和工作都带来了便

利，实现了通过网络进行资源共享和交流的模式。同样这种网络所带来的便利也可以运用到企业的财务审计之中。将现代网络技术和财务审计结合在一起，可以充分地利用网络的便利性，有效地加强了企业财务的监管，也使得企业的财务有一个更好的管理方式。网络财务审计管理模式能够通过网络之间的交流传输使工作人员可以在不同的地区都能够接收到财务信息。同时利用现代网络技术进行监管还能够保证审计财务支出和收入完善的保存下来，以往传统的财务审计是通过人工进行纸质版的记录，这种传统的模式不利于信息的保存，从而导致企业的财务审计时效性降低。

网络是一个可以进行信息之间分享和交流的平台，将现代网络技术运用到企业的财务审计之中，就是将以往传统的人工记录模式改变为使用计算机进行记录，在财务审计之中结合现代网络技术成为一种创新型的财务审计模式。网络审计模式能够有效地利用网络的特点，例如开放性和便捷性，从而能够从一定程度上增大财务审计记录的信息数量，也能够增强各个工作人员的相互交流。同时，网络财务审计模式还具有共享性，利用这一特点，可以让企业的各个分公司之间都可以实时地对财务数据进行监管和查看，及时发现其中的问题进行解决。

总而言之，在我国企业的财务审计管理之中结合上现代网络技术，能够促进企业的顺利发展。随着我国经济全球化的发展，企业之中的财务审计管理必须要跟上时代发展的脚步，急需进行改革。只有将现代网络技术和企业之中的财务审计管理模式结合在一起开展创新型的模式，才能够使企业之中的财务审计人员提高其工作效率，保证企业的稳定向前发展。

二、利用现代网络技术进行财务审计工作所存在的风险

（一）财务审计信息出现丢失或者是恶意修改的现象

在以往传统的财务审计信息管理之中，一直都是采用人工来进行纸质版的信息记录，一般情况下不会出现资料丢失的问题。但是将网络技术和财务审计管理结合在一起，就可能会出现一些风险，例如现在的网络安全问题十分严重，很有可能会出现一些网络黑客，进行对于财务信息的篡改，从而出现一些财务信息丢失的问题。这样会给企业的发展带来严重的影响，会使企业中的财务信息与实际情况不相符，给企业中的财务审计带来一定的风险。虽然说网络的发展给财务审计带来了便利的条件，但是由于网络自身所具有的对大众开放性也带来一定的风险，现代社会发展中会有一些社会不法分子利用网络的这一特点对企业中的电脑进行病毒攻击，从而获得企业电脑中的一些内部信息。如果企业的财务审计信息遭到攻击而丢失，就会给企业带来十分严重的危害。

（二）财务审计的数据可信度大大降低

在我国网络还没有现在这么发达的时候，各个企业之中的财务审计工作都是由各个工作人员全手工的进行记录和监督，这种方式虽然效率比较慢，但是由人工所记录和监督的财务信息的可信度更高，如果财务数据之中出现问题都可以找到相对应的工作人员进行解决，对于财务审计数据的真实性是有保障的。当网络技术在企业的管理中发展起来，虽然从很大程度上提高了对于财务信息进行管理的效率，不用耗费大量的人力物力，但是也同样存在着很大的问题。通过利用网络进行记录的财务审计信息没有经过各个工作人员的严谨监察，所以财务信息的真实性就大大降低，而且电脑上的信息是可以通过人工修改的，很有可能会出现有人恶意对资料进行修改，给企业的财务信息的可信度带来一定的危害，从而限制了企业的顺利发展。

（三）电脑录入财务审计数据容易出现错误

由于网络的便捷性质，大大减少了财务审计工作人员的监督，而且将财务数据录入电脑的过程也是完全由人工进行操作的，监督人员的减少，就很有可能会在向电脑中输入财务数据时出现一些录入错误的情况。如果企业之中的财务审计工作人员的工作素养不够高加上外界环境对其财务审计数据录入的影响，就很有可能会出现录入的财务数据与实际情况不相符的情况。这种情况的出现，很有可能会给企业的财务审计管理带来一定的危害。

三、现代网络技术在财务审计中的应用策略

（一）构建高度共享的网络财务审计体系

我国的社会经济在不断的发展过程中，各个企业也应该紧跟时代变化的步伐，将企业的财务审计制度进行改变。网络技术具有一定的共享性，将网络技术应用于财务审计，应结合财务审计的特点，充分发挥网络的优势，形成高度共享的网络财务审计体系。将不同地点和不同部门的财务审计相关人员紧密联系起来，形成共建共享的财务信息平台，及时进行信息的收集和处理，保证信息的公开性和共享性，可以大大提高数据处理的效率，保证数据管理和分析结果的可靠性。同时，利用网络财务审计的方式，可以拓宽财务审计服务对象的范围，提高财务审计工作的开放性。

（二）建立和完善网络财务审计的监管制度

由于网络的普遍性和开放性，给企业的财务审计数据管理带来了一定的风险，因此，各个企业必须要建立完善的网络财务审计监管制度。企业应该制定相对应的网络审计制度，以保证企业的稳定发展企业在制定网络审计制度的时候，还要将企业的其他部门相互结合起来，虽然企业内部的各个部门之间都是相互独立的，但是也仍然存在着很大的联系，只

有各个部门之间的相互合作才能够使企业顺利的运营，从而能够更好地规避现代网络技术在财务审计过程中存在的风险。因此，企业也应该对传统的财务审计监管制度进行相对应的修改，修改成适应企业财务审计发展的制度，才能够有效的保障企业的财务审计数据不受到外界的威胁。在具体实施过程中，企业应该对网络进行一个全面的了解，然后再制定相对应的监管制度，保证利用现代网络技术进行财务审计的水平能够得到大幅度的提高。

（三）培养具有网络应用能力的财务审计人员

以往传统的财务审计数据记录之中都是利用人工进行记录，但是加入网络技术之后，可能会出现由于财务审计工作人员运用网络计算机的能力不够，从而导致数据录入错误的情况产生。因此，企业应该选择对于计算机能够熟练掌握的人员进行财务审计录入，只有这样才能够保证企业的财务审计录入数据的真实性，提高企业的财务工作效率。除此之外，企业还应该对财务审计工作人员进行培训，对于财务审计工作中出现的问题要及时地处理，以免企业之中的数据安全出现问题。

（四）运用先进数据录入技术规避风险

录入信息是财务审计工作的重要环节，在进行数据的存储时，采用现代网络技术，能够有效发挥网络的优势，实现存储环境的安全高效，从而更好地保证数据的可靠性。在进行信息存储时，应保证软硬件设备符合相应标准，采用专用局域网进行办公，营造一个安全的网络环境。在进行数据录入时，应先进行扫描，以压缩存盘的方式保存原始凭证。为避免录入数据出现错误，应采用自动转账功能，以保证数据的完整性和可靠性。另外，应进行数据认证，避免出现数据被恶意篡改的情况，尤其对重要数据，应采取加密的方式，同时进行备份，避免数据受到破坏或丢失。

随着我国的网络信息技术的不断发展，网络技术已经运用到了人们生活中的方方面面。同样在企业之中网络技术也给财务审计管理工作带来了很大的帮助，本节通过对于我国现阶段的各个企业中网络财务审计工作中存在的风险进行详细分析，提出改进策略。各个企业应该加强网络财务审计工作的安全性管理，保证企业的健康稳定的发展。

第四节　企业财务审计信息化平台应用

财务审计信息化是历史性的产物，是信息化时代财务审计发展的新方向，也是其适应高速发展的信息社会的必然需求。财务审计信息化以先进的计算机互联网技术为依托，以实现企业电子商务整合为目标，改变了传统的财务审计模式，提升了审计效率与审计质量，也在一定程度上提升了企业的财务管理水平以及整体的企业管理水平，标志着高科技财务管理时代的到来。

一、财务审计与财务审计信息化

财务审计是审计的重要内容之一，需依据《中华人民共和国审计法》以及相应的审计准则，确保国有企业的损益、负债与资产真实合法，对企业的财务信息、财务行为进行监督，并做出公正、客观的评价，防止腐败与违规现象的产生，加强政府宏观调控的作用。财务审计是企业审计的重要内容之一，对维持企业财务信息的公正性和企业健康的运行发挥着重要作用。具体来讲，是审计部门的审计工作者在企业大量的财务报表和其他财务信息中通过各种审计方法，对企业某一时间段中的财务状况做出评价，寻找其存在的问题，为财务管理的完善提供支持和监督。传统的审计工作过分依靠一人，耗时长、成本高，审计风险也相对较大。

互联网与信息技术的发展加深了社会中各行各业的信息化程度，新时期政府对于财务审计工作提出了全新的要求，相应地，审计信息化的建设进程也随之加快，审计信息化平台的应用与实践体现出其必要性。首先，传统的财务审计模式和人工财务审计方式存在严重的效率低下的问题，面对繁重的审计任务，财务审计信息化能够极大的解放人力，加快审计速度。其次，财务审计的全面性和精细性在传统的财务审计模式下很难得到保证，财务审计信息化的建设能够依靠大数据技术、数据库技术等在有限的时间内完成巨量的审计信息的采集、处理与分析，确保财务审计的全面性和精细性，减小审计信息遗漏的可能性。最后，财务审计信息化建设能够与企业管理的信息化建设实现对接。为加强企业的运行效率，各企业的信息化管理正在逐步地完善和加强，各种管理系统层出不穷。这种情况下，传统的财务审计模式呈现出严重的不适应性。财务审计信息化的建设能实现与企业信息化建设的衔接，信息的采集和传导将更加容易。

二、企业中财务审计信息化运用情况

财务审计信息化的发展使审计工作发生了前所未有的变化，在财务审计的各个方面都相对于传统的审计模式有了明显的改进。财务审计信息化平台的使用也使审计信息的采集、处理、分析方式有了较大的改变，这种变化主要可以从以下几个方面进行分析。

（一）现场审计中发生变化

首先，现场审计方面发生的变化十分巨大，财务信息化平台的应用使得数据的筛查工作变得更为便捷快速，得益于计算机信息技术的帮助，工作人员在进行信息的抓取筛选过程中，可以很容易地设置筛选条件，快速地完成信息选取任务，相对于传统的人工筛查方式，财务审计信息化平台的应用大幅提升了审计效率。其次，利用审计信息化平台可快速地分析大量的财务数据，并依据分析结果得出相应的趋势预测，可在系统中更加便捷的审计所需的各种图表，更直观的掌握审计所需的财务信息，在一定程度上解放了人力。最后，依靠审计信息化的发展，相关的法律法规文件也更容易被查询到，审计人员在财务审计过程中，可直接将审计工作与相关法规链接建档，审计存档的方式也更加直接，方便之后对审计档案的查找，审计的进度可以更加直观地体现出来，方便下一步审计工作计划的制定[①]。

（二）审计准备阶段发生变化

在传统的审计工作中，正式开始审计之前，需要企业准备好完备的报表、账簿等资料以供审计人员一一查阅，不仅耗时耗力，并且审计内容的人工参与程度较大，审计信息的客观性难以保证，也容易在繁重的审计任务中出现纰漏。在审计信息化平台的支持下，审计人员可依据系统快速的获得审计信息，无须做太多的准备，节省了大量的时间和人力资源。审计信息也是直接获得的，减少了人工参与所可能产生的错误。

（三）后续审计档案的存储方式发生变化

传统的财务审计过程中产生的审计档案都是通过纸质存档的方式来存档，工作量十分巨大，并且后续的查阅十分困难。在审计信息化平台应用之后，传统的纸质档案转化为电子档案的形式，减少了档案存储对空间的需求，增强了档案的安全性。在后续工作中，如果需要查询，则可以更加容易方便的得到这些信息，其便捷性明显增强。

三、审计信息化平台在企业审计中的创新应用建议

（一）进一步加强项目数据的采集，实现财务审计信息化的对接

在企业的财务审计工作中，要将财务审计信息化平台的效果最大化，就需要更快的采集项目数据，及时地将相应的数据导入系统当中，加快财务审计信息系统与其他信息系统的对接，尽快地完成对接工作，保证审计信息与审计项目资料能够相互补充相互促进，同时提高审计效率。另外，对于已经出具审计报告的项目，审计人员应及时的将审计结果和整改进程进行跟进，确保审计信息的即时性和有效性。

（二）加强财务审计信息化软硬件的建设

信息化高速发展的当下社会，信息化技术的更新换代也是十分迅速的，新技术的运用需要足够先进的软硬件技术的支持，为保证审计信息化的效率，应加大在软硬件方面的投入，为财务审计信息化平台的建设和完善保驾护航。具体来说，硬件方面，加大存储容量，保障硬件的质量和安全性；软件方面，需及时的更新系统，加强防火墙建设，避免系统与互联网的直接接触，保障信息不会遭到破坏和泄露。

---

① 朱华建. 中国企业财务管理能力体系构建与认证研究 [D]. 东北财经大学，2013.

(三)加强人才的引进和审计人员的专业素质培训

财务审计信息化的发展对审计人员的综合素质有了更高的要求,不仅需要从业人员有专业的审计知识,还需要有较高的计算机水平,能够熟练地掌握审计信息化系统,运用其获得所需的信息,完成审计任务。因此,企业应加强对复合型人才的引入,在进行审计人才的招聘时,应注重其专业素质与计算机操作水平的考核,确保新入职的职员能够尽快地适应信息化背景下的财务审计工作。另外,企业应加强自身现有职工的专业培训,确保审计人员能够数量的掌握信息化技术,运用审计专业知识完成财务审计信息化平台的操作。相关的培训是一个持久的、不断更新的过程,培训的内容和形式都需要依据技术的发展和需求进行不断地调整,以确保财务审计工作人员不会因技术要求的提升而被淘汰。

(四)创新审计技术,不断完善财务审计信息系统

大数据与信息化时代背景下,相关技术的发展和进步速度十分迅速,审计质量和审计人员的工作能力的广度和深度都在不断加强。财务审计系统所应用的技术应随着时代的进步不断的更新换代,使财务审计效率和安全性都能得到保证。同时,也应该在企业的信息化审计方式上不断地改进和创新,在系统不断修正的基础上推进审计模式和审计观念的进步,促进企业财务审计取得良好的效果。

随着信息技术的不断发展,企业中的信息化水平不断提高,信息技术的使用形成一种趋势。财务审计的信息化程度也随之增长,财务审计信息化平台的运用使财务审计的审计效果和审计效率都有了较为明显的提升,并且在很大程度上解放了人力,方便了审计档案的存储。企业应加强数据的采集和信息系统间的对接,加强软硬件的建设投入,加大人才的引进和培训力度,并进一步的创新审计技术,确保企业财务审计信息化平台的良好发展和正常运用。

第五节 财务审计在工程成本管理中的作用

随着城市化进程的不断推进,工程项目也不断发挥其对城市建设和发展的推动作用。而激烈的市场竞争,也日益突显出了工程成本管理的重要性。财务审计是一种有效的财务监督手段,有助于降低工程成本,提高项目经费使用效益,在工程成本管理中有着重要的作用。本节对财务审计和工程成本管理的概念以及财务审计在工程成本管理中的作用进行了分析,提出了几点建议以加强财务审计的作用。

一、财务审计与工程成本管理

针对项目工程的财务审计,一般是对项目工程的前期、实施阶段以及竣工阶段的工程造价和投资计划、工程变更情况和实际资金使用情况以及工程的最终造价等相关的财务资料与实际情况进行审计监督。

工程成本就是整个工程项目的各个环节中所有人力、物力所产生的花费的总和。工程成本管理简单来讲就是对这些成本费用进行的预测、计划、组织、协调与控制的一系列的活动。进行工程成本管理的目的主要体现在两方面:一方面是尽可能地降低成本费用;另一方面则是尽可能地实现成本目标和经济效益最大化。

工程成本管理贯穿于整个工程管理的全过程,从中标签约、前期准备到现场施工,最后到竣工验收,每一部分涉及成本的耗费,也就存在成本管理活动。

二、财务审计在工程成本管理中的地位和作用

(一)财务审计在工程成本管理中的地位

财务审计本身就是一种对工程项目的财务情况进行监督的手段,是工程成本管理不可或缺的一个重要环节,有着重要的地位。

一方面,财务审计是对工程项目中涉及的各项财务报表、数据以及等财务制度等各方面进行加以审核监督,这就需要它必须要由一个独立的部门和机构来进行,也只有作为第三方的专门的审计机构和人员才能够客观、公平地对工程成本的情况做出评价,并给出反馈和建议,有助于对工程成本做出合理的调整和有效地控制,对成本管理发挥着重要的作用。审计的这种独立性就显示出了其在成本管理中的重要性。

另一方面,财务审计无论在任何项目当中都需要相应的法律法规作为依据,当前在审计工作方面,我国已有对应的《审计法》和《注册会计师法》,对审计工作进行了定义和审计内容的明确。在这种前提下,财务审计在对工程成本进行监督和管理时,有章可循、有法可依,可以使工程成本管理更加正规化、制度化和法律化,也使得工程建设单位更加重视审计工作,不断提升审计在工程成本管理中的地位。

审计单位的独立性和审计意见的有效性以及审计工作的法制化都决定了财务审计在工程成本管理中占有举足轻重的地位。

(二)财务审计在工程成本管理中的作用

正如上文给出的工程成本管理的内涵所说,任何的工程项目最终追求的始终是能够为国家或者社会带来的经济效益,而工程项目中的财务审计可以通过其对整个工程在造价、投资、过程以及结算方面的有着控制的监督作用,能够有效反映出项目的社会和经济效益,

对工程各阶段的成本管理有着重要的作用。具体可以从工程的前期、实施过程以及竣工等各个阶段以及整个工程成本管理中得到体现：

1. 在工程项目前期

在工程项目的施工准备阶段，财务审计人员根据国家对于建设和审计方面相关法律法规和工程相关规定和规范，结合项目所提供的工程设计资料和相关合同进行工程预算审计。对工程进行预算审计是工程前期准备工作中的重要一环，通过预算审计可以讲工程造价控制在能够满足设计需要的概预算范围内。同时通过审计可以针对不同的阶段的工程资金投入制定相应的计划，可以很大程度上减少不合理预算、无计划资金投入带来的资金浪费和可能出现的资金周转问题，从而实现节约成本和提高资金的使用效益的目的。

2. 在工程项目实施阶段

在工程项目的施工阶段，工程项目的实际资金投入和使用以及预算计划实施情况等可以通过动态的财务审计进行有效的监控。同时工程的具体实施不可能与计划完全相符，在过程当中，可能会出现由于突发情况、设计变更、项目负责人要求等原因而出现工程变更，随之带来的就是在投资预算以及成本变动。财务审计可以讲这些变更情况进行记录和核实，一方面可以作为最终决算审计的真实有效的财务依据；另一方面也可以对当下的工程进度、资金投入和成本调整重新实施监督和控制。可以看出，财务审计在施工过程当中实施动态的监督控制，可以及时有效地应对工程变更带来的成本变化，从而加强了对工程成本管理的力度和及时性以及有效性。而在没有变更的情况下，也能够有效监督预算实施情况，避免不必要的成本增加。

3. 在工程项目竣工决算阶段

工程项目的竣工决算就是对整个在工程的经济效益的反映，主要是将工程前期的概算和预算与施工过程当中实际的资金使用进行对比分析，以确定工程的最终造价和实际成本效益。竣工决算阶段的财务审计，就是工程竣工后的图纸、变更材料以及在工程合同单价外的单价和施工材料的价格动态变化等各方面的审核，以保证其真实性、准确性和有效性，避免出现成本误差，保证工程项目的成本效益，有效提高整个工程成本管理水平。

4. 对整个工程的成本管理

项目工程一般具有较大的时间跨度，过程漫长、多方参与，其中涉及资金的环节和部分也非常多，在项目工程中往往很容易滋生腐败现象。通过有效的财务审计一方面可以起到监督和震慑的作用，使得很多企图投机的人员打消念头；另一方面，一旦出现腐败情况，通过财务审计可以很快发现，并采取相应的责任追究和账款追回，以此可以有效避免或减少由于违规违法行为造成的资金损失和成本亏损。同时，财务审计不仅能够进行财务成本方面的监督控制，对于工程管理中一些由于不合理的管理行为以及成本管理中的一些失误，也可以及时发现问题并进行建议反馈，使错误能够及时纠正，从而一方面避免可由于管理失误而带来的成本增加或者资产损失问题；另一方面也可以优化工程成本管理，提升其管理效率。

三、加强工程项目财务审计成本管理作用的建议

通过对财务审计在工程成本管理中的地位和作用进行分析，可以发现财务审计对降低工程成本支出，提升工程成本效益有着重要意义。因此，本节对进一步加强财务审计在工程成本管理中的作用，提出了以下几点建议：

（一）做好工程前期审计工作

在整个项目的开初，审计人员就要提前做好准备，在招投标阶段就对招标文件等进行严格的审查，尽可能地确保招标文件符合标准和规范，避免招标文件出现不合理之处，给后期带来成本预算或者核算困难；同时对于标底工作也不能忽视，要保证标底价格的合理性和准确性。在项目准备阶段对过程的招投标过程加强审计，一方面可以有效降低可能出现的工程造价成本风险；另一方面也可以有效控制，甚至大幅降低整个工程的造价。

（二）制定切实可行的财务审计计划和方案

正如上文所说，项目工程的具体实施和实践过程不可能完全与计划保持一致，其中难免遇到各种突发或者其他情况。因此，财务审计人员在制定财务审计计划和方案时，一方面要结合工程建设的实际情况，制定符合要求和能够实现财务审计目标的、具有针对性的计划和方案；另一方面，财务审计人员要根据需要，进行动态的跟踪审计，并随时做出方案调整，确保审计审计人员的监督指导工作能够具备及时性和有效性，使审计工作能够顺利开展，充分发挥其对工程成本管理工作的有效作用。

（三）建立高效的信息化的财务审计体系

对审计工作进行信息化建设，可以有效提升财务审计工作的质量，提升其准确性。财务审计人员作为在工程项目中的中立成员，必须要保证做到公平和公正，在违背保密原则的情况下，将财务审计的工程审计结果公布到相关人员建立和所在的信息平台上，各个工程相关部门都可以进行查看，能够最大程度上做好工程项目和成本管理的监督。同时，也能够随时核实财务审计是否准确，避免审计出现失误，能够大幅度地提升财务审计的质量和水平，也更能够对成本耗费和管理进行有效监督。

（四）加强和提升审计工作人员的专业素质

就当前的实际情况而言，当前的在项目工程的财务审计工作成效并不是十分理想，其中一个主要的原因就是负责工程审计工作的人员的专业水平不够高，有些还带有以往审计模式中的态度，很多流于形式，没有真正发挥其作用。因此要加强财务审计在对工程成本管理水平的有效提升，就需要进一步加强和提升当下工程项目财务审计人员的素质和水平，

一方面可以针对审计人员制定相关的制度和规定，并根据财务审计工作的实际效果来对其进行绩效评价，以严格其工作态度；另一方面，要加强财务审计人员的专业知识培训，针对工程项目方面的知识也要进行学习和培训，熟悉工程财务审计的具体工作。另外，还要使其充分认识财务审计本身以及其对工程成本的有效管理和控制的实际作用，能够根据多方的需求来通过财务审计来实现工程成本管理的目标。

第六节 经济责任审计与年度财务收支审计的结合应用

近些年，随着国民经济的高速发展，国家强化了针对各级政府以及相关部门审查的力度，而切实将经济责任审计以及财务收支审计工作做好，不单是本单位自身发展的需求，同时也是加强我国审计监督职能最为重要的一种手段。本节通过对经济责任审计以及财务收支审计的概念分析，探讨了二者的结合应用。

一、经济责任审计

就理论层面来说，经济责任审计也就是相关审计部门针对党政干部、国有企业领导以及他们所处地区、部门和单位的财政收支与相关的经济活动加以审查，从而对党政干部以及企业领导在经济责任方面实际的履行状况加以监督和评价的一种方式。进行经济责任审计最为主要的目的是依据被审查干部履职状况，将财政财务收支以及相关经济活动所呈现的合法性、真实性作为基础，将国家经济发展相关的一些重要事项作为重点，针对被审计人员在权利应用以及经济责任履行等方面做出的相关工作和所存在的问题加以客观评价，有效推动领导干部在实际工作当中遵纪守法、尽职尽责。

二、财务收支审计

财务收支审计指的则是针对企事业单位、金融机构实际的财务收支情况以及相关的经济活动在合法性与真实性等方面做出审计监督，对于企业在一定时间之内的财务状况以及经营成果做出综合性审查，同时做出具有较强客观性的评价。实施财务收支审计主要的目的在于对单位财政以及法律纪律加以维护，利用对经营管理方式的改善，有效提升企业所获得的经济效益。审计工作的重点是企业的整体财务情况。

三、经济责任审计与财务收支审计的结合

（一）把年度审计融入计划性的措施当中

通常在年初，单位在对年度审计计划加以制定的过程中，会针对审计工作当中的一些

相关要素做出新的部署和安排，主要包含审计项目、时间以及考核标准等。相关人员一定要在年内达到年度考核当中的各种要求。不过因为经济责任审计工作具备一定的偶然性以及突发性，单位领导的更换通常无法跟年度计划所设置的时间之间相互统一，也就造成很难让经济责任审计彻底融入年度审计工作的相关计划当中。而在这样不确定性因素的影响之下，对单位审计工作的安排无法实现对各种资源高效的整合，审计工作所呈现的效率也较为低下。针对这个问题来说，应该对经济责任审计跟财务收支审计之间的有效融合加以考虑。在审计工作进行的过程当中，要是单位内部已经把经济责任审计相关的事项以及内容融入到了财务收支审计的工作计划当中，当收到了相关组织部门的委托进行经济责任审计的时候，对财务收支审计的方式加以利用可以有效降低相应资源的投入，还能有效呈现出经济责任审计所具备的价值以及目的。在工作结束之后需要将审计底稿存档，继而给日后的审计工作提供重要的基础和依据，从而避免重复审计的问题出现。

（二）审计工作效率的提升

经济责任审计工作通常是出现在单位领导调离岗位之后，针对其在职期间所进行的各种经济活动以及相关的事项加以审计。而因为各领导在岗位任职的时间不相同，而且审计内容和项目也不同，导致在进行审计计划的制定当中，无法对经济责任审计具体的方案加以确认。要是审计工作在领导离任之后很长时间才开始进行，那么最终所获得的审计报告在真实性方面会大打折扣。如果有在任时间比较长的领导离任之后，负责审计工作的部门需要尽可能快的将各个审计项目完成。要依据相关法律和法规所提出的要求，针对领导在职期间的实际情况做出更为客观的评价。相对经济责任审计来说，年度财务收支的审计工作所关系到的内容会更多，其实也就属于经济责任审计工作当中的内容，提升财务收支审计工作系统整体的运行效率，确保财务收支审计工作实施过程和结果具有更好的完整性、真实性以及准确性，让经济责任审计在工作效率方面得到进一步提升。有些审计结果能够直接在经济责任审计当中进行利用，继而在有效提升审计效率的情况之下，确保经济责任审计可以更为顺利地完成。

四、强化经济责任审计跟财务收支审计之间融合效果的对策

（一）领导干部的配合和支持

当单位领导离任之后，不应该一走了之，应该积极地配合原在任单位所实施的整改工作，并且针对所出现问题导致的结果承担相应的责任。继任领导需要坚持规范管理，积极推动单位更为稳定、健康的发展，肩负整改责任。要积极设置审计工作主管人员、责任部门以及工作人员，保证问题能够得到全面的整改和落实。新上任的领导需要对问题出现的原因加以全面的分析，对经验和教训进行总结，保证在新的单位和岗位上不会有相同的错

误再次出现。

(二) 审计内容的拓展

就我国目前的情况来说，经济责任审计跟财务收支在很多领域的融合还不够。所以，需要对审计内容做出进一步深化，重视对被审计单位实际的业务活动以及资金流向形成掌握，关注那些重大的经济决策、债务、工程建设、环境以及资源等方面的问题。应该在部分地区推行领导离任后经济事项的交接，以及年度经济责任情况的报告试点，逐渐实现针对全部领导在离任之后进行经济事项的良好交接。

(三) 强化对重点领域的审计力度

在新时期新形式之下，需要积极强化所有负责审计工作的人员对中央下达的各种规定、章程以及精神进行学习，继而更为充分地意识到公务支出以及公款消费审计所具备的重要性质。在一些重点领域，比如公款消费状况，需要把公务支出以及公款消费的实际情况融入财政预算的执行审计、财务收支审计以及经济责任审计内容当中，不断强化审计力度，保证公务支出以及公款消费的审计工作能够落实到位。还要积极强化针对审计过程所发现问题的整改情况跟踪，让审计工作呈现出更高的公开程度，让审计监督可以和社会舆论监督之间形成更好地融合。积极把握好单位自身的作风建设，在对公务支出以及公款消费的规范方面做好榜样作用，强化自我的监督、约束以及规范。

综上所述，让经济责任审计跟财务收支审计之间实现良好的融合，是对审计工作的创新，是在社会主义经济建设过程当中呈现出的一个新课题。这项工作所涉及的内容具有较强的复杂性，需要负责审计工作的人员做出综合性考虑，继而利用调查研究之类的方式对审计工作做出不断地完善。要积极推动经济责任审计以及年度财务收支审计之间的统一执行，让审计工作呈现出更为优质低公平性、公正性以及公开性，从而在国家和社会发展的过程中呈现出更为优质的效果以及作用。

第七节 风险导向审计在财务决算审计领域的应用

风险导向审计是指通过审计风险模型展开的审计工作，其主要目的是从财务管理战略层面来规避重大风险，适用于财务审计的整个流程，同时，"传统风险导向审计"的实践机制本身就是源于企业组织财务报告存在的重大风险缺陷，这意味着这一工作的理论是建立在内部控制基础上的，即"审计风险"不可忽视企业组织内部的风险因素，包括企业经营范围、工作人员品质、主要业务性质等，但却忽视了外部环境；随着我国市场经济体制的不断完善，风险导向审计不能仅局限于理论研究，更应该落实到具体审计对象、过程中去，从而提升财务决算审计的质量。

一、风险导向审计概述

"风险导向审计"模式的出现与现代社会审计环境剧变存在密切关系,全球经济一体化、互联网经济崛起、信息技术等对传统企业经营产生了颠覆性影响,也不断地导致企业组织形式、经营模式、会计准则等发生嬗变,企业之间的单一联系,逐渐被市场主体多元化打破,由此产生的业务和财务合作变得更加复杂,客观上,可能产生的财务风险概率增加,如财务报告舞弊现象。

同时,"风险导向审计"在广义上包括"传统"和"现代"两个定义范畴,其特征区别在于:①前者注重审计测试,而后者注重风险评估;②风险评估从直接类型转变为间接类型;③后者更加重视对信息的加工处理,实现以分析性复核为中心的态势;④风险评估模式逐渐由零散走向结构化,从统一标准化买入个性针对化。

结合一般企业组织的特点,在进行财务决算的过程中,通常会把范围限定为基础建设业务、货币资金业务、收入核算业务、项目研发业务、物资采购与支付业务、物流与仓储业务、其他投资业务等七个方面。相应的,确定风险的层级主要有三类,分别包括错报风险、特殊风险和过程风险,每一种风险对应的风险要素不同,因此风险导向审计本身就是一个针对性概念,事先必须了解不同风险类型的容纳体系,以及不同风险因素的权重大小。

二、风险导向审计在财务决算审计领域的价值

改革开放至今我国经济建设取得了巨大的成就,而市场经济体制的改革和完善过程中,也出现了大量的经济问题。尤其近年来,国内外不断出现审计失败事件,对国民经济的健康发展产生大量不良影响,也导致传统风险导向审计缺陷显露出来。一方面,我国企业组织中传统风险导向审计的模型设计存在缺陷,而依据审计模型展开的审计工作,包括控制风险、固有风险、审计风险等在内,往往表现出较强的"主观性",审计结论也停留在"基本可信"的程度。另一方面,传统风险导向审计往往采用"实用主义""简化主义"的观点,暴露了其审计不符合系统理论的特征,缺乏对企业之间、内外环境之间联系的关注,由此导致"一叶障目"的问题。

此外,我国企业组织所采取的传统风险导向审计中容易忽视资源分配集约性问题,由于它是一种"自上而下"的审计形式,设计中会全面考虑可能性,从而导致审计资源配置"面面俱到",从而造成严重的浪费。基于此,"风险导向审计"在财务决算审计领域的价值如下。

(一)满足内部审计转型需求、降低企业组织审计风险

基于现代企业组织内部的审计提出从"账目审计"向"风险审计"的转变诉求,结合风险评估的成果,可以集中力量实现重大风险制定审计的工作规划,以及确定相关审计内

容实施的要点；同时，由于风险导向审计本身是围绕着预期目标展开的，那么以此为依据圈定的审计范围也更加能够突出企业业务特征，在分析风险成因、影响、规避措施等方面体现出针对性。

（二）符合财务决算过程中高风险特征的规避需求

客观上，财务决算审计离不开大量数据报表的审查工作，而立足企业经营状况而言，审计者必须对企业组织全年的经营情况有详细的了解，由此就产生了时间和效率的矛盾。由于财务决算审计往往发生在年底或项目结束后的一个短周期内，为了达成任务，就只能采取审计抽样的方法，因此财务决算审计本身就具有很高的风险；结合风险导向审计的特征，可以将审计集中到重点项目或财务活动上，从而实现高风险的可控性。比如说，审计人员重点关注某一个周期内的财务情况，或较为容易出现风险的业务环节。

（三）有效提高财务决算审计效率

"十三五"期间，我国已经成长为世界第二大经济体，企业作为市场经济的参与主体，其成长速度也是不容小觑的。但企业的快速发展存在制度更新滞后的制约，对于内部审计的需求也不断提高，由此又产生了资源矛盾。即企业组织内部可分配的审计资源是有限的，即便在领导层重点关注下，也会存在单一审计项目中的资源缺失，特别是"财务决算审计"这样在短时间内需要解决大量数据报表的工作，所以实践中为了提升效率，就要做到有选择性的审计，尽可能挑选审计价值高的项目（即高风险项目），突出重点内容和要素。

三、风险导向审计在财务决算审计领域的应用策略

（一）审计目标

审计是一种评价，"财务决算审计"则是对会计财务报表合法性、合理性的一种意见提交，明确审计目标是一个前提条件，也是风险导向审计挖掘重点的依据。具体的判断内容包括会计报表的余额是否合理，是否包括了全部经济业务金额，是否存在遗漏或隐瞒等。

（二）风险识别

财务决算审计风险能否识别，很大程度上依赖对被审计项目整体情况的了解，如被审计单位的属性，这是最重要的一个定性要求。如果没有对被审计单位的性质进行确认，那么以查阅方式来了解以往审计报告、资料的做法也就没有意义，它并不能实现该单位在当前社会形态下的因素结合，如经济制度、政策法规等。

（三）风险评估

在完成"风险识别"之后，可按照财务决算风险发生的可能性、发生后的影响程度等

进行风险评估，其中，风险发生的可能性判断依赖风险存在证据的多少，风险影响的判断则涉及财务报表的合法性、合理性，需要通过量化对比的方式实现。

（四）审计重点

很显然，在审计人员获得了风险评估的结果之后，也就相当于获得了财务决算审计的重点内容，以此为依据进行确认，有利于设计针对性的解决措施，排除小概率风险，满足审计重点得以突出的需求。

（五）审计规划

财务决算审计工作的规划主要包括了实施流程、资源分配、人员协调、部门配合等，特别在人员和资源上，考虑到审计组织往往是临时建立的，实际工作中存在一定的隔阂和不足，这需要在审计规划中提前准备。

积极开展风险导向审计工作是现代化企业组织内部审计的发展趋势，它不仅有利于提高审计效率和质量，同时也强化了企业组织的财务安全，有效降低审计自身的风险概率。我国社会中的风险导向审计应用仍处于起步阶段，尤其是在大量中小企业中，内部审计并没有从传统模式中跨越出来，或者用到了些许风险导向审计的方法，因此，还有待于进一步推动和完善。

第八节　资金平衡分析方法在财务审计中的应用

通过账实核对确定货币资金余额，通过逐笔核对确定资金来源的实际金额，借助资金运动的平衡关系，可以推导出资金运用的实际金额，从而确定账务记载的完整性情况，发现应记账而不记账的严重舞弊行为。运用资金平衡分析进行财务审计，一方面能够提高工作效率，更重要的是能够保证审计程序的充分性和适当性，保证审计效果。

一、在财务审计中引入资金平衡分析的必要性

（一）现行审计实务中对财务信息完整性的忽视带来一定风险隐患

自人民银行内审部门成立以来，财务审计在督促各基层行遵守国家财经法规和纪律方面发挥了积极的作用，但在实际的内审操作中，审计人员一般采取从分户账记录追查原始凭证的方法，如果发票合规并履行了规定的审批程序，则做出经费核算未发现问题的结论。这种只关注财务支出真实性的审计方法，实际上只是机械地充当了会计检查或辅导的角色，只能看到被审计单位想让审计人员看到的东西。在极端的例子中，如果有关人员串通，将地方财政部门拨入的补助经费，采取收款不入账的方法，直接提取现金，设立小金库，上

面的审计程序就无法发现。现行审计实务中对财务信息完整性的忽视，使审计人员有可能无法发现某些故意的严重舞弊行为，带来一定的风险隐患。

（二）兼顾财务信息的真实性与完整性，审计程序中要重视逆查法的运用

真实性与完整性构成财务信息质量的两个方面，两者相辅相成，不可偏废，在审计工作中，对这两方面都要给予足够的重视，都要采取充分的审计程序。要审计账务记载的真实性，采用的方法是顺查法，根据账簿记录追查记账凭证再到原始凭证；要审计账务记载的完整性，就要把以上顺序颠倒过来，根据原始凭证追查记账凭证和账簿记录，即采用逆查法。逆查法可以帮助审计人员发现应该记账而未记账的事项，发现账务记载中故意隐瞒的部分，而这些恰恰是审计的重点所在。

（三）逆查法的重点是对银行对账单的逐笔核对

逆查法要根据原始凭证追查记账凭证和账簿记录，这里的原始凭证既包括合同、发票、审批单等，更重要的是银行对账单。对账单是开户银行提供的外部凭证，完整地记载了被审计单位资金收支的全部情况，审计中不仅要核对某一时点的余额，更要核对审计期内的全部发生额。如果只核对时点余额，可能无法发现期初将资金转出使用期末结账前再转回的挪用行为，这种行为严重违反财经纪律，是审计的重中之重。对银行对账单的发生额与银行存款日记账及费用分户账进行逐笔核对，确定所有资金收支已经全部及时入账，才能实现财务信息完整性的审计目标。

（四）运用资金平衡公式可以保证审计程序的充分性

以财务信息的可靠性和完整性为审计目标，审计人员必须全面核对银行对账单的余额和发生额。这时会面临这样一个问题，核对全部发生额的工作量太大，审计时间不够，而资金平衡分析方法能够解决这个难题。这一方法借助资金运动的动态平衡关系，通过对期初期末资金余额的账实核对，以及对资金来源情况的详细审计，分析推导出资金运用的完整性情况，再根据金额和性质标准，抽样选取部分支出项目进行检查，就可以实现审计目标。实际工作中资金来源业务其实很少，每年超不过三四十笔，与现在很多审计人员花费大量时间去详细审计资金运用业务的方法相比较，运用资金平衡分析进行财务审计，一方面能够提高工作效率，更重要的是能够保证审计程序的充分性和适当性，保证审计效果。

二、资金平衡分析的具体应用

资金平衡分析是基于资金运动平衡公式的审计分析方法，资金运动平衡公式是指，期初货币资金，加上审计期内资金来源，减去审计期内资金运用，等于期末货币资金。其中期初、期末货币资金是时点变量，其余额通过账实核对很容易可以确定，比较复杂的是资

金来源和资金运用这两个反映发生额的时期变量，具体到人民银行来说，资金来源包括预算拨款和其他收入，资金运用包括人员经费、公用经费、项目支出等各项费用支出。资金平衡公式包含四个变量，审计过程中如果确定了其中三个，很容易就能推导出第四个。以资金平衡公式为线索开展财务审计，主要思路包括下面四个步骤：

（一）确定期初期末货币资金

就是现金和银行存款的余额，审计方法是账实核对，即监盘库存现金，核对银行存款日记账与银行对账单余额。

（二）确定资金来源的实际数额

方法是逐笔核对银行存款日记账与银行对账单的借方发生额。由于人民银行实行收支两条线的财务预算管理制度，其经营收入及资产收益应全部上缴国库，能够用于各级行自身支出的资金来源只包括预算拨款及上级行和地方政府拨入的补助经费两部分。通过对银行存款借方发生额的逐笔核对，剔除不能用于自身支出的部分，就能够确定资金来源的实际数额。

（三）计算资金运用的实际数额

确定账务记载的完整性情况。用期初货币资金余额，加上审计期内的资金来源，减去期末货币资金余额，计算出审计期内资金运用的实际数额。将资金来源和资金运用的实际数额与收入分户账和费用分户账进行核对，看是不是所有收支都已经记账，如果有未记账的情况，则要进一步查明原因，查明是不是存在舞弊行为。

（四）对资金运用进行审计，根据金额和性质标准，抽样选取部分业务进行检查

根据金额标准，达到重要性水平的支出要核对付款记录与发票合同，以确定这些支出是否真实有效，是否履行了规定的审批程序。根据性质标准，对部分支出科目，如固定资产购建类支出、货币发行费、安全防卫费等，要重点关注资金用途是否符合规定的开支范围。近几年由于人民银行财务紧张形势日益加剧，将货币发行费、安全防卫费科目用于发放工资或公共经费支出的现象开始在部分地区出现，审计中要予以关注。

三、运用资金平衡分析需要注意的问题

资金平衡分析为财务审计提供了一种简单有效的操作思路，将账实核对、详细检查与抽样审计的方法结合起来，以达到确认财务信息的真实性与完整性的审计目标。在实际应用过程中，需要注意以下四个问题：

（一）"资金平衡"是"账务记载没有问题"的必要条件而不是充分条件

也就是说，如果"账务记载没有问题"，那么资金运动肯定是平衡的；如果资金运动不平衡，那么账务记载肯定有问题。但是反过来就不一定成立，不能说如果资金平衡，那么账务记载一定没有问题，也有可能公式的左右两边都发生了相同金额的错误或者遗漏，或者也可能公式的某一边发生了相同金额的一加一减。因此更要强调四个步骤中的第二步工作，强调对资金来源要逐笔核对。

（二）零星现金收入也构成资金来源的一个部分

一般情况下的财务资金表现为现金和银行存款两种形态，随着公务卡结算制度的推行，人民银行财务工作中的现金业务越来越少，只有资产处置零星收入可能涉及现金来源。如果存在这种情形，审计人员一方面要把收入金额与相关合同协议进行核对以确定其真实性，另一方面要核对收款收据的连续编号以确定账务记载的完整性。根据财务制度规定，资产处置收入应作为财务收入并入人民银行大账，这种零星现金收入最后还是存入银行，年度中间作为暂收款项处理，年末作为财务收入逐级上划，形成银行存款的来源。

（三）暂收款项和暂付款项应分别作为资金来源和资金运用处理

除了预算资金外，实际工作中还存在各种暂收暂付款项，暂收款项增加或者暂付款项减少，是一种资金来源，可以理解为能运用的资金增加了；暂收款项减少或者暂付款项增加，是一种资金运用，也就是能运用的资金减少了。暂收暂付款项虽然数额不大，但是资金性质特殊，制度规定比较零散，日常管理容易出问题，审计中要给予特别的重视。暂收款项除业务处理过程中的代收代扣款项外，主要是上级行拨入的业务补助经费如支付系统运维费、外汇专项经费、征信业务补贴费等，以及地方财政拨入的补助经费，这些款项在收入时已经规定了明确的用途。而暂付款项则主要是备用金和存出的保证金等，由于公务卡结算的推广，这类款项一般很少发生。对于暂收暂付款项，主要应该关注用途与来源的对应情况，关注每一笔收到的款项是否都用于规定的用途。

（四）运用计算机辅助审计技术可以提高资金平衡分析的效率

开始阶段，可以先借助 EXCEL 等软件，对业务数据进行简单的筛选、计算等处理，更进一步，内审部门与科技部门、业务部门积极联系协调，逐步在业务管理系统中增加审计功能模块。例如，在财务综合管理系统中，建立预算管理、采购管理、费用管理、固定资产管理、审计管理等模块，审计管理模块可以实时访问分户账、银行存款日记账和银行存款对账单数据，并建立相关分析比对模型，使资金平衡分析可以借助镶嵌在业务管理系统中的审计模块通过网络完成，实现实时的跟踪与检查，及时发现可能存在的风险隐患，充分发挥财务审计的建设性作用。

第九节　财务成本管理在公共工程绩效审计中的应用

公共工程绩效审计，是指审计机关或机构以及审计人员对由政府出资或管理的，以社会公众为受益人的工程建设项目的经济性、效率性、效果性所进行的检查和评价。从绩效审计方法上，除了采用财务审计所运用的检查法、观察法、分析性复核等一般技术方法外，还要采用财务管理、概率论、规划论、经济数学、计量经济学等学科中的一些专门方法。

在实际绩效审计工作中，往往只对公共工程的社会效益进行粗浅评价，对项目自身产生的经济效益很少或不进行评价；只采用审计的一般技术方法，很少采用一些专门技术方法进行分析论证；常常依据法规条款进行定性分析，很少用定量方法进行定性分析。导致绩效审计项目审计方法简单、审计结果不深不透。所以一些专门的技术方法如何在绩效审计中应用，是目前审计人员需要面对和解决的问题。本节就以某乡公共基础设施提水泵站绩效审计调查为例，该泵站是 2000 年始建，2002 年全部建成，设计灌溉量 7 万亩，总投资 2212.46 万元，其中：初始投资 1630 万元，后续投入 582.46 万元，现利用财务成本管理中的一些方法，对此项目绩效审计调查方法进行探索，对项目的经济性、效率性、效果性进行审查和评价。

一、量本利分析法对项目经济性的审查和评价

量本利分析法是指成本、数量、利润之间的关系。其分析的主要内容包括：盈亏临界点分析、盈亏临界点的作业率、边际贡献分析等。盈亏平衡分析的关键是找出盈亏平衡点，将实际或预期的业务量水平与盈亏平衡点相比较，审计人员利用它，可以确定盈亏的可能性或投入的经济性。

建立量本利数据模型，利润＝收入－总成本＝单位价格 × 业务量－单位变动成本 × 业务量－固定成本，计算盈亏临界点业务量和盈亏临界点的作业率。

二、投资回收期法和内含报酬率法对项目效率性的审查和评价

（一）投资回收期也称静态投资回收期

指以投资项目的现金流量收回全部投资成本所需要的年份。应用投资回收期法评价效率性时，主要是从增加投资流动性和避免风险的角度看投资是否尽早回收，投资回收得越快，风险越小，项目越有利。

（二）内含报酬率

指使未来现金流入量现值等于未来现金流出量现值的贴现率。内含报酬率是方案本身的收益能力，反映其内在的收益水平，是项目全部投资所能获得的实际最大收益率。由于引入了货币时间价值，审计人员利用它，可以直接与适当的资金成本或最低收益率相比较，更科学地审查和评价项目。

三、因素分析法和事前事后法对项目效果性的审查和评价

（一）因素分析法

是把某一个综合指标分解为若干个因素，然后逐个衡量它对这一指标的影响和影响程度的方法。运用因素分析法，准确计算各个影响因素对分析指标的影响方向和影响程度，有利于审计人员研究各种因素变动对效果的影响程度，提出增加效益的审计建议，促进目标管理，提高经营管理水平。

（二）事前事后法

将项目或措施实施前后的状况相对照，以考察项目或措施实施后的结果和影响，进而评价其效果性。

通过对某乡提水泵站绩效审计调查的探索和实践。在不断的摸索和尝试中筛选、确定、创立符合实际需要的评价指标，逐步形成较为科学合理、系统完善的绩效审计指标体系，反过来再指导绩效审计的实践。逐步探索出适合公共工程绩效审计方法，为全面推进绩效审计夯实基础。通过绩效审计从体制、机制和管理上去解决发现的问题，从如何提高资金的使用效果，最大限度地发挥财政资金的使用效益，取得良好的经济效益和社会效益等方面提出更高层次的建议。为上级审计机关和本级政府交出一份有深度、有特色的绩效审计报告，真正发挥审计的"免疫系统"功能。

第十节　企业财务数据分析在房地产贷款审计中的应用

财务报表是会计主体对外反映经济活动全貌的会计报表，通过对报表的分析，可以掌握会计主体的财务状况、经营成果、现金流量等信息，全面了解其生产经营情况。一般而言，贷款企业提供给银行的会计报表主要有资产负债表、损益表和现金流量表，读懂和理解这些报表，有助于审计人员了解企业生产经营状况；运用财务指标分析方法认真剖析财务数据，能够使审计人员更清晰地捕捉财务信息，挖掘深层次问题。

一、通过对企业报表"存货"科目资金来源分析，发现个别房地产开发贷款资金支用与项目自有资本金的到位情况不匹配

房地产开发贷款一般均设定前提条件，"项目自有资本金先于银行贷款资金投入使用"，由于房地产开发企业财务报表中"存货"科目用于核算开发项目的成本，现场查证过程中，审计人员可对照企业财务报表附注，分析"存货"科目的资金来源，即项目"存货"科目余额减去银行借款余额和预销售收入即为企业实际已投入的自有资金，再与项目评估报告中的项目资本金相对比，查看该前提条件是否落实。如，A公司开发的"未来新城"二期项目评估报告显示，该项目总投资47762万元，其中自有资金12646万元，预售收入10116元，银行贷款25000万元。2009年12月开始，经办行陆续发放项目贷款25000万元（截至2009年12月31日贷款余额3500万元）。借款人2009年末经审计的财务报表及附注显示，"存货"科目中"未来新城"二期余额为9723万元，即该项目已投入开发成本9723万元。由于在该时点本项目尚未形成销售，其资金来源仅为自有资金和银行贷款。经测算，剔除经办行贷款金额3500万元后，截至2009年末该项目自有资金到位仅为6223万元（9723-3500=6223万元），低于项目评估报告中应投入的自有资金12646万元，因此，贷款审批要求的"项目自有资本金先于银行贷款资金投入使用"的前提条件未能落实，房地产开发贷款资金支用与项目自有资本金的到位情况不匹配。

二、通过对报表中"存货""银行借款"等科目余额的对比测算，发现部分房地产开发贷款资金支用与项目建设进度不匹配

房地产开发企业财务报表中"存货"科目，用于核算已支出的开发项目成本，包括土地购置费用、建安成本等内容，"预付账款"科目核算部分已支付但尚未开票的账款，审计人员可以通过上述科目数据得出开发项目已投资金额，进而推算出项目形象进度，再与银行借款的支用进度相对比，从而得出是否超项目开发进度支用贷款的结论。继续以上述A公司开发的"未来新城"二期项目为例，该项目总投资47762万元，其中银行借款25000万元。2010年末经审计的财务报表及附注显示，"存货"科目余额中核算"未来新城"二期项目开发成本为17511万元，"预付账款"科目余额为0，长期借款余额25000万元。企业报表数据说明该项目已投资金额为17511万元，项目建设形象进度为36.66%（项目建设形象进度=项目已投资金额/项目总投资金额），而经办行贷款支用进度已达100%，贷款投放进度远超项目开发进度。

三、通过对企业报表现金流量结构分析，发现少数贷款资金被关联企业占用

现金流量结构分析就是在企业资产负债表、现金流量表有关数据的基础上，进一步明

确现金流入的构成、现金支出的构成,从而追踪经办行信贷资金流入后,是否被借款人用于项目开发建设,有无被挪用、被占用的现象。如,B公司为2010年新成立的项目公司,为开发"龙腾园"项目在经办行贷款2.5亿元(其中2011年期间支用贷款2亿元),贷款发放后均全额转给项目建筑施工单位C公司,C公司为B公司的集团母公司。审计人员对借款人2011年经审计的报表进行现金流量结构分析,该公司2011年期间主要现金净流入科目分别为"银行借款"增加现金流入2亿元、"预收账款"现金流入0.3亿元;主要现金净流出科目分别为"存货"科目核算项目开发成本支出1.2亿元、"其他应收款"科目核算借出款项1.1亿元。上述现金流入与现金流出相对比,说明经办行信贷资金至少0.8亿元(银行借款增加2亿元-存货增加1.2亿元=0.8亿元)未用于项目开发,而财务报表附注中"其他应收款"科目明细显示,B公司有对C公司的其他应收款项0.5亿元,因此,经办行信贷资金部分被集团母公司占用。

四、内外部多方采集企业财务数据,核对发现个别企业财务报表真实性不足

甄别企业财务报表是否真实,可查看企业各年度、月度财务报表数据是否连续性,可与人行征信记录中录入的财务报表相对比,也可通过数据的对比分析判断几个相对重要财务指标的真实性。如房地产开发企业自有资金除注册资本外,主要来源于股东追加投资,一般会记入"资本公积"科目,审计人员可对比股东财务报表数据,查看是否存在该项投资信息,判断"资本公积"是否真实存在;又如D公司为项目公司,2012年3月31日的企业财务报表"预收账款"科目余额为4582万元,即为其开发的"祥和福苑"项目预售款收入。审计人员发现该项目仅在经办行办理的按揭贷款金额就达6800万元,企业财务数据明显与事实不符,财务报表的真实性不足。

五、有效利用财务数据,最大限度发挥财务数据作用

(一)找出关键数据,快速掌握企业基本情况

企业财务数据,报表繁多,许多人如读天书,看不懂报表。其实,找出关键,重点出击,了解几个主要数据,基本上就可以掌握企业的财务情况。比如关注现金流量、应收账款、利润、应付账款等数据的变化,可了解企业现金是否充裕、分析客户动态、根据企业和供应商的关系,合理安排资金支出,保证现金流量,确保盈利指标实现。

(二)与业务相结合,最大限度发挥财务数据作用

其实,企业财务数据反映出的不只是财务层面上的问题,这就需要我们从业务的角度出发来解读、分析这些财务数据。财务的问题是最后的反应,真正要解决财务问题,最终

还是要结合相关业务来解决。只有与业务相结合，才能最大限度地发挥财务数据作用。

综上所述，企业财务数据对于银行内部审计部门开展信贷业务审计至关重要，只有读懂企业财务数据，才有可能更好地开展审计项目，并使之成为把好银行贷款关口的一个重要保障。

第十一节　企业内部审计中计算机辅助审计的应用

作为审计管理中的重要环节，提高审计质量对提高审计结论质量具有极大的影响。在传统的手工记账中，企业财务审计只能通过对纸质资料进行审计，成千上万的纸质凭证、报表、账簿等过大地加大了财务审计工作人员的工作量，并严重影响着工作的进度和质量。随着现代计算机科学技术的发展，企业内部审计开始尝试应用和发展计算机辅助审计应用，通过现代化的审计软件，实现对企业财务审计的有效监控，让繁重的审计工作变得更加简单高效，计算机辅助审计融合了会计、审计、计算机技术、现代网络通信技术等，随着企业财务理论的发展和实践，计算机辅助审计在财务管理中的作用越来越明显和突出。

一、企业内部计算机辅助审计的主要内容

相对于国家审计机关和社会机构的审计工作，企业内部审计因其审计内容的不同而具有自身的特点。一方面，计算机审计要对计算机本身进行，包括计算机的工作系统、硬件、软件、存储数据信息等，以及时发现和解决计算机审计软件的问题。另一方面，计算机辅助审计要针对会计电算化的系统、会计原始凭证、会计报表等进行详细的审计，通过将这些资料转移到计算机设备上，审查出一份真实和公正的结果。

二、计算机辅助审计在企业内部审计中的应用

通过计算机软件高效、简便的操作系统，企业财务管理工作的准确性和真实性都得到了极大的提升，计算机辅助审计作用的有效发挥对于企业内部审计工作具有重要的意义。

（一）评估被审计单位的内部控制风险

随着社会的进步和发展，越来越多的企业采用会计电算化的方式提高企业财务管理效率和质量。在正式应用会计电算化软件之前，企业审计人员要及时对软件的内部风险进行准确评估，并把握好审计工作人员对电算化软件的依赖性，在评估被审计单位的内部控制风险的过程中，可以应用三种方式：一是详细分析测试系统；二是选样测试系统；三是评估审计资料中数据的安全性。

（二）保障会计电算化环境的安全

要确保企业会计电算化环境的安全性，审计人员要全面了解被审计单位财务会计数据信息的管理模式和方法，以此判断被审计单位的计算机使用情况是否可以满足审计方案实行的要求，进而有序开展计算机辅助审计工作。在这一过程中，计算机辅助审计工作能够有效发现企业内部控制中的问题，并提供修正的建议及方案，从而加强企业会计电算化环境的安全性。另外，计算机辅助审计可以帮助企业尽快制定出较为严密和完善的计算机内部审计制度，提高计算机处理数据的真实性，保证电算化环境下会计信息的质量。

（三）辅助企业现场审计工作

计算机辅助审计还可以用于企业现场的审计工作，在企业内部审计时，计算机辅助审计要对企业的财务会计信息和数据进行选择性的收集、转换和分析，这是企业现场审计工作中的重要环节，在对企业内部控制风险进行评估之后，审计人员要对企业财务信息中的控制风险和弱点进行数据的收集，再将数据信息转移，依据审计方案进行整理和分析，提高企业现场审计的质量和效率。

1. 财务数据的收集

财务数据的收集也被称为导出，被审计单位的财务管理数导出方式有三种：一是通过被审计单位的计算机财务管理软件，将财务数据的形式转变为通用数据库的格式，这种导出方式应用得较为普遍。二是不需转变，直接使用被审计单位财务数据的备份，这种操作方式能够在最大程度上保证财务数据的完整性和真实性。三是从被审计单位计算机软件的原始数据库表中导出财务数据。

2. 财务数据的转换

财务数据的转换指的是迁移导出的数据。目前，审计人员常用的迁移方式是网络下载，用自备的电脑连入被审计单位的网络，再获取一个合法的网络账户，直接从被审计单位的数据库中导出财务数据。还有一种方式可以用来转移财务数据，这种方式需要一条网络线在两台电脑之间形成对等网，将被审计单位数据库中的数据目录进行共享，才可以拷贝到另一台电脑。

3. 财务数据的分析

财务数据的分析是计算机辅助审计工作中的关键环节，这一过程是通过计算机系统的二次数据加工作用，逐次过滤和统计财务金额、摘要、科目等项目，再进行快速的数据运算和整合，发现数据变化的规律和趋势，得出财务信息变化的实质性原因。计算机辅助审计应用通过客观、快速的计算和分析工作，能够在极大程度上提高审计结果的全面性和准确性。

三、企业内部审计对计算机辅助审计的应用模式分析

在了解了计算机辅助审计的操作方式之后,可以进一步分析企业内部对计算机辅助审计的应用模式,这对充分加强企业财务管理有重要的促进作用。

(一)通用型计算机辅助审计

通用型审计软件,简称 GAS,这种模式的计算机辅助审计能够充分发挥审计的作用。GAS 可以帮助审计工作人员合法高效地访问和获取企业财务数据库的平面数据和资料,这是开展审计工作的重要环节。GAS 在测绘上的作用较为突出,通过测绘计算机中海量的数据和信息,获取其中具有较高价值的资料数据,帮助审计人员调查分析出更加合理清晰的审计结果。GAS 对审计人员的计算机操作水平要求不高,是目前较为流行的计算机辅助审计模式。

(二)内部嵌入式计算机辅助审计应用

内部嵌入式计算机辅助审计是通过集合计算机各个系统的代码,将程序迁入到审计系统中,内部嵌入式计算机辅助审计系统能够及时监控各项交易,记录和检查交易过程中的细节,还可以代替审计人员定期地浏览和检查设计性文件,具有较强的适用性,为企业内部审计发挥较为广泛的作用。在应用内部嵌入式计算机辅助审计时,需要注意时间上的适用性,否则会降低系统的运行质量,这需要进一步的测试和优化,才能实现系统全面的高效性能。

(三)通过电子表格系统进行辅助审计

EXCEL、LOTUS 等软件都属于计算机电子表格系统,这些常用的电子表格工具对于企业内部审计也能发挥巨大的作用,是计算机辅助审计的另一种应用模式。电子表格系统通过宏的编程结果实现电子数据的存档、数据库管理和图表生成与统计,并通过与计算机其他系统软件的连接,生成系列性的数据函数,有助于财务数据的进一步分析和筛选等。财务审计人员利用电子表格系统形成的存档数据、数据库和图表、函数等,进行随时的数据更定,过程简单快捷,结果清晰准确,可以说,计算机电子表格系统在企业内部审计工作中具有独特的优势。

(四)完成数据的自动保存和瞬时数据的自动提取

企业在开展内部审计时,审计人员要将财务数据从数据服务器或者大型的计算机服务器中提取出来,传统的数据提取和保存过程较为复杂,计算机辅助审计则可以帮助审计人员更快捷、更全面、更准确地进行数据的提取和保存,通过定位财务数据,再进行数据的复制和传输,在瞬时提取大量的财务数据,与此同时,计算机辅助审计具有自动保存原稿

的作用，原始数据的安全性得到保证，不会丢失。这种模式的应用能够在极大程度上减少人力和物力的消耗，提高企业内部审计工作的质量和效率。

随着企业财务管理工作对计算机辅助审计应用的加深，计算机辅助审计工具和审计流程也在不断地突破和发展，以加强对企业财务管理的辅助作用，提高企业内部审计的质量和效率。具体来说，计算机辅助审计会进一步融合审计工具和现代计算机科学技术，并重视加强计算机审计系统的规范性、合理性、便捷性，企业通过计算机辅助审计系统的应用，能够逐渐建立起企业自身的审计资料库。数据的查找和分析更为方便、准确和快捷，这对落实经营管理责任具有重要的意义。

第十二节 财务分析法在审计分析程序中的应用

从财务报表审计目标看，审计是为财务报表是否在所有重大方面公允地反映了财务状况、经营成果和现金流量而提供独立的专业审计意见，并由此为公开披露的财务报表增加了价值。为达到审计目标，注册会计师在审计过程的各环节中，无论是风险评估、还是风险应对的实质性程序，以及审计结束时对财务报表进行总体复核，都会用到分析程序。分析程序在现代审计中作为一种理念，目的在于降低审计风险。分析程序作为一种收集审计证据的技术方法，它是注册会计师在审计中的一项基本技能。

一、财务分析法在审计分析程序应用时的重要性

分析程序是指注册会计师通过研究不同财务数据之间以及财务数据与非财务数据之间的内在联系，对财务信息做出评价。分析程序还包括调查识别与其他相关信息不一致或与预期数据严重偏离的波动和关系。财务分析是以会计报表及其相关资料为依据，采用科学的分析方法，对企业财务运行的情况进行分析，以诊断、确认企业存在的问题，推断、预测企业未来的发展的一种管理活动。两者分析的主要对象都包括财务报表及其相关资料，虽分析目的不同，但财务报表分析方法体系具有较强的科学性，分析方法体系可以通用。审计分析目的是为指导审计工作，获得形成审计结论所必需的证据，从方法的角度应用财务报表分析方法体系，具有一定的现实意义。

二、运用分析程序时分析方法的重要性

（一）审计计划阶段对财务报表总体评价时必须实施分析程序

《中国注册会计师审计准则第1313号——分析程序》要求注册会计师在实施风险评估程序时，应当运用分析程序，以了解被审计单位及其环境。在风险评估阶段运用分析程

序,主要是关注关键的账户余额、趋势和财务比率关系,对其形成一个合理的预期,并与被审计单位记录的金额、依据金额计算的比率或趋势比较。分析程序目的主要是鉴别需要在审计策略中确定的问题和突出显示不利的变动趋势或者其他可能引发怀疑企业持续经营能力的问题,以评估财务报表重大错报风险,从而帮助审计人员确定审计的高风险领域。

在风险评估阶段应用财务报表分析的基本方法实施分析程序。例如,通过比较销售额:如果实际的销售额比预算销售额有很大的下降,那么审计人员应考虑:第一,如果销售萎缩的情况下产量没有减少,可能会出现存货积压和过时的问题;第二,如果削减了产量,存货或产量可能发生异常变化,审计人员就应当确定这种变化在资产负债表中对存货的影响是否作了合理说明。通过使用这些分析程序,可以使审计人员发现所有重大的与预算不一致的原因及影响。

(二)按业务循环进行审计测试时应用分析程序

在各类交易循环中应用分析程序,目的是更有效地将认定层次的检查风险降至可接受的水平,从而节约审计成本,降低审计风险,使审计工作更有效率和效果。如较常见的收入循环分析程序,①将实际销售额与历年销售额、预测或预算数进行比较,记录重大的变动情况,对比较差异的解释就为审计人员提供宝贵的信息来源。例如:如果发现有不正确的截止,就可能高估了销售和应收账款。②与同行业的平均水平比较销售模式和毛利率,或计算应收账款周转率,对趋势和波动予以关注,找出合理解释,如销售政策是否改变,客户信用政策是否变化等。③收入与生产量联系,观察"平均单价"的趋势。分析程序对判断销售收入和应收账款是否被高估或低估非常有帮助。其他财务报表项目同样也可以用比率分析、比较分析等分析工具。可见,用作实质性程序的分析程序,离不开应用财务报表分析的基本方法。

(三)在审计结束或临近结束对财务报表进行总体复核时运用分析程序

总体复核目的是为了对财务报表整体合理性做出最终把握,审计人员应对已审计事项和余额的合理性进行评价,以便发表恰当的审计意见。例如,审计完存货后,审计人员可以使用历史毛利率对期末存货进行估计。如果已审计存货与估计存货接近,那么将更有助于审计人员确定存货最终的数据;如果两者相差很大,将成为进一步审计的基础。再看异常的变现能力比率或杠杆比率可以反映企业可能存在的财务危机,如负债率比较高,意味着将来的利息费用较高,审计人员要关注借款项目各部分的状况、利率、偿还期限等,还要与管理层讨论长期的现金流量情况,当确实怀疑客户的持续经营能力较差时,审计人员必须在审计报告中加入说明这一情况的说明段。

因此,通过分析程序,可以确定财务报表是否由于未发现的差错或舞弊而存在重大错报,也可以确定是否需要实施追加审计程序。分析方法的正确选择与合理运用对审计实施非常重要,财务报表分析方法是一种比较基础的分析工具,简单易操作。

三、财务分析的基本方法及在审计中的应用

财务分析的基本方法主要有财务比率分析法、趋势分析法、结构分析法、比较分析法、综合分析法。

（一）财务比率分析

比率分析是指对账户余额之间的关系进行比较。具体应用时主要考虑：

1. 比率分析基础

在设计或选择财务比率时，应该遵循的原则是：财务比率的分子与分母之间必须有着一定的逻辑联系（如因果关系），保证所计算的财务比率能够说明一定的问题，该比率才具有现实意义。如：流动比率用流动资产与流动负债比、应收账款占销售收入的百分数、销售成本与存货的比值及毛利率等，这些比率的数据在企业某类交易或账户余额中存在紧密的关系。因此，不同财务数据之间以及财务数据与非财务数据之间存在内在的关系是运用分析程序的基础。

2. 常见的财务比率

①变现能力比率：反映公司的短期偿债能力，主要有流动比率和速动比率。②杠杆比率：反映长期财务安全性能力，主要有资产负债率和利息保障倍数。③盈利能力比率，用于衡量公司的经营效率，主要有销售利润率、资产利润率及资本利润率（或权益报酬率）等。④资产管理比率：衡量管理当局在经营性资产管理方面的效率，主要有存货周转率、应收账款周转率和应收账款周转天数。⑤投资者特别关注的财务比率，主要有普通股每股收益和市盈率等。⑥与现金流量表相关的财务比率：主要包括经营现金流量对债务之比率和每股营业现金流量等。

3. 审计关注重点

审计人员对反映异常情况的财务比率应保持职业谨慎态度高度关注，并且考虑如何对偏差进行更加深入的调查，同时还应关注那些期望出现偏差而实际没有偏差的领域，因为这些异常情况暗示了可能存在错误或舞弊。例如，如果销售收入或应收账款被明显虚增，分析程序可以发现异常的销售模式或减少的应收账款周转率。再比如，收入增加但现金流为负，审计人员分析可能是由于以存货和应收账款大量增加为主的扩张性经营导致的结果，也可能是由于掩饰经营损失而夸大收入或低计费用。无论哪种情况审计人员都必须搞清楚导致这种比率异常关系的原因，以达到审计分析目的。

（二）比较分析法

1. 比较的标准

财务分析的评价标准有：经验标准、历史标准、行业标准、预算标准。经验标准：如，流动比率的经验标准为2：1。历史标准指本企业过去某一时期（如上年或上年同期）该指标的实际值。行业标准可以是行业财务状况的平均水平，也可以是同行业中某一比较先进企业的业绩水平。行业标准的优点可以说明企业在行业中所处的地位和水平，或用于判断企业的发展趋势。预算标准指实行预算管理的企业所制定的预算指标。预算标准的优点是符合战略及目标管理的要求。在审计时，审计人员根据对了解的被审计单位的具体情况选择评价标准，以保证数据的可靠性。行业标准与预算标准在评估重大错报风险时应用更广泛。

2. 比较分析应用

比较分析时，可以用报表项目数绝对值比较也可用财务比率比较。只有与行业或预算等标准比较，分析才会有用。如审计人员检查业绩报告，调查与预算有重大差异的项目。在分析该业绩报告时，企业对控制成本和提高盈利能力感兴趣，审计人员对影响业绩的事项进行细分，了解可能存在的错误或舞弊有所暗示的异常变化，关注数据变化所揭示的经济实质。

（三）趋势分析法也称水平分析

这种方法主要检查跨期资料的变化情况。具体为：将某特定企业连续若干会计年度的报表资料在不同年度间进行横向对比，确定不同年度间的差异额或差异率，以分析企业各报表项目的变动情况及变动趋势。这种方法的基本前提是在条件没有较大变化的情况下，以前的趋势在将来可能会得到延续。例如，审计人员可以观察跨期的收入和费用的绝对额的变化，也可以观察它们比率关系的变化。还有一种分析技术叫倒推分析，即根据收入和费用的比率关系，倒推出预测本期的收入和费用的组成。如果存在异常变动，审计人员要考虑是否高估或低估收入、费用。

（四）综合分析法——杜邦分析法

通过财务比率分析可以就企业某一方面财务指标做出评价，但是，企业的各种财务活动、各项财务指标是相互联系着的，并且相互影响，必须结合起来加以研究。因此，进行财务分析应该将企业财务信息看作是一个大系统，对系统内的相互依存、相互作用的各种因素进行综合分析。杜邦分析法就是利用各个主要财务比率指标之间的内在联系，来综合分析企业财务状况的方法。杜邦体系的核心在于权益报酬率可以分解成三个因素，即：权益报酬率＝盈利比率×效率比率×杠杆比率＝销售净利率×资产周转率×权益乘数从杜邦分析关系可以看出权益净利率和企业销售规模、成本水平、资产营运、资本结构有着密切的联系，这些因素构成一个相互依存的系统。在审计风险评估阶段，了解被审计单位的情况，综合考虑各因素的变化关系非常重要，杜邦体系能帮助审计人员综合分析企业的整体财务状况。如果权益报酬率要素中某一个存在问题，每一方面的附加比率将会进一步说明问题的本质。综合分析法能发现财务数据背后的经济实质，能有效防范和降低审计风险。

（五）分析方法应用时注意的事项

财务报表分析通常并不给出答案，而是指明需要进一步研究的方向。作为分析程序应用的工具能够帮助注册会计师提高审计效率，但如果运用不当则可能会形成错误的审计结论，因此，注册会计师应充分考虑以下问题，以使分析程序更好地发挥作用。

1. 财务报表信息与非财务报表信息的结合

财务报表信息只是财务报表分析者所须考察信息的一部分而非全部。在分析过程中，还必须结合考察其他方面的信息，如产品市场信息、资本市场信息、营运数据等。例如，入住率是酒店业的一个营运数据，审计时可将酒店的房费收入与根据估计平均入住率而推测出的预期收入进行比较；还可以与行业平均水平比较。在服务业常有一些独立的汇总统计数据，如会员数、供餐数等，都可用来确认服务收入的大小。

2. 考虑财务报表中没有包含的所有信息包括表外信息的利用

财务报告的一个重要趋势是包含于年度报告而非基本财务报表中的信息量的增长。表外许多与决策相关的信息包含在财务报告中，对财务报表的使用者非常重要。无论采用何种分析方法进行财务报表分析，都不能忽视对表外信息的分析利用。从历史财务报表数据的分析中发现的不同渠道获得的当前信息进行权衡，综合判断经济事项。

3. 考虑分析程序存在的风险

在应用分析方法时，需考虑数据的可靠性和可比性。如会计分类和会计政策的选择问题，许多事项的记录时间和在财务报表中揭示这些事项的分类方法的选择，被审计单位具有相当大的弹性。分析者应该意识到，管理当局可能在一定程度上操纵财务信息的披露。例如，管理当局可能会倾向于揭示那些能显示其最佳业绩的信息；也可能揭示较少的有关旨在使外部使用者低估其财务风险的表外融资信息。

综上所述，分析程序是风险导向审计的基本审计程序之一，分析方法有多种，如还有图表分析、回归分析、Z评分法等。财务报表分析方法作为一种比较基础的分析工具，可以帮助审计人员发现异常关系，暗示在数据记录或分类中可能存在的错报或舞弊，从而合理分配审计资源；也可以帮助审计人员评价最终已审计事项和余额的合理性。运用分析程序需要大量的职业判断和专门知识，财务报表分析法仅是财务会计的一个知识点，合理运用所学的各方面的知识，有助于提高审计职业判断的能力。

第九章 财务管理与审计的关系

第一节 从审计视角谈科研创新能力与财务管理的提高方法

改革开放后,我国科技创新体系日益增强,科研事业单位每年在科研上的经费投入逐年增加。科研经费是科研事业单位科技创新能力提高,科技进步的一个重要保障。但当前科研事业单位科研经费使用效率差,存在很多问题,急需改进。

一、科研事业单位科研经费管理过程中面临的问题

(一)经费滥用严重

目前,尽管一些单位界定了科研经费收支使用范畴,但经费使用者挖空心思多报经费,一些项目负责人甚至虚增参加人员,经费使用者混报、滥报,套取科研经费现象仍很严重。

(二)预算编制浮夸

很多科研工作者对预算编制流程不了解,经费预算编制反映不出项目实际进展情况。一些人基于多报销考虑,经费预算编制没有节约,经费预算同最初的预算间存在很大差距。

(三)固定资产管理不善

仪器设备等最初设备为企业固定资产,但这些支出没有入账,有些尽管入账,但科研人员多据为己有,使得科研经费管理不善,造成可很多浪费。

(四)监督管理不善

在科研经费使用上没有完善的监督管理机制,没有相关绩效考核体系,不能对经费开支状况绩效综合考核评价,使得科研资金的使用效率低下。

二、科研创新能力与财务管理的提高方法

（一）完善经费管理制度

对科研经费，各科研事业单位需根据本单位实际情况制定相应经费管理制度，明确经费支出标准，确定审批权限，对科研人员进行法治教育，对弄虚作假，乱支滥用人员严格惩罚。这样各科研事业单位科研人员的科研经费申请才有章可循，才能对科研经费进行有效管理。

（二）建立经费内审机构

要加强科研经费财务管理能力，各科研事业单位还需建立经费内审机构。内审机构对本单位的高层直接负责，独立行使审计职能，需对单位科研经费的使用全程把关。内审人员需要向本单位的负责人定期汇报审计的状况，最大限度违规行为发生的概率。内审机构人员需定岗定员，责任落实到个人，严格遵守审计机制，避免审计风险。审计部门还需设立举报热线，审计部门一旦接到举报，需及时成立审查小组，派专人对案件调查处理，并将调查结果及时反馈给相关人员，这样才能最大限度防止科研经费浪费。

（三）完善经费审计报告

当前很多会计师事务所在科研课题审计报告验收时不负责任，因此科研事业单位科研项目验收审计不能完全依赖会计师事务所，需本单位内审人员援用自身专业技能对科研经费严格把关，将经费真实状况反映给领导；对单位重大科研课题需参与到会计师事务所审计验收工作中，监督鉴定质量，对经费审计报告不断完善。

（四）提高绩效审计意识

绩效审计同领导科学决策及资金合理使用直接相关，要做好对科研经费的创新管理必须提高单位人员的绩效审计意识，创建"绩效优先"的评价机制。具体应做到：

（1）项目立项阶段需强化预算绩效目标，对科研经费预算不但要从项目可行性进行评价，还要对绩效目标进行细化及量化，确保经费预算科学合理。

（2）项目执行阶段需注重经济效益间的统一，确保项目能正常运行情况下优先考虑项目投资是否经济，对投资规模进行监控。条件允许下需重视项目合理性，如果项目没有明显经济效益，需重视项目社会效益。

（3）项目完成阶段需制定并完善财务的支出约束机制，对绩效进行强化追踪，将审计结果同年度考核有机结合，从实践中不断增强人员的绩效审计意识，从而在单位内部形成绩效审计管理的全面文化氛围，不断提高单位科研经费的配置及使用绩效。

(五) 增强内审人员素质

内审人员需具备宏观经济知识及透视能力，实践经验丰富，对审计工作需由高度责任感及敬业精神，拥有敏锐判断力。内审人员素质高低同审计效果及审计质量直接相关。要提高科研经费管理水平，企业单位需做到：

（1）对内审人员进行科学合理配置，确保内审人员既拥有财务、审计能力，又熟悉计算机应用。

（2）在审计过程中还要不断挖掘内审人员的工作潜力，对内审人员进行严格岗位培训，确保内审队伍稳定有序。

（3）企业单位还要同社会审计组织、审计机关保持密切联系，要同这些组织机关对审计方法、审计经验进行交流，促进本单位审计能力及审计质量的提高。

（4）强化各个科研业务部门间的联系交流，让科研部门了解彼此工作流程，在工作中互相监督，借此增进各部门对内审部门的支持及理解。

总之，各科研事业单位只有正视科研经费管理中存在的问题，并根据这些问题制定针对性性改进措施，才能提高单位科研创新能力与财务管理能力。

第二节　如何用审计结果促进企业财务管理及会计核算

审计工作在我国现代企业的实际生产过程中占据重要的地位，它能够根据审计结果对我国现有企业的发展状况以及财务管理工作进行审查，监督相关业务的开展，对实际的生产经营以及操作流程具有核查与督促的作用。国际化、市场化浪潮不断提高的当代中国经济发展模式，企业作为事业的一个法人代表，是现代社会经济发展的一个最基础的单位，做好审计工作，充分发挥审计结果的作用，把企业的财务管理与会计核算两者同审计结果相互连接在一起，探究企业发展中存在的问题，这对于企业的发展具有深远的意义。

一、审计结果的作用与价值

一个好的审计结果是在细致分析、认真总结的基础上得来的，其本身自带翔实性、科学性，建立在对各种数据的完整分析基础之上的审计结果具有整体性以及概括性。企业中的审计结果可以帮助企业管理者对企业的各项指标进行系统化的分析，对于企业的决策而言，不仅能够提高决策的效率，同时也能够有助于决策者把握全局，帮助企业决策更加合理化。审计结果使得财务方面的收支情况更加明了化，这对于整个企业的财务管理而言作用不可小觑。面向整个企业制度的管理，翔实的审计的结果可以清楚地看到企业发展中所占据的优势地位以及存在的问题，这对于企业的革新是具有重要意义的。

企业对财务管理工作开展审计工作，能够提高整个企业的财务管理水平，提高工作效率。财务管理工作因其自身与经济直接挂钩，对于企业的利益得失有直接作用。审计工作的开展把财务管理阳光化、数据管理清晰化、会计核算明了化，如此一来，企业的整体账目清算以及利润运营透明化，从中也能够减少整个企业操作流程中存在的谋取私利的不当行为，也有助于企业的纳税与管理。

二、审计结果存在的问题

首先，我国企业对于审计结果的执行力度还有待加强。审计结果直接与财务管理与会计核算相关联，而财务管理与会计核算与企业内部的相关人员有存有利益关系，这对于整个企业审计结果的真实性以及准确性会造成一定的困扰。缺乏客观性与真实性，这对于审计结果而言，是最致命的打击，整个审计结果会变得没有意义。我国企业制度本身存在很大的家族性以及个人的独裁性，审计结果信息化的数据分析以及会计核算的数据结果，有时会形成一定的形式化操作，不仅质量与水平有待考量，其整个操作流程程序会出现不严谨、缺乏系统化，执行力度大打折扣。

其次，我国企业对审计结果的重视度有待提高，应用度不够，没有达到应有的应用效果，这个应用制度需要进行完善。审计结果的应用价值对于企业的发展具有鲜明的作用，然而其应用制度的缺陷让整个执行过程达不到预期的效果。我国很多企业对于审计结果只是略有涉及，没有对其进行发展与完善，没有形成一定的专门的审计部门，也没有制定相应的审计结果应用制度，在整个运营过程中常常出现操作的失误，审计结果难以达到其本身的最佳价值。

最后，对审计工作以及审计结果缺乏监督与管理，导致后期的操作呈现混乱的局面。审计结果若要充分发挥其最佳效能，首先其需要具有真实可靠的数据信息，这就要求整个财务管理以及会计核算在操作过程中精细化、真实化，需要认真与负责，制定一定的制度措施而缺乏管理，整个审计结果相关的一系列程序错误常常发生，没有监督管理到位，结果导致整个审计结果价值难以凸显。

三、审计结果促进企业财务管理和会计核算的实施策略

首先，应该加强对审计结果的执行力度。审计结果作为一个分析数据，能够体现整个企业的整体操作水平，增强企业审计结果的执行力度，对企业的财务管理与会计核算工作进行细化，提高整个工作的准确性，充分发挥审计结果的优化作用。分清楚各个部门之间的利益关系，强调企业的整体价值与企业内部的综合效能，提高审计结果的真实性与可靠性，为后期审计结果的功用提供基础保证。

其次，构建审计结果的应用制度。企业应该增强对整个审计结果的重视，促使整个企业的运营发展模式以及制度建设能够向国际、国内先进企业靠拢，取人之长补己之短。部

分企业的制度建设是不完善的，对于审计结果应用制度重视度也是不够的。企业应该认识到审计结果对整个企业的财务管理以及会计审核的价值与功用，建立并完善相关审计结果应用制度，用制度来规范整个企业的财务方面的管理，提供工作效率，敢于革新。应用审计应用制度加强审计结果的真实性与可靠性，提高审计工作水平，这能够完善企业内部的结构管理。

最后，需要强化对审计结果的监督管理。审计结果需要对实际的应用过程产生有价值的影响，首先要保证审计结果数据的实用性，其次就是要在整个应用过程中加强管理与监督，对企业的财务管理以及会计核算进行适度的干预与监督，加强企业内部的建设，增强企业内部决策的公开度与透明度，应用一定的考核制度规范以及刺激审计工作人员的工作热情与工作态度，强化对企业的审计工作的监督与管理，尽量减少无序化的混乱操作，对于提高企业的财务管理以及整个的会计核算水平有很强的促进作用。

审计工作对现代企业的正常高效运营能够提供一定的保障，应用审计结果促进财务管理和会计核算，加强企业财务运营的公开性与透明度，可以提高公司的整体运营效率，加强对审计结果的执行力，形成系统化、严密化的审计结果应用制度，加强对审计结果的执行与监督，能够促进财务管理与会计核算工作的有效开展。

第三节　会计审计对施工企业财务管理的促进作用

企业经营活动的外在表现形式是财务管理，而财务管理是企业经济决策的重要依据，还体现了企业的经营发展状况，对企业的发展有着重要的贡献。财务管理中会计审计工作主要包括处理会计报表、会计凭证、资产核算、项目评估、审查核查等。而提高企业的财务管理水平，做好企业的财务管理和会计审计的工作，对于企业的生存发展是至关重要的。

一、会计审计对施工企业财务管理的促进作用

（一）有利于提高施工企业对会计审计的重视

审计会计是在相关的法规制度以及财务程序下，通过对企业会计信息完整性、真实性、合法性的审查。施工企业的会计审计工作，在一定程度上为施工企业提供了决策的依据，避免因预算等决策失误而造成的损失，给施工企业带来的严重的后果。因此，施工企业必须重视会计审计在企业财务管理中的重要性，规范企业的会计审计工作，将财务管理作为公司发展的重要战略。

（二）有利于完善施工企业的财务管理体系

通过实际工作中对会计审计工作的运用，能够及时发现财务管理制度中的问题和漏洞，从而使公司财务管理体系不断完善，这对建立健全公司企业制度有着重要的意义。通过财务体系的不断完善，企业也可以杜绝公司内部贪污腐败、以权谋私等现象的发生，为企业的发展提供一个良好的氛围。

（三）有利于提升施工企业财务报告的质量

会计审计通过对企业财务人员的监督，履行着监督职能，严格规范着财务工作的规范制度。同时，会计审计通过对施工企业的经济活动进行预估和核算，确保企业财务报告的准确性、真实性，从而不断提高施工企业的财务管理水平，进而提高施工企业财务报告的质量。

（四）有利于提高施工企业财务人员的综合素质

通过施工企业在财务管理中的会计审计工作，可以发现财务管理工作中的问题，并提出相关的建议和解决措施，促使施工企业不断完善财务管理体系。同时，还能使企业意识到加强对财务人员专业技能和自身素养培训的重要性，从而提高财务人员防范风险的意识和财务管理能力，确保施工企业在经济活动中的合法性，进而为施工企业创造最大的经济效益。

二、完善施工企业会计审计的措施

（一）施工企业应完善会计审计监督体制

建立健全会计审计的监督体制，有利于为企业提供良好的发展环境，对推动企业发展中有着重要的意义。因此企业必须要加强对会计审计工作的重视，将会计审计工作合理运用到企业的管理中，从而加强对经济活动的预算评估，对经济活动过程以及成本的控制，最后进行审查结算，在一定程度上保障施工企业的经济安全，从而降低施工企业风险并使企业效益最大化。完善公司内部财务管理体系，比如成立会计部，通过公开财务信息，实现财务的透明化、制度化。同时，发挥会计的监督功能，保证会计审计的真实性和准确性，使企业内部和管理者掌握公司财务状况，为管理者提供决策基础。

（二）施工企业应加强对会计审计的控制

施工企业应加强对会计审计的控制，使施工企业和会计审计之间形成相互制约、相互联系的关系，确保施工企业的合法、有序运转，这也是企业提高财务管理水平的重要前提。首先，施工企业应设置不同的工作岗位，做到各司其职、职位分离，以防止出现管理问题，导致财务管理人员出现贪污腐败、弄虚作假的情况。其次，履行跨级审计的监督职能，加强质量控制，及时发现并纠正信息错误。同时，严格对账本记录进行审查，确保资料合法、完整、有效，从而使企业经营者及时掌握企业经营和财务情况。最后，加强对企业的资产管理，确保企业资金安全。同时，应该加强对企业实物资产的管理，做到严格清点和控制，以防止企业资产流失。

（三）施工企业应保证会计审计部门的独立性

会计审计作为约束施工企业经济行为的一种重要手段，保证了其监督职能的实施，推动了会计审计工作的有序开展，有利于企业经济的持续稳定。施工企业应确保会计审计部门的独立性。首先，应保证会计部门不受领导层的直接干扰，确保财务资料的合法性、客观性、真实性，从而实现财务的公开、透明。其次，定期对审计会计工作进行抽查，提高会计审计工作质量，以做到有效规避风险。同时，也要与时俱进的运用科学手段，例如运用计算机软件等提高审计工作效率。最后，施工企业不仅要重视企业内部控制的审计，更要重视财务会计审计和管理组织结构的有效性，创造良好的企业发展环境。

（四）施工企业应提高会计审计人员的综合素质

一个企业的发展水平很大程度上取决于员工素质的高低。因此，施工企业必须要注重财务管理人员素质的培养，提高会计审计的专业技能和专业水平。首先，要培养财务管理人员的职业道德，使他们遵守职业道德，提高他们的企业使命感，力求在工作中做到公开透明、严谨细致、求真务实，同时，施工企业要制定合理的规章制度，对会计审计的经济活动行为进行约束。其次，定期开展对财务管理人员的专业技能培训，使其学习先进的会计审计方法，使会计审计人员不断提高自身专业技能和专业水平。最后，建立健全考核制度和竞争淘汰制度，合理的运用奖惩制度与薪酬制度，从而激励会计审计人员的工作热情，从而提高工作效率和工作质量。

第四节　建筑企业会计风险管理中内部审计作用

建筑企业面临着新的机遇和挑战。而外界市场变化给建筑企业财务管理带来了巨大的风险，内部审计是抵制会计风险的重要手段之一，在会计风险管理中发挥着重要的作用。本节通过对内部审计和会计风险管理的基本内容和会计管理中存在的风险进行分析，阐述了内部审计的作用和应对措施。

一、当前建筑企业存在的会计风险

（一）融资方面面临很大风险

在建筑行业中，资金来源的一项主要渠道就是企业融资。因为市场竞争较为激烈，致使一些建筑企业需要提前预支一些工程款来得到合约的签订。为了得到更多资金支持，一些实力较弱的建筑企业会通过融资的方式来垫付工程资金。这种融资一般是通过借贷和内部借款的方式来实现。企业通过这种方式融资会使企业资金周转风险相应加大，如果资金出现不良情况，就会出现债务偿还困难情况，对企业内部也会出现严重的会计管理问题。

（二）具有较高的成本风险

在项目竞标时，会涉及项目的成本。如果中标的项目真正的成本低于中标价格时，就会出现成本差，从而产生成本风险。鉴于此，很多建筑企业会利用降低员工工资，减少企业项目管理费用或者合理的降低工程造价来应对成本风险。当财务管理会计人员对财务管理缺乏准确的判断时，会出现一定的会计风险，也会使项目管理风险中出现相应的困难。

（三）存在严重的工程款拖欠现象

有些建筑企业由于没有达到预期效益，或者受到其他外界因素影响时，不能按照合同的约定履行，导致项目合同责任不清，使得验收决策出现延迟现象。在这种情况下，施工单位不能准确地计算欠款金额，影响了施工单位权利实施。施工单位必须通过延长付款期或者使用款项抵扣的方式进行工程决算，大大增加了建筑企业的会计风险。

二、内部审计在建筑企业会计风险管理中的作用

（一）内部审计的管理与协调功能

内部审计可以从全方位出发，对企业管理进行全方面地分析，了解企业面临的内部和外部风险，从而提出相应的应对策略。同时，企业财务审计工作人员可以更深层次的了解企业规划的风险管理内容和过程，对审计部门的管理工作进行进一步的完善。

（二）内部审计可以对风险进行识别和检查

风险识别是企业管理和发展中的重要内容，正确的风险识别可以帮助企业领导层进行决策，更快的采取措施进行风险抵御，为企业发展提供良好的条件。建筑企业内部审计人员可以对工程项目的实际情况进行分析和评估，对企业内部控制系统进行检查，是否进行最新更新，是否能够控制风险。同时需要对风险结果进行再次的评估并适当地加以整改，

从而保证企业会计风险管理的有效性。

（三）内部审计具有顾问和咨询功能

在建筑企业风险管理中，相关审计人员必须对企业内部情况进行详细的了解，对企业内部情况和风险加以分析，了解工程项目风险企业是否能够承担，并向企业管理领导层提出相应的咨询符合和应对风险的有效建议。如果在审计部门因为外界因素不能发挥作用时，可以向相关部门提交风险评估报告，为企业决策提供有利依据，加大了企业决策的准确性。

三、强化风险管理中的内部审计措施

（一）完善企业内部审计制度和财务管理风险评估机制

在建筑企业发展过程中如果实现内部审计功能，必须有完善的企业内部审计制度，制定健全的工作行为规范，让审计人员有章可循，有法可依，按照规章制度办事，才能保证设计工作科学，合理，有序地开展，防止违规行为出现，给企业管理带来风险隐患。另外，建立有效的财务管理风险评估机制，提高财务风险预测的能力和准确度，为领导层进行决策提供有力的数据参考。

（二）加大企业风险控制力度

由于市场环境不断变化，企业在发展中会面临一定的风险。企业审计部门必须对相关风险做出相应的分析和准确的判断，并可以提出有效的建议以供参考，最大限度地降低企业面临的风险，为企业实现战略目标提供有利的参考依据。因此，为了保证企业稳健发展，必须加大企业风险控制力度，将企业风险带来的损失降到最低，保证企业能够长期发展。

（三）加强企业成本管理

建立健全的企业材料物资管理制度，形成一个完整的物料管理体系，从材料的采购，入库，管理到出库的整个过程必须有详细的账目。如果其中出现问题，必须及时地发展问题所在，并采取措施加以解决。实现采购合理计划，材料科学管理，减少材料的损耗和浪费，加强成本管理，降低企业成本。另外，建立完善的责任制度，明确各部门的责任和权利，各自独立并互相合作，互相监督，防止出现由于责任划分不清而互相推诿责任的现象。

四、内部审计对企业战略实施的影响

在战略实施的过程中，企业内部审计工作贯穿始终。首先，企业通过对内部环境，风险管理，控制活动等多个方面进行审查，考察内部控制体系是否健全和有效，找出其中的薄弱环节和存在的风险，并针对问题采取有效办法，加强内部控制的有效性，改善战略实施环境。其次，企业通过经济责任审计，对相关人员在任职期间的职务，财务收支状况等经济活动进行审查，监理健全的经济责任审计制度，对负责人进行客观的审查，贯彻战略指标，促进企业战略的稳健实施。最后，通过财务收支审计，了解企业财务活动执行的真实状况，保证经济活动的真实性，合法性和有效性，实现集团战略资金的组织效果，实现资金的有效利用，防止出现徇私舞弊的现象。

结 束 语

　　本书主要研究了财务管理与审计创新，阐述了财务管理和内部审计两者之间在内容、范围以及目的等方面的关联性，为企业管理水平的提升做出了很多的贡献。但与此同时，它们两者在工作立场和角度方面存在一定的冲突，需要采取一定的措施进行协调。基于此，本书从财务管理和内部审计的概念入手，分析两者之间的关联性，并相应的提出协调会计财务管理和内部审计的有效策略，为未来财务管理与审计工作的发展奠定了基础，同时也能够提升企业的经营发展水平。本书针对财务管理和审计创新提出的有效策略如下：

　　首先，提升对财务管理及审计工作的重视程度。鉴于财务管理及审计工作对企业发展的重要作用，需要企业管理者及管理人员均能正确的认识这两项工作，并提升对这两项工作的重视程度，实现两者之间的良好协调。首先，企业管理人员应该正确认识到会计财务管理和内部审计之间在内容、应用范围以及目的方面的关联性，并强化财务管理人员对两者之间相关性的认知程度，以培训的方式，增强财务管理人员在财务管理方面的技能水平，同时，掌握一定的审计方面的知识；其次，财务管理人员需要结合企业财务的实际情况，制定完善的管理制度，规范工作人员的各项工作，此外，为能与企业的发展及不断变化的需求相适应，还需要做出创新，使管理工作不断完善，提升管理制度的适用性；再次，为财务管理人员普及有关会计核算、财务管理以及内部审计方面的工作要点，明确各岗位人员的职责，将责任具体落实到个人，提升员工在工作中的责任意识和积极性；最后，需要结合岗位结构和工作内容情况，将不相关职务分离开来，构建奖惩制度，对于表现良好的员工给予精神或者物质奖励，调动员工的工作热情，营造良好的企业工作氛围。

　　其次，建立完善的财务管理体系。企业在经营发展中，财务管理体系中包含的具体工作内容比较多，如财务管理、会计信息审核、财政分析、内部审计等。企业要想进一步完善和优化财务管理体系，需要内部各个部门之间相互协调、相互帮助，基于此，企业应明确各个部门、各个岗位的具体工作职责，让各个部门了解到与其他部门沟通及协调的重要性，促使其积极开展沟通及协调工作，形成通畅的信息反馈渠道，提升企业经济信息的收集、分析以及处理等工作的效率，用最快的速度将经济信息反馈给管理人员，为企业领导者提供参考依据，以便做出正确的战略决策，带领企业朝着更好的方向发展。

　　最后，强化内部监督工作。企业在经营管理工作中，应该结合财务管理工作的特点和实际情况构建相应的考评制度，提升财务管理工作的规范性。同时，还应该强化外部审核和内部控制工作，全面规范企业员工的工作行为。企业开展财务管理和内部审计工作的目的在于提升企业经济活动的合理性和科学性，确保财务信息的可靠性和真实性。所以，企业应该强化内部监督工作,对员工的日常工作行为进行考察和监督,防止员工做出危害企业利益以及违法犯罪的事情,如果发现挪用公款、贪污腐败的行为,需要进行严格处理和惩罚,将工作落实到位,确保企业各项经营活动的顺利进行。

总而言之,在当前经济体制不断深化和改革的背景下,企业要想在市场竞争中获得长期的生存和发展,必须要正确认识到财务管理和内部审计工作的重要性,了解它们两者在内容和目的方面的关联性。同时,在实际发展中,加强工作人员在管理上的创新;建立完善的工作体系,强化内部监督工作,规范和协调财务管理和内部审计工作,通过两者的合力,共同提升企业的经营管理水平,增强企业竞争实力,推动企业的长期健康发展。

参考文献

[1] 长青，吴林飞，孔令辉，崔玉英. 企业精益财务管理模式研究——以神东煤炭集团财务管理为例 [J]. 管理案例研究与评论，2014，7（2）：162-172.

[2] 段世芳. 新会计制度下财务管理模式探讨 [J]. 企业经济，2013，32（3）：181-184.

[3] 邓瑜. 制造型企业财务内控管理中存在的常见问题与解决措施 [J]. 企业改革与管理，2017，11（17）：182+206.

[4] 梁银婉. 商业银行财务会计内控管理中存在的问题与优化 [J]. 时代金融，2017，27（20）：126.

[5] 朱莉. 制造型企业财务内控管理中存在的常见问题与解决措施 [J]. 企业改革与管理，2017，15（11）：134-136.

[6] 杨寓涵. 浅析商业银行财务会计内控管理中存在的问题与对策 [J]. 纳税，2017，28（16）：60.

[7] 孙丹丹. 内控制度在行政事业单位财务管理中的具体应用 [J]. 财经界（学术版），2017，24（05）：87-88.

[8] 崔慧婷. 论医院财务管理中的会计审核及内控制度 [J]. 财经界（学术版），2016，11（12）：230.

[9] 帅毅. 基于责任中心管理的高校财务管理体系探索 [J]. 财务与会计，2016，15（21）：59-60.

[10] 呼婷婷. 基于Web的高校财务管理信息系统报表设计与研究 [J]. 电子设计工程，2017，25（10）：41-43.

[11] 刘充. 我国高校财务管理制度研究述评——基于CJFD（2006-2015）的文献计量分析 [J]. 教育财会研究，2017，28（3）：12-16.

[12] 吴俊文，段茹楠，张迎华. 高校校院两级财务管理体制改革理论基础探析 [J]. 会计之友，2017，21（8）：113-117.

[13] 李小红，王杰斌. 广西区内外高校财务管理比较及启示 [J]. 教育财会研究，2016，27（4）：17-25.

[14] 梁勇，干胜道. 高校财务管理新思考：构建财务服务创新体系 [J]. 教育财会研究，2017，28（1）：10-16.

[15] 王巍. 中国并购报告 2006[M]. 北京：中国邮电出版社，2006.

[16] 哈特维尔·亨利三世. 企业并购和国际会计 [M]. 北京：北京大学出版社，2005.

[17] 财政部会计资格评价中心. 中级财务管理 [M]. 北京：经济科学出版社，2017.

[18] 上海国家会计学院. 价值管理 [M]. 北京：经济科学出版社，2011.

[19] 宋健业. EMBA 前沿管理方法权变管理 [M]. 北京：中国言实出版社，2003.

[20] 本节代，侯书森. 权变管理 [M]. 北京：石油大学出版，1999.

[21] 徐政旦. 现代内部审计学 [M]. 北京：中国时代经济出版社，2005.

[22] 赵丽. 我国公益类事业单位财务管理问题研究 [D]. 财政部财政科学研究所，2012.

[23] 刘永君. 上市公司财务审计与内部控制审计整合研究 [D]. 西南大学，2013.

[24] 廖菲菲. 内部控制审计、整合审计对财务报表信息质量的影响 [D]. 西南财经大学，2014.

[25] 邢萌. 上市公司整合审计业务流程优化问题研究 [D]. 杭州电子科技大学，2014.

[26] 张莉. 财务报表与内部控制整合审计流程设计及应用 [D]. 兰州理工大学，2014.

[27] 谢林平. 论内部控制审计与财务报表审计整合的意义与流程 [J]. 中国内部审计，2015（8）：90-93.

[28] 李哲. 财务报表审计和内部控制审计的整合研究 [D]. 云南大学，2015.

[29] 黄雅丹. 我国上市公司财务报表审计与内部控制审计整合研究 [D]. 吉林财经大学，2014.

[30] 罗娜. 整合审计在我国会计师事务所的运用研究 [D]. 西南财经大学，2013.

[31] 吴俊峰. 风险导向内部审计基本问题研究 [D]. 西南财经大学，2009.

[32] 丁晓靖. 电力基建项目全过程财务管理体系研究 [D]. 华北电力大学，2014.

[33] 钟健. 河北国华定州电厂（2X600MW）工程基建管理信息系统（MIS）的设计与实现 [D]. 四川大学，2014.

[34] 林少伟. 广东粤华公司 2×660MW 基建项目信息化管理应用研究 [D]. 华北电力大学（河北），2012.

[35] 侯禹辛. ZH 公司对 A 公司进行融资租赁的财务风险研究 [D]. 天津商业大学，2015.

[36] 夏斌斌. 价值链视角下融资租赁企业税务筹划研究 [D]. 天津商业大学，2015.

[37] 武军. 煤炭企业财务风险内部控制体系研究 [D]. 天津大学，2011.

[38] 袁清和. 基于作业的煤炭企业成本管理体系研究 [D]. 山东科技大学，2011.

[39] 王明芳. 我国电商企业信用管理体系的研究 [D]. 南京林业大学，2015.

[40] 任立周. 我国事业单位财务管理现状及对策研究 [D]. 山西财经大学，2011.